홍콩·마카오 홀리데이

홍콩·마카오 홀리데이

2017년 7월 10일 개정 2판 2쇄 펴냄
2019년 6월 5일 개정 3판 1쇄 펴냄

지은이	양인선, 우지경
사진	유태현
발행인	김산환
책임편집	양승주
디자인	윤지영, 기조숙
지도	글터
영업 마케팅	정용범
펴낸곳	꿈의지도
인쇄	두성 P&L
종이	월드페이퍼
주소	경기도 파주시 경의로 1100, 604호
전화	070-7733-9597
팩스	031-947-1530
홈페이지	www.dreammap.co.kr
출판등록	2009년 10월 12일 제82호

ISBN 979-11-89469-44-3
ISBN 979-11-86581-33-9(세트)

지은이와 꿈의지도 허락 없이는 어떠한 형태로도 이 책의 전부, 또는 일부를 이용할 수 없습니다.
※ 잘못된 책은 구입한 곳에서 바꿀 수 있습니다.

HONG KONG·MACAU
홍콩·마카오 홀리데이

양인선·우지경 지음

꿈의지도

CONTENTS

- 010 〈홍콩·마카오 홀리데이〉 100배 활용법
- 012 프롤로그
- 014 홍콩 안내도

HONG KONG BY STEP
여행 준비&하이라이트

STEP 01
PREVIEW
홍콩을 꿈꾸다
016

- 018 01 홍콩 MUST SEE
- 022 02 홍콩 MUST ENJOY
- 024 03 홍콩 MUST EAT
- 026 04 홍콩 MUST BUY

STEP 02
PLANNING
홍콩을 그리다
028

- 030 01 생애 첫 홍콩 여행을 위한 3박 4일 핵심 여행 코스
- 032 02 오직 쇼핑! 여자들의 쇼핑 여행
- 034 03 내 생애 최고의 로맨틱 홍콩 여행
- 036 04 아이와 함께하는 가족 여행
- 038 05 홍콩 여행 만들기
- 040 06 홍콩국제공항에서 시내 들어가기
- 042 07 홍콩 대중교통 완전 정복

STEP 03
ENJOYING
홍콩을 즐기다
046

- 048 01 홍콩의 야경 BEST 4
- 054 02 홍콩의 무료 전망대 BEST 3
- 056 03 트램 타고, 버스 타고 홍콩 한 바퀴
- 060 04 홍콩 최고의 건물 BEST 7
- 062 05 걷고 싶은 홍콩의 거리
- 064 06 야경에 취하는 밤, 로맨틱 루프톱 바
- 066 07 밤을 잊은 그대에게, 홍콩의 밤거리
- 070 08 영화 속 홍콩 다시 보기
- 072 09 홍콩을 걷는 새로운 방법, 트레킹

STEP 04
EATING
홍콩을 맛보다
074

- *076* **01** 후회 없는 먹방을 위한, 홍콩 식당 사용 설명서
- *078* **02** 야무지게 즐기는 얌차 타임, 딤섬
- *082* **03** 홍콩 완탕면의 명가 BEST 4
- *084* **04** 빼놓을 수 없는 중국요리
- *086* **05** 홍콩의 소울 식당! 차찬텡, 빙샷&다이파이동
- *090* **06** 매력만점 카페에서 쉬어가기
- *092* **07** 우아하게 즐기는 애프터눈 티
- *094* **08** 각자 취향대로 골라먹는 푸드 코트
- *096* **09** 피곤이 싹 달아나는 달달 스위티
- *098* **10** 홍콩의 길거리 음식

STEP 05
SHOPPING
홍콩을 사다
100

- *102* **01** 홍콩에서 쇼핑의 달인되기
- *104* **02** 빠트릴 수 없는 홍콩의 쇼핑몰 BEST 6
- *108* **03** 모두가 열광하는 아웃렛
- *110* **04** 로컬들이 좋아하는 쇼핑몰
- *116* **05** 홍콩 여행 다녀온 티 팍팍내기
- *120* **06** 홍콩 쇼핑의 하이라이트, 드럭스토어 & 코스메틱 매장
- *124* **07** 홍콩 슈퍼마켓 탐색하기
- *126* **08** 홍콩의 길거리 마켓에서 보물찾기
- *128* **09** 와인 마니아들의 천국 홍콩!
- *130* **10** 남은 동전까지 탈탈 털어 홍콩 공항 쇼핑

STEP 06
SLEEPING
홍콩에서 자다
132

- *134* **01** 홍콩의 숙소 고르는 법
- *136* **02** 한번쯤 묵고 싶은 럭셔리 호텔
- *144* **03** 실속파를 위한 중급 호텔

CONTENTS

HONG KONG BY AREA
홍콩 지역별 가이드

01
침사추이
154

- 156 PREVIEW
- 157 ONE FINE DAY
- 158 MAP
- 160 PLAY
- 164 BUY
- 173 EAT

02
센트럴&성완
186

- 188 PREVIEW
- 189 ONE FINE DAY
- 190 MAP
- 192 PLAY
- 202 BUY
- 211 EAT

03
완차이&
애드미럴티
232

- 234 PREVIEW
- 235 ONE FINE DAY
- 236 MAP
- 237 PLAY
- 240 BUY
- 242 EAT

04
코즈웨이 베이
250

- 252 PREVIEW
- 253 ONE FINE DAY
- 254 MAP
- 255 PLAY
- 256 BUY
- 264 EAT

05
몽콕
268

- 269 PREVIEW
- 270 MAP
- 271 ONE FINE DAY
- 272 PLAY
- 274 BUY
- 276 EAT

06
조던&
야우마테이
278

- 279 PREVIEW
- 280 ONE FINE DAY
- 281 MAP
- 282 PLAY
- 284 EAT

07
리펄스 베이&
스탠리
285

- 286 PREVIEW
- 287 ONE FINE DAY
- 288 MAP(리펄스 베이)
- 289 PLAY
- 291 MAP(스탠리)
- 292 BUY
- 295 EAT

08
란타우섬
297

- 298 PREVIEW
- 299 ONE FINE DAY
- 299 MAP
- 300 PLAY
- 303 BUY

SPECIAL GUIDE MACAU
마카오 스페셜 가이드

- *306* 01 동양의 라스베이거스 마카오
- *308* 02 홍콩에서 마카오 가기
- *312* 03 마카오에서 이동하기
- *314* 04 마카오 여행 코스 짜기
- *316* 05 마카오 세계문화유산 돌아보기
- *324* 06 놓치면 서운한 마카오 명소
- *326* 07 향긋한 햇살 머금은 타이파 빌리지
- *329* 08 바람과 함께 느리게 걷는 콜로안 빌리지
- *332* 09 흥미진진한 마카오의 먹거리
- *336* 10 매케니즈 레스토랑 최강자 BEST 4
- *340* 11 인기 로컬 레스토랑 BEST 7
- *344* 12 별빛보다 화려한 마카오 호텔 BEST 7

- *351* 여행 준비 컨설팅
- *364* 인덱스

〈홍콩·마카오 홀리데이〉 100배 활용법

홍콩에서 무엇을 할까, 무엇을 살까, 무엇을 먹을까, 고민하는 당신. 〈홍콩·마카오 홀리데이〉를 손에 넣으셨다면 더 이상 고민 끝! 〈홍콩·마카오 홀리데이〉는 홍콩 여행자의 스타일과 패턴을 분석해 최적의 여행지와 여행 코스를 제안합니다. 마카오까지 덤으로 즐길 수 있는 최고의 홍콩 여행을 기대해도 좋습니다.

1) 홍콩을 꿈꾸다
❶ STEP 01 » PREVIEW 를 먼저 펼쳐 보세요. 홍콩의 아름다운 모습들이 펼쳐지며 홍콩에서 꼭 사야 할 것, 봐야 할 것, 먹어야 할 것들을 알려줍니다.

2) 여행 스타일 정하기
❷ STEP 02 » PLANNING 을 보면서 여행 스타일을 정해 보세요. 여행의 목적이 쇼핑인지, 음식인지, 누구와 함께 여행을 할 것인지에 따라 일정이 달라집니다.

3) 볼 것, 할 것 정하기
여행의 밑그림을 그렸다면 구체적으로 여행을 채워갈 단계입니다.
❸ STEP 03 » ENJOYING 에서는 홍콩을 가장 근사하게, 알차게 즐기는 방법을 제시합니다.

4) 음식, 맛집 고르기
천 개의 맛이 있는 미식의 도시 홍콩에 빠져보세요.
❹ STEP 04 » EATING 을 보면서 동서양을 넘나드는 맛집 리스트를 작성해보세요.

5) 쇼핑 아이템 고르기

쇼핑의 천국 홍콩!
 STEP 05 » SHOPPING 을 꼼꼼하게 체크해 보세요. 홍콩 쇼핑의 모든 것을 풀어놓았습니다. 가장 맘에 드는 아이템을 콕콕 찍어 리스트 업!

6) 숙소 정하기

이제 홍콩에서 지낼 숙소를 고를 차례! 여행자들이 몰리는 곳, 대중교통 편이 좋은 곳이라면 OK!
STEP 06 SLEEPING 에는 홍콩의 핫한 호텔들이 소개되어 있답니다.

7) 지역별 일정 짜기

여행의 콘셉트와 목적지를 정했다면 도시별로 동선을 짜봅니다.
HONG KONG BY AREA 에서 홍콩과 마카오 구석구석을 모아놓은 지역별 관광지와 쇼핑할 곳, 레스토랑을 보면 이동 경로를 짜는 것이 수월해집니다. 여행 일정이 허락한다면 MACAU BY STEP 을 통해 아시아의 작은 유럽 마카오 여행 일정을 짜 보세요.

8) D-day 미션 클리어

여행 일정까지 완성했다면 책 마지막의 여행 준비 컨설팅을 보면서 혹시 빠뜨린 것은 없는지 챙겨보세요. 여행 50일 전부터 출발 당일까지 날짜별로 챙겨야 할 것들이 리스트업 되어 있습니다.

9) 홀리데이와 최고의 여행 즐기기

여행에서 놀아올 때까지 내려놓아서는 안 돼요. 여행 일정이 틀어지거나 계획하지 않은 모험을 즐기고 싶다면 언제라도 〈홍콩·마카오 홀리데이〉를 펼쳐야 하니까요. 〈홍콩·마카오 홀리데이〉는 당신의 여행을 끝까지 책임집니다.

일러두기

이 책에 실린 모든 정보는 2019년 3월까지 수집한 정보를 기준으로 했으며, 이후 변동될 수 있습니다. 특히 교통편의 운행 정보와 요금, 관광지의 운영 시간 및 입장료, 식당의 메뉴 가격 등은 현지 사정에 따라 수시로 변동될 수 있습니다. 여행 전 홈페이지를 검색하거나 현지에서 다시 한번 확인하길 바라며, 변경된 내용이 있다면 편집부로 연락 주시기 바랍니다.
홀리데이 편집부 070-7733-9597

프롤로그

양인선

십여 년간 몸담았던 디자인 회사를 그만두고 떠남이 일상이 된 여자이자, 탈모가 올 정도로 혹독한 가이드북 마감을 하면서도 또 다른 여행을 꿈꾸는 난, '여행병에 걸린' 여행가다. 여행 중 체력이 바닥나 집으로 돌아와도 여전히 시간만 나면 또 가방을 꾸린다. 누군가는 나를 여행작가라고 부르고, 또 누군가는 여행 블로거라고 부른다. 하지만, 굳이 나 자신에게 타이틀을 붙이자면 영혼이 자유로운 떠돌이 여행가라고 부르고 싶다. 나에게 여행은 일과 놀이이며, 이 둘은 나에게 경계가 모호하다. 여행은 생계유지(?)를 위한 수단이고, 고된 취재의 과정은 놀이와 같이 행복하다. 이런 내 여행의 궁극적인 목적은 나의 여행 이야기를 많은 사람과 나누는 데 있다. 10번을 넘게 다녀왔음에도 갈 때마다 내 가슴을 뛰게 하는 홍콩. 생활인처럼 몇 달 간을 머무르면서도 그 설렘으로 인해 한시도 지루했던 적이 없었다. 내가 발견한 홍콩은 화려하고 바쁘게 돌아가는 일상 뒤에 숨겨진 소박함이었다. 〈홍콩·마카오 홀리데이〉를 만들면서, 홍콩의 뒷골목까지 샅샅이 훑으며 느꼈던 감동을 독자들에게도 전달해 주고 싶었다. 정보를 홍수처럼 쏟아만 놓고 독자들이 알아서 판단하라는 식의 무책임한 가이드북을 만들기는 싫었다. 내가 만족했던 집, 꼭 소개할 만한 곳들만 모아서 소개하고, 아닌 곳들은 과감히 빼 버렸다. 이 책이, 첫 번째, 혹은 두 번째 여행을 계획하고 있는 여행자들에게 남다른 홍콩 여행의 길잡이가 되기를 소망한다. 여행을 마친 후 뒷골목의 허름한 식당에서 맛본 누들 한 그릇을 간절히 그리워했으면 좋겠다.

Special Thanks to

무언의 동맹자인 사진작가 유태현군, 홍콩에서의 든든한 후원군 Devlin, 멋진 여행가 블로거 날개 님, 가족여행 이야기를 즐겁게 들려주시는 마리짱님, 솔로들이 들어가면 주먹을 불끈쥐게 하는 여행기를 쓰시는 블로거 샘쟁이님, 그리고 일일이 다 열거할 수 없는 홍콩에서의 인연들. 이분들이 있었기에 〈홍콩·마카오 홀리데이〉가 세상에 나올 수 있었습니다. 진심으로 감사드립니다.

우지경

"란콰이퐁에 있는 술 다 사줄게!" 그 친구의 한마디는 뿌리칠 수 없는 유혹이었다. 이름만 들어도 흥이 퐁퐁 솟을 것 같은 란콰이퐁에 대한 첫인상은 그토록 강렬했다. 친구 따라 홍콩에 와 보니 란콰이퐁뿐만 아니라 소호, 스탠리 베이 등 홍콩의 매력은 한두 가지가 아니었다. 칸 영화제 여우주연상급 여배우처럼 변화무쌍한 표정을 가진 도시다. 그 후로 친구 집 드나들듯 홍콩을 오가기를 여러 번. 정기적금 붓듯 홍콩의 핫 플레이스 리스트가 차곡차곡 쌓여 갔다. 복리 이자처럼 홍콩에 대한 애정도 불어났다. 그러던 어느 날 〈홍콩·마카오 홀리데이〉 개정판 제안을 받았다. 어쩌면 운명이 아닐까 생각했다. 운명이라 믿고 홍콩의 곳곳을 취재해 쓴 개정판이 또 다시 개정판을 선보이게 했다. 남들 다 가는 곳도 가고 싶고, 남들은 모르는 곳도 가고 싶은 여행자들을 위해, 곧 홍콩과 사랑에 빠질 수많은 여행자들을 위해, 새롭게 떠오르는 스폿들을 쏙쏙 골라 담았다. 부디 〈홍콩·마카오 홀리데이〉와 함께 홍콩에서 행복한 한때를 누리길 바라며!

Special Thanks to

홍콩의 매력을 알게 해준 멋진 친구 수진, 홍콩 여행 길에 다정한 동행이 되어준 장은정 작가, 어서 원고 마감하라고 채찍질(?)해준 노중훈 선배, 그리고 한결같이 응원해주는 남편에게 감사의 마음을 전합니다.

양인선, 우지경 드림

Step 01
PREVIEW

홍콩을 꿈꾸다

01 홍콩 MUST SEE
02 홍콩 MUST ENJOY
03 홍콩 MUST EAT
04 홍콩 MUST BUY

PREVIEW 01

홍콩
MUST SEE

홍콩의 밤은 당신의 낮보다
아름답다! 빅토리아 피크에서,
스타의 거리에서,
침사추이의 명품 거리에서
화려한 홍콩의 불빛에 취하자.
홍콩 영화 속 주인공이
눈인사를 건넬 것 같은
거리를 거닐어보자.

1 매일 밤 8시에 펼쳐지는 마법 같은 레이져 쇼,
심포니 오브 라이트(052~053p)

3 홍콩 밤하늘의 정복자는 누구?
코즈웨이 베이(250p)의 화려한 네온사인

4 홍콩이 내 손 안에!
중국은행타워(055p) 전망대

2 아찔하고 황홀한 빅토리아 피크(048p)에서의 야경

5 산 넘고 바다 건너 찾아가는 포린 사원(301p)의 청동 좌불상

6 감각적이고 유니크한 소호·노호(194p) 거리

8 보랏빛 하늘의 감동.
엑스포 프로머네이드(239p)의 선셋

9 스타의 거리(160p)에서
홍콩 배우들 손 도장 찾아보기!

7 볼거리 가득한 복합 문화 공간, 타이쿤(193p)

10 용신이 스쳐가는 건물, 리펄스 베이 맨션(289p)

아슬아슬한 2층 버스(058p) 타고 홍콩 구경하기 **1**

홍콩 100년을 함께한 코즈웨이 베이 행(057p) 트램 타기 **3**

스타 페리 타기 전 후 아라비카 IFC 홍콩(214p) 아이스 라테 한 잔! **4**

PREVIEW 02

홍콩
MUST ENJOY

매일매일 새로운 도시 홍콩. 며칠간의 일정으로 홍콩의 모든 매력을 섭렵하는 것은 불가능하다. 아침부터 저녁까지 깨알 같은 계획을 세워도 돌아올 때는 아쉽다. 그러니 꼭 해봐야 할 버킷리스트를 마련하고 떠날 것!

흥미롭고 활기찬 홍콩 재래시장 구경하기 **5**

페리(050p)를 타고 가며 홍콩의 야경 보기 **2**

가슴이 쿵쾅쿵쾅 뛰는 란콰이퐁(196p)의 밤 즐기기 **6**

7 미드 레벨 에스컬레이터(192p)를 타고 가며 〈중경상림〉 추억하기

8 탁 트인 루프톱 바에서 칵테일 홀짝이기(065p)

9 장난감 같은 홍콩 택시 기념사진 찍기

10 침사추이(163p)에서 목적 없이 걸어보기

먹어도 먹어도 또 먹고 싶은
딤섬
시티홀 맥심즈 팰리스 213p

한국에 가면
제일 그리울 거야!
침차이키 누들 218p

여행 중에 가장 달콤한 시간,
크리스피 번과 밀크티
취화 089p

PREVIEW 03

홍콩 MUST EAT

천 개의 표정과 천개의 맛이 있는 도시 홍콩.
동서양의 장르를 넘나들며 진정한 맛의 향연이 펼쳐지는 도시다.
다이어트에 대한 걱정은 잠시 접어두게 만드는 홍콩의 맛에 빠져보자.

넌 감동이었어
콘지
스위트 다이너스티 176p

먹을수록 중독되는
길거리의 꼬치들
홍콩의 길거리 음식 098p

보기만 해도 웃음이
나는 창작 딤섬
얌차 177p

달콤한 홍콩의 명물
에그 타르트
타이청 베이커리　　220p

102층에서 즐기는
럭셔리 애프터눈 티
더 라운지 바　　185p

북경보다
더 유명한 베이징 덕
페킹 가든　　176p

새콤 매콤한 맛에 반해 한 그릇
뚝딱하게 되는 운남쌀국수
성림거　　178p

찌는 듯한 더위도 단숨에
날려주는 달달한 망고주스
허류산　　179p

양조위의 단골집에서 맛보는
진한 카레 국물맛 소고기 누들
카우키　　222p

소호 핵인싸들이 사랑하는
펑키 캐주얼 광둥 요리
호리푹　　226p

눈도 입도 즐거워! 신기한
분자칵테일 마시멜로우 듀오
퀴너리　　221p

매콤 바삭한 해산물 요리
**언더 브릿지
스파이시 크랩**　　247p

할인에 할인을 거듭한
나만의 잇백

누구보다 더 먼저 구입한
신상 운동화

사뿐사뿐 우아하게~
스타카토의 신상 구두

PREVIEW 04

홍콩 MUST BUY

어쩌면 홍콩으로 여행 가는 단 하나의 이유일 수 있는 쇼핑!
홍콩에는 당신이 상상하는 그 이상의 쇼핑 아이템이 기다리고 있다.
홍콩 여행의 가장 중요한 준비물은 두툼한 지갑과 텅 빈 트렁크,
그리고 온종일 걸어도 지치지 않을 두 다리다.

유명한 홍콩 디자이너의
센스만발 캐릭터 제품

구찌 로고가 콕 박힌
구찌 코스메틱 립스틱

홍콩 비타민 크림이라 불리는
비타끄렘므 또는
판빙빙 크림으로 유명한
블랙모어 비타민E

026 | 027

홍콩을 추억할 수 있는
특별한 소품

홍콩이 그리울 때마다 한 잔씩
하고 싶은 **차와 예쁜 다기**

모양도 귀여운 판다 모양 쿠키
기화병가

한국에는 없는 보디 케어
브랜드 **사봉**

내가 탔던 버스
미니어처로 구입하기

중독성 있는 버터 맛 쿠키
제니 베이커리

야시장에서 득템한
친구들의 선물

사무실에 두면 여행 다녀온 티
팍팍 나는
스타일리쉬한 머그잔

목 아플때 먹어도 좋고
선물용으로도 좋은
닌지움 허벌 캔디

01 생애 첫 홍콩 여행을 위한 3박 4일 핵심 여행 코스
02 오직 쇼핑! 여자들의 쇼핑 여행
03 내 생애 최고의 로맨틱 홍콩 여행
04 아이와 함께하는 가족 여행
05 홍콩 여행 만들기
06 홍콩국제공항에서 시내 들어가기
07 홍콩 대중교통 완전정복

PLANNING 01

생애 첫 홍콩 여행을 위한
3박 4일 핵심 여행코스

침사추이에서 시작해 스타 페리 타고 빅토리아 하버 건너 홍콩섬의 센트럴&셩완, 코즈웨이 베이, 완차이의 주요 스폿을 쏙쏙 돌아보는 알찬 일정이다.

PLAN 구석구석 볼 것도 먹을 것도 많은 홍콩. 단 한 번의 여행으로 홍콩의 모든 것을 섭렵하겠다는 욕심은 내려놓자. 꼭 즐겨야 할 스폿만 쏙쏙 골라 일정을 잡고 동선에 맞춰 주변을 둘러보는 것을 추천한다.

숙소 홍콩의 여행의 하이라이트인 야경과 쇼핑 두 마리 토끼를 잡기엔 침사추이의 호텔이 베스트다. 빅토리아 피크의 야경과 나이트라이프에 더 중점을 둔다면 소호의 중저가 호텔에 묵는 편이 더 효율적이다.

식사 홍콩에서 꼭 맛봐야할 딤섬, 완탕면, 에그 타르트 등 맛집의 위치를 미리미리 파악해서 일정에 추가하자.

TIP 빅토리아 항을 건너는 스타 페리, 오래 전 본 홍콩 영화의 추억이 깃든 트램, 홍콩 시내가 내려다보이는 2층 버스 등 홍콩의 다양한 교통수단을 적극 이용할수록 여행이 즐거워진다. 관광지에 대한 안내까지 듣고 싶다면 빅 버스 투어도 효율적이다.

[1일]

13:30 침사추이 숙소 체크인 » 도보 10분
14:00 제이드 가든(179p)에서 홍콩식 얌차 타임 » 도보 5분
15:30 1881 헤리티지(173p) 산책 및 기념사진 남기기 » 도보 5분
16:00 하버 시티(168p)에서 쇼핑 » 도보 5분
19:00 나트랑(179p) 또는 알모로(178p)에서 저녁 식사 » 도보 10분
20:00 스타의 거리(164p)에서 심포니 오브 라이트 감상 » MTR 15분
21:00 몽콕 레이디스 마켓(273p) 야시장 구경하기 » 버스 20분
22:00 돌아오는 길에 2층 버스 타고 네이던 로드(167p) 구경하기

[2일]

10:00 스타 페리 타고 홍콩섬으로 건너가기 » 페리 7분
11:00 시티홀 맥심즈 팰리스(216p)에서 딤섬 맛보기 » 도보 10분
12:30 센트럴에서 2층 투어 버스(058p) 타고 시내 관광 즐기기 » 도보 15분
14:00 미드 레벨 에스컬레이터(200p) 타고 소호(201p) 거리 산책 » 도보 10분
15:00 타이청 베이커리(224p)에서 맛있는 에그 타르트 간식! » 도보 10분
16:00 할리우드 로드 따라서 만모 사원(204p)과 PMQ(214p) 산책 » 도보 15분
17:00 카우키(230p)에서 진한 국물의 누들 맛보기 » 도보 15분
18:30 피크 트램(049p) 타고 올라가기 » 트램 20분
19:00 빅토리아 피크(048p) 둘러보고 야경 감상하기 » 도보3분
20:00 피크 갤러리아에 있는 완탕면집 막스 누들(234p) 맛보기 » 미니버스 20분
21:00 란콰이퐁(201p)에서 화려한 홍콩의 나이트라이프 즐기기

[3일]

10:00 타임스 스퀘어(261p) 둘러보기 » 도보 2분
12:00 타임스 스퀘어 모던차이나(263p)에서 샤오롱바오 맛보기 » 도보 5분
13:00 하이산 플레이스(258p), 패션 워크(257p) 등 쇼핑 거리 산책 거닐기
16:00 트램 타고 완차이로 이동 » 트램 10분
16:30 완차이 스타스트리트와 헤네시 로드 걸어보기 » 트램 10분
17:00 22 십스(248p)에서 타파스 맛보거나 호놀룰루 커피 케이크숍(246p)에서 홍콩식 간식 » 도보 20분
18:00 노을 지는 엑스포 프로머네이드(243p)에서 색다른 야경 감상 » 도보 10분
19:00 스타 페리 타고 침사추이로 돌아오기 » 페리 10분+도보 15분
20:00 이스트 침사추이(165p) 또는 너츠포드 테라스(165p)에서 마지막 밤 즐기기

[4일]

10:00 카오룽역 얼리 체크인으로 짐 없이 가뿐하게~ » MTR 40분
10:40 란타우섬 옹핑 360 케이블카(303p) 타기 » 케이블카 20분
11:00 포린 사원(303p)에서 거대한 불상 둘러보기 » 케이블카 20분
13:30 시티 게이트 아웃렛(305p) 푸드 코트에서 점심 식사 후 쇼핑 즐기기 » 버스 15분
18:00 홍콩국제공항으로 출발

PLANNING 02

오직 쇼핑!
여자들의
쇼핑 여행

홍콩은 쇼핑의 재미를 아는 여행자들에겐 그야말로 천국. 두 걸음 간격으로 갖고 싶은 게 잔뜩 줄서 있다. 홍콩 여행에서 가장 힘든 것은 아픈 다리도 뜨거운 햇볕도 아니다. 갖고 싶은 것을 참는 것이다. 그러니 똑 부러지는 쇼핑 계획이 필요하다!

PLAN 쇼핑이 홍콩 여행의 주된 목적이라면 지역별 유명 쇼핑몰을 중심으로 동선을 짜서 이동하자. 미리 원하는 브랜드를 체크하면 쇼핑 시간을 훨씬 더 줄일 수 있다. 배고프면 쇼핑도 힘든 법. 쇼핑몰 근처의 맛집 정보도 알아놓는 것이 좋다.

숙소 홍콩은 숙박료가 비싸다. 근사한 호텔을 찾는다면 그만큼의 비용을 지불해야 한다. 쇼핑에 좀 더 지갑을 열려면 숙박에서 아끼는 게 좋다. 하루 종일 쇼핑하느라 피곤한 몸을 편히 쉴 수 있는 깨끗하고 조용한 호텔 정도면 좋다.

식사 아침과 점심은 쇼핑센터 근처에서 간단히 먹고, 저녁은 근사하게 즐기자. 쇼핑센터 안쪽에 있는 음식점 대부분은 여행자들을 위한 레스토랑이므로 그다지 맛있거나 저렴하지 않다는 걸 염두에 둘 것. 저렴하게 한 끼 때우려면 쇼핑센터의 푸드 코트를 이용하는 것도 좋겠다.

주의사항 홍콩은 발에 치이는 게 쇼핑몰과 브랜드 숍이다. 미리 체크하고 가지 않으면 발만 고생한다. 가끔은 한국보다 비싸게 물건을 구입하는 경우까지 생긴다. 취향에 맞는 쇼핑몰과 한국에서의 판매가 등을 미리 체크해놓는 게 성공 쇼핑의 지름길!

TIP 웬만한 인기 브랜드는 한국에도 대부분 입점해 있다. 때문에 꼭 홍콩에서만 살 수 있는 것들이 많지는 않은 편. 그래도 굳이 홍콩을 찾는 이유는 다양한 물건을 조금 더 저렴하게 살 수 있어서다. 이 목적을 달성하려면 되도록 쇼핑시즌인 12~2월, 6~8월을 겨냥할 것. 최고 70%까지 할인 하는 세일기간에 방문하는 것이 최고.

[1일]

- **12:00** 침사추이 숙소 얼리 체크인 후 하버 시티(164p) 쇼핑 즐기기 » **도보 5분**
- **13:30** 하버 시티 내에서 나트랑(175p)에서 점심 식사 후 랄프스 커피(174p)에서 커피 한 잔 » **도보 5분**
- **15:00** 실버코드(167p) 쇼핑하기 » **도보 2분**
- **17:00** 명품 아웃렛 트위트스(166p)에 들러 신상 가방 스캔 및 득템 » **도보 10분**
- **18:30** 너츠포드 테라스(161p)에서 저녁 식사하기 » **도보 10분**
- **20:00** 스타의 거리(160p)가 내려다보이는 바에서 칵테일 한잔

[2일]

- **09:00** 침사추이 스위트 다이너스티(176p)에서 콘지로 아침 식사하기 » **페리 7분**
- **10:00** 페리 타고 센트럴 IFC 몰(202p)가기 » **도보 5분**
- **12:00** 센트럴 황후상 광장(200p)에서 센트럴 빌딩들 구경하기 » **도보 5분**
- **12:30** 센트럴 시티홀 맥심즈 팰리스(213p)에서 딤섬으로 맛있는 점심! » **도보 15분**
- **14:00** 센트럴 미드 레벨 에스컬레이터(192p) 타고 소호(201p)로 이동 » **도보 5분**
- **14:10** 노호(194p)에서 로컬 디자인숍 구경하며 걷기 » **도보 5분**
- **16:00** 아네스 베 카페(222p)에서 휴식하기 » **도보 5분**
- **17:00** 아티스트의 공방이 모여 있는 PMQ(209p)에서 색다른 쇼핑 즐기기 » **도보 10분**
- **19:00** 센트럴 침차이키 누들(218p)에서 완탕면 맛보기 » **도보 10분**
- **20:00** 센트럴 란콰이퐁(196p)에서 나이트라이프 즐기기

[3일]

- **09:00** 하버 시티 쿡 델리 바이 시티슈퍼(095p) 푸드 코트에서 아침 식사하기 » **MTR 20분**
- **10:10** MTR 타고 코즈웨이 베이(250p) 가기 » **도보 10분**
- **10:30** 타이쑨 쩰티, 빅토리아 공원(255p) 잠시 둘러보기 » **도보 15분**
- **11:30** 프랑프랑(259p), 패션 워크(256p) 구경하기 » **도보 15분**
- **13:00** 타이힝(264p)에서 거위덮밥 먹기 » **도보 5분**
- **14:00** 코즈웨이 베이 길거리 구경하기 » **도보 5분**
- **15:00** 타임스 스퀘어(260p)에서 쇼핑하기 » **트램 20분**
- **18:00** 센트럴로 돌아와서 피크 트램(049p) 타기 » **트램 20분**
- **19:30** 빅토리아 피크 갤러리아에 있는 막스 누들(230p)에서 완탕면 맛보기 » **도보 2분**
- **21:00** 빅토리아 피크(197p) 야경 관람하기

[4일]

- **10:00** 카오롱역 얼리 체크인으로 짐 없이 가뿐하게~ » **MTR 40분**
- **10:40** 란타우섬 옹핑 360 케이블카(301p) 타기 » **케이블카 20분**
- **11:00** 포린 사원(301p)에서 거대한 불상 둘러보기 » **케이블카 20분**
- **13:30** 시티 게이트 아웃렛(303p) 푸드 코트에서 점심 식사 후 마지막 쇼핑하기 » **버스 15분**
- **18:00** 홍콩국제공항으로 출발

PLANNING 03
내 생애 최고의 **로맨틱 홍콩 여행**

환상과 설렘을 가득 안고 찾은 홍콩. 그러나 북적북적 사람 많은 거리만 다니며 홍콩의 낭만을 기대하기는 어려운 법. 사랑이 새록새록 싹트는 로맨스를 원한다면 특별한 플랜이 필요하다.

PLAN 조금은 느긋하게, 한 박자 느린 일정을 잡는다. 홍콩 영화의 아련한 추억을 가지고 있다면 영화 촬영 장소들을 찾아 다니며 추억을 탐닉하는 것도 좋겠다. 쇼핑보다는 사람들이 물결처럼 밀려가는 거리의 모습에 취해보자. 저녁에는 뷰가 좋은 레스토랑이나 세계의 여행자가 모이는 란콰이퐁의 밤을 즐기자.

숙소 로맨틱한 홍콩을 만끽하기 위해서는 홍콩의 야경만한 것이 없다. 거대한 크루즈가 정박해 있는 빅토리아 항과 개성을 가득 담은 건물들이 빛을 내뿜는 도시. 세계에서 가장 아름다운 야경을 볼 수 있는 호텔에서 하루쯤 묵는 건 어떨까. 몇 번을 보아도 가슴 설레는 야경과 함께하는 낭만적인 밤이 선물처럼 다가온다.

식사 조금은 게으른 듯 브런치를 즐겨보자. 저녁시간 전까지 출출해지면 간단히 요기를 하면 된다. 요리만큼 다양하고 구미가 당기는 게 홍콩의 길거리 음식이다. 대신 저녁 식사는 제대로 즐기자. 멋진 바에서 칵테일 한 잔도 좋겠다.

주의사항 로맨틱한 낭만을 좇아 럭셔리한 호텔과 레스토랑과 바를 섭렵하다보면 자칫 여행 경비 폭탄을 맞을 수도 있다. 로맨틱한 여행이 반드시 비싸고 좋은 곳만은 아닐 터. 홍콩에는 뚜벅뚜벅 걸어다녀도 감동의 쓰나미가 몰려올 곳들이 널려 있으니 참고하자.

TIP 야경을 감상할 수 있는 뷰가 좋은 레스토랑을 가려면 되도록 예약을 하자. 갔다가 자리가 없어서 헛걸음 치거나 뷰가 안 좋은 곳에서 시간을 보내는 불상사가 생기지 않도록!

[1일]

- 11:00 센트럴에서 투어 버스(058p) 타기
  》 **도보 15분**
- 12:30 미드 레벨 에스컬레이터(192p) 타고 소호(201p) 가기 》 **도보 5분**
- 12:45 소호 울라(231p)에서 브런치 즐기기
  》 **도보 5분**
- 13:40 소호(194p) 거리 구경하기 》 **도보 5분**
- 15:00 고프 스트리트 아네스 베 카페(225p)에서 달콤한 수다타임 》 **도보 15분**
- 16:30 센트럴 퀸즈 로드 걸어보기 》 **도보 15분**
- 17:00 황후상 광장(200p)에서 인증샷 찍기
  》 **도보 5분**
- 17:30 빅토리아 피크(197p) 오르기
  》 **트램 10분**
- 18:00 빅토리아 피크 타워 카페에서 전망 감상하기 》 **도보 1분**
- 19:00 막스 누들(230p)에서 맛있는 완탕면 맛보기 》 **트램 10분+MTR 10분**
- 21:00 세라비(217p) 또는 세바(216p)에서 칵테일 마시며 야경 즐기기

[2일]

- 09:00 스위트 다이너스티(176p)에서 딤섬과 콘지로 든든한 아침 식사하기 》 **도보 10분**
- 10:00 1881 헤리티지(169p)와 페닌슐라 호텔(137p)에서 인증샷 》 **도보 10분**
- 11:00 스타의 거리(160p)에서 햇살 받으며 산책하기 》 **페리 10분**
- 12:00 센트럴에서 코즈웨이 베이(250p)까지 트램타기 》 **도보 5분**
- 12:30 타임스 스퀘어 금만정(265p)에서 칵테일 마시며 야경 즐기기 》 **도보 1분**
- 14:00 타임스 스퀘어(261p) 둘러보기
  》 **도보 10분**
- 15:00 소고(258p)에서 구찌 코스메틱 쇼핑 후 이순 밀크티(267p)에서 푸딩 맛보기
  》 **도보 5분**
- 16:00 패션 워크(256p) 걷기 》 **MTR 7분**
- 18:00 완차이 호놀룰루 커피 케이크숍(246p) 가기 》 **도보 10분**
- 19:00 센트럴 플라자(239p) 전망대 올라보기
  》 **도보 5분**
- 20:00 엑스포 프로머네이드(239p)에서 심포니 오브 라이트 레이저 쇼 보기

[3일]

- 10:00 아라비카 홍콩 IFC(214p)커피에서 모닝 커피 마시기 》 **도보 5분**
- 10:30 리펄스 베이(285p)로 향하는 2층 버스에 올라타기 》 **버스 20분**
- 11:00 리펄스 베이 둘러보고 리펄스 베이 맨션(289p)에서 커피 한 잔 마시기
  》 **버스 20분**
- 12:30 스탠리에서 맛있는 점심 》 **도보 5분**
- 13:30 스탠리 마켓(292p)에서 소소한 물건들 구경하기 》 **도보 5분**
- 15:00 스탠리 구석구석 산책하기 》 **도보 5분**
- 16:30 스탠리 플라자(292p)에서 기억에 남을 만한 기념품 사기 》 **버스 50분**
- 18:30 침사추이 페킹 가든(176p)에서 북경오리로 저녁만찬 즐기기 》 **도보 3분**
- 19:30 스타의 거리(160p) 산책하고 심포니 오브 라이트 레이저 쇼 보기 》 **도보 15분**
- 22:00 너츠포드 테라스(161p)에서 와인 마시며 즐거운 시간!

[4일]

- 11:00 호텔 체크 아웃 후 얌차(177p)에서 귀여운 딤섬 맛보기 》 **도보 15분**
- 12:00 하버 시티(164p) 둘러보기 》 **도보 1분**
- 14:00 네이던 로드와 캔톤 로드(163p) 걷기
  》 **도보 5분**
- 15:00 페닌슐라 호텔의 더 로비(181p)에서 애프터눈 티 즐기기 》 **버스 50분**
- 17:00 홍콩국제공항으로 출발

PLANNING 04

아이와 함께하는 **가족 여행**

아이와 함께하는 여행이라면 더 꼼꼼한 계획이 필요하다. 그렇지 않으면 행복한 여행은 아이와 어른, 양쪽 모두 동상이몽이 될지도 모를 일. 여행에 대한 욕심을 줄이고, 아이의 눈높이에 맞추려는 배려심을 갖자.

PLAN 아이와 함께하는 홍콩 여행. 까딱하다가는 홍콩의 무더위만큼이나 끈적 끈적하게 짜증나는 시간이 될 수 있다. 최대한 걷는 시간을 줄이고, 사람이 적은 곳으로 다니는 것이 최선의 방법이다. 되도록 느긋하게 스케줄을 잡는 것도 필수!

숙소 아이가 있다면 란타우섬 여행을 빼놓을 수 없다. 길고 긴 케이블카도 타고, 동심의 세계로 퐁당 빠질 수 있는 홍콩 디즈니랜드가 이곳에 있다. 아이도, 어른도 하루가 짧기만 한 곳. 게다가 디즈니랜드에서 운영하는 호텔도 있다. 디즈니랜드의 캐릭터에 둘러 싸여 보내는 하룻밤은 아이에게 평생 잊지 못할 추억이 될 것이다.

식사 아이들 입맛에 익숙한 음식을 선택하는 것이 좋다. 낯선 음식에 아이들이 배탈이라도 나면 곤란하다. 호기심 가득한 식욕은 잠시 접어두고 평소 접해보았던 음식들로 메뉴를 선정하자. 아이들이 편하게 배불리 먹을 수 있어야 여행의 피로가 덜하다.

주의사항 홍콩의 여름은 한국과 비교하기 힘들 만큼 무덥고 습하다. 성인도 여름에 여행하면 금방 녹초가 될 정도다. 그러므로 아이들과 함께라면 무더운 낮에는 되도록 에어컨이 가동되는 실내를 중심으로 움직이자.

TIP 평소 아이들이 좋아하는 아이템으로 호기심을 유도해보자. 홍콩의 2층 버스 장난감을 들고 장난감과 똑같이 생긴 2층 버스 타보기, 열대과일 맛보기 등 낯선 경험들이 즐거움을 줄 것이다.

[1일]
- 11:00 입국 후 란타우섬의 옹핑 360 케이블카(301p) 타기 ≫ **케이블카 20분**
- 11:30 옹핑 빌리지 구경하고 가벼운 식사하기 ≫ **케이블카 20분, MTR 20분**
- 14:00 홍콩 디즈니랜드(300p)에서 신나는 하루 보내기 ≫ **MTR 45분**
- 22:00 호텔 도착

[2일]
- 11:00 암차(177p)에서 귀여운 딤섬 맛보기 ≫ **도보 10분+페리 10분**
- 12:30 센트럴에서 2층 투어 버스(058p) 타고 시내 관광 즐기기 ≫ **도보 15분**
- 14:00 미드 레벨 에스컬레이터(192p) 타기 ≫ **도보 10분**
- 15:00 PMQ(209p) 구경 후 만모 사원 다녀오기 ≫ **도보 15분**
- 16:00 타이청 베이커리(220p)에서 맛있는 에그 타르트 간식! ≫ **도보 10분**
- 17:00 카우키(222p)에서 도가니 가득한 누들 맛보기 ≫ **도보 15분**
- 18:30 피크 트램(049p) 타고 올라가기 ≫ **도보 1분**
- 19:00 빅토리아 피크(197p) 둘러보고 야경 감상하기 ≫ **도보 1분**
- 20:00 빅토리아 피크 갤러리아 취화(183p)에서 크리스피 번과 밀크티 마시며 휴식 취하기

[3일]
- 10:00 센트럴 IFC몰(202p)에서 쇼핑하기 ≫ **트램 20분**
- 11:30 트램에서 인증샷은 필수! 코즈웨이 베이(250p) 가기 ≫ **도보 10분**
- 12:00 눈 데이 건(255p)에서 발사하는 대포를 보려면 정각에 도착할 것! ≫ **도보 15분**
- 12:30 애플 스토어(258p) 구경하기 ≫ **도보 5분**
- 13:30 타임스 스퀘어(261p)에서 가벼운 쇼핑하기 ≫ **도보 3분**
- 14:30 호흥키 콘지&누들(265p)에서 완탕면 맛보기 ≫ **MTR 30분**
- 16:00 몽콕 금붕어 시장(272p) 구경하기 ≫ **도보 10분**
- 17:00 레이디스 마켓(273p)에서 기념품 사고 길거리 음식 먹기 ≫ **도보 10분**
- 18:00 랭 함 플레이스(274p)에서 에스컬레이터 타보기 ≫ **도보 1분**
- 18:30 랭 함 플레이스 푸드 코트에서 저녁 먹기 ≫ **버스 20분**
- 20:00 스타의 거리(160p)에서 심포니 오브 라이트 레이저 쇼 보기

[4일]
- 10:00 스타의 거리(160p) 산책하기 ≫ **도보 10분**
- 11:00 하버 시티(164p), 토이저러스(170p)에서 즐거운 시간 보내기 ≫ **도보 3분**
- 13:00 하버 시티 나트랑(175p)에서 쌀국수로 점심 식사 하기 ≫ **도보 5분**
- 14:00 카오룽 공원(162p)에서 쉬었다 가기 ≫ **도보 10분**
- 15:00 홍콩역사박물관(163p) 관람하기 ≫ **버스 50분**
- 18:00 홍콩국제공항으로 출발

PLANNING 05
홍콩 여행 만들기

아는 만큼 보이는 것이 여행! 짧은 여행 일수록 더더욱 알찬 정보가 필요하다. 첫 번째 미션은 일정에 맞추어 비행기 티켓 예매부터 똑 부러지게!

홍콩 여행 스케줄 짜기

주말 끼고 3박 4일, 또는 4박 5일 일정으로 홍콩여행을 간다면 항공 스케줄이 중요하다. 자칫 스케줄을 잘못 짜면 3박 4일이 1박 3일보다 못할 수도 있다. 최악의 스케줄은 한국에서 갈 때는 오후 출발, 홍콩에서 돌아올 때는 오전 출발이다. 이 여정은 홍콩을 오가는 데 꼬박 이틀을 허비하기 때문에 실제 여행할 수 있는 시간은 얼마 되지 않는다. 특히, 저가항공사를 이용할 경우 이런 스케줄을 감안해야 한다. 제주항공이나 진에어 등 저가항공사들은 대부분 1일 1회 운항하지만 홍콩 도착 시간이 점심이다. 또 홍콩에서 한국으로 출발하는 항공편은 출발시각이 오전이나 점심 때라 여행 기간이 짧은 여행자에게는 시간적인 제약이 따른다. 반면 아시아나항공, 대한항공, 캐세이패시픽항공은 운항 편수가 많아 자유롭게 스케줄을 짤 수 있다. 특히, 홍콩에 오전에 도착하고, 자정 무렵에 한국으로 돌아오는 항공권을 구입하면 1박 3일의 짧은 일정으로도 홍콩 여행이 가능하다. 따라서 저렴한 항공권만을 고집할 게 아니라 자신의 여행 스케줄에 맞는 적절한 항공을 선택하는 것이 중요하다.

항공권 예약하기

근래 인천~홍콩, 김해~홍콩은 물론 대구~홍콩까지 취항 항공사가 늘며 홍콩 항공편 예매의 폭이 넓어졌다. 수화물 규정까지 꼼꼼하게 체크해서 내 예산과 일정에 맞는 항공권을 예매하자. 저가항공의 경우 위탁 수화물 추가 비용은 물론이고 기내식도 비용을 내고 사서 먹어야 하는 편이다. 또 저가항공을 특가 운임으로 구매할 경우, 위탁 수화물이 포함되어 있지 않아 비용을 내고 짐을 실어야 하는 경우도 있으니 항공권 구매 전 꼼꼼하게 확인할 것.

Tip 데이터 로밍보다 심카드! 홍콩에서 무선 데이터 이용하기

홍콩국제공항의 1010 통신사 데스크나 편의점(7-Eleven, Circle K)에서 '디스커버 홍콩 여행자 심카드Discover Hong Kong Tourist SIM Card'를 사면 홍콩에 있는 동안 무선 데이터를 사용할 수 있다. 심카드를 갈아 끼우기만 하니 간편하고, 국내 데이터 로밍보다 가격도 저렴하다. 종류는 5일권과 8일권 두 가지. 5일권은 1.5GB데이터 사용이 가능하고 69HKD, 8일권은 무선데이터 사용량 5GB, 가격은 96HKD이다. 통신사 데스크에서 구입할 경우 유심칩을 직원이 직접 교체해준다. 단, 핸드폰의 컨트리락이 해제되어 있는 상태여야 한다.

홍콩 취항 주요 항공사 및 위탁 수화물

인천~홍콩 노선

항공사	홈페이지	위탁 수화물(이코노미 기준)
아시아나항공	flyaisiana.com	23kg
대한항공	kr.koreanair.com	23kg
진에어	www.jinair.com	15kg
제주항공	www.jejuair.net	15kg
이스타항공	www.eastarjet.com	15kg
홍콩익스프레스	www.hkxpress.com	위탁 수화물 불포함
캐세이퍼시픽	www.cathapacific.com	30kg

김해~홍콩 노선

항공사	홈페이지	위탁 수화물(이코노미 기준)
아시아나항공	flyaisiana.com	23kg
대한항공	kr.koreanair.com	23kg
에어부산	www.airbusan.com	15kg
캐세이퍼시픽	www.cathapacific.com	30kg

대구~홍콩 노선

항공사	홈페이지	위탁 수화물(이코노미 기준)
티웨이	www.twayair.com	15kg

홍콩 화폐와 여행 예산

화폐

홍콩의 공식 통화는 달러 HKD와 센트¢다. 동전은 10¢, 20¢, 50¢, 1HKD, 2HKD, 5HKD가 있으며, 지폐는 5HKD, 10HKD, 20HKD, 50HKD, 100HKD, 500HKD, 1000HKD가 있다.
환율은 1HKD가 약 146.68원(2019년 4월 기준)이다. 물가는 우리나라와 비슷한 수준이다.

신용카드

신용카드는 마스터 카드MASTER CARD, 비자VISA, 아멕스AMEX 등을 사용할 수 있으나 생각보다 카드 사용이 안 되는 곳이 많다. 카드가 되는 곳이라 해도 200~300HKD 이하이면 현금거래만 원하는 곳들이 종종 있다. 따라서 쇼핑이나 고급 음식점을 제외하고는 대부분 현금 결제를 한다고 생각하면 된다. 한국에서 사용하던 직불카드로 인출과 결제도 가능하다. 카드 뒷면에 'PLUS, Cirrus' 글자가 있는지 미리 확인할 것.

1일 여행 비용은 얼마?

숙박과 쇼핑을 뺀 하루 경비를 약 300~500HKD로 잡고 날짜를 계산해서 현금을 가져가면 좋다. 미화, 한화를 모두 받는 환전소가 곳곳에 있어 환전이 쉽다. 환전 수수료는 한국과 비슷하다.

PLANNING 06
홍콩국제공항에서 **시내 들어가기**

홍콩국제공항은 시내 중심부에서 약 35km 떨어진 란타우섬에 있다. 공항에서 시내까지는 에어포트 익스프레스, 공항버스 등 교통수단에 따라 요금과 소요 시간이 달라진다.

에어포트 익스프레스

AEL · Airport Express Line

공항에서 시내로 가는 가장 빠르고 편한 교통수단. 아시아 월드 엑스포역에서 홍콩국제공항을 경유해 홍콩역까지 오가는 고속철도를 AEL이라 부른다. 홍콩역까지 24분, 카오룽역까지는 19분이 걸린다. 각 역에서 내리면 MTR과 연결되고, 인근 호텔을 연결하는 무료 셔틀버스까지 운행해 어딘든 쉽게 이동할 수 있다. 요금은 편도보다 왕복이 싸고 같은 편도도 2인 이상일 경우 단체할인이 적용된다.

Tip | AEL 티켓 구입하기

AEL 티켓과 옥토퍼스 카드는 자판기나 유인 매표소에서 구매 가능하다. 2인 이상이라면 단체 할인티켓이 제일 저렴하다. 혼자라면 AEL 왕복 티켓을 구매하거나 옥토퍼스 카드를 사서 충전한 후 이용하면 된다. 알뜰하게 구매하려면 스마트폰으로 클룩Klook이나 케이케이데이kkday 앱을 다운 받은 후 미리 AEL티켓을 예매해보자. 약 40% 할인된 가격에 살 수 있다. 예매 후 QR코드를 핸드폰에 저장했다가 탑승할 때 쓰면 된다. 옥토퍼스 카드로 AEL 이용 후 1시간 이내에 MTR로 환승 시 무료 탑승이 가능하다.

운행 요금

역	편도(일반)	편도(옥토퍼스 카드)
칭이Tsing Yi	70HKD	65HKD
카오룽Kowloon	105HKD	105HKD
홍콩Hong Kong	115HKD	115HKD

역	당일 왕복	단체 편도(2/3/4인)
칭이Tsing Yi	115HKD	90/140/160HKD
카오룽Kowloon	185HKD	125/190/210HKD
홍콩Hong Kong	205HKD	150/220/250HKD

※ 첫차 05:50, 막차 00:48(10분 간격, 2019년 5월 기준)

AEL 무료 셔틀버스

홍콩역과 카오룽역에 내리면 인근 호텔까지 무료 셔틀버스를 운행한다. 개찰구를 나와 안내판을 따라가면 셔틀버스 정류장이 나온다. AEL 승객을 위한 무료 셔틀버스이므로 AEL 티켓이나 옥토퍼스 카드를 제시해야 되는 경우도 있다. 역별 운행노선을 미리 확인해 두면 편리하다.

카오롱역 출발		
버스 명	운행 시간	노선
K1	06:12~ 23:12	MTR 조던역 → MTR 홍함역 → 하버 플라자 메트로폴리스 → 웜포아 가든 → 하버 그랜드 카오룽 호텔 → 이튼 호텔 → MTR 오스틴역
K2		프린스 호텔 → 게이트웨이 호텔 → 마르코폴로 홍콩 호텔 → 카오룽 호텔&페닌슐라 호텔 → 쉐라톤 홍콩 호텔&MTR 이스트 침사추이역 → 램 함 호텔 → 로열 퍼시픽&차이나 페리 터미널
K3		홀리데이 인 골든 마일 호텔 → 하얏트 리젠시 침사추이 → 리갈 카오룽 호텔 → 호텔 아이콘 → 닛코 호텔 → 인터콘티넨탈 그랜드 스탠포드 홍콩 → 카오룽 샹그릴라 호텔
K4		파크 호텔 → 더 미라 호텔 → 럭스 마노르 호텔 → 엠파이어 호텔&침사추이 → B.P.인터내셔널
K5		시티뷰 호텔 → 메트로파크 호텔 → 로열 플라자 호텔

홍콩역 출발		
버스 명	운행 시간	노선
H1 애드미럴티&완차이 행	06:12~ 23:12	아일랜드 샹그리아 → 콘래드 → 퍼시픽 플레이스 → JW메리어트 호텔 → 엠파이어 호텔&완차이 → 와니&광둥 호텔 → 노보텔 센추리 → 르네상스 하버뷰 호텔 → 홍콩 컨벤션&엑시비션 센터
H1 웨스턴 디스트릭트 행		홀리데이 인 익스프레스 홍콩 소호 호텔 → 아이클럽 셩완 호텔 → 이비스 홍콩 센트럴&셩완 호텔→베스트 웨스턴 하버뷰 호텔→아일랜드 퍼시픽 호텔
H2 코즈웨이 베이 행		엠파이어 호텔&코즈웨이 베이 → 메트로파크 호텔 코즈웨이 홍콩 → 리갈 홍콩 호텔 → 로즈데일 온 더 파크 호텔 → 파크 레인 홍콩 호텔 → 엑셀시어 홍콩 호텔
H2 포트리스힐&완차이 행		하버 그랜드 홍콩 호텔 → 시티 가든 호텔 → 르네상스 하버뷰 호텔

※ 첫차 06:12, 막차 23:12(12~20분 간격, 2019년 5월 기준)

공항버스 Airport Bus

공항에서 시내까지 약 1시간이 걸리지만 가장 저렴하다. 24시간 운행해서 심야시간에도 이용할 수 있다. 주간에는 'A', 심야에는 'N', 외곽버스 앞에는 'E'가 번호 앞에 붙는다. 공항버스터미널 안내소에서 티켓을 구매해도 되고, 버스 기사에게 직접 요금을 내도된다. 단, 기사에게 현금으로 낼 경우 거스름돈을 주지 않으니 미리 동전을 준비해야 한다. 요금은 33~50HKD선(구간마다 다름).

리무진버스 Limousine Bus

공항에서 시내 주요 호텔을 운행하는 리무진버스. 에어포트 호텔 링크와 에어포트 셔틀버스 2가지의 리무진버스가 있다. 입국장 A, B 사이 여행사 데스크에서 티켓을 구입하면 된다. 요금은 카오롱 & 홍콩섬 주요 호텔까지 150HKD 정도.

택시 Taxi

가장 비싼 교통수단. 공항에서 시내까지는 평균 300HKD 이상의 요금이 나온다. 게다가 공항에서 시내로 들어올 때 건너게 되는 청마대교나 카오롱에서 홍콩섬까지 연결된 해저터널을 지날 경우 통행료가 가산된다. 홍콩은 지역에 따라 운행하는 택시의 색이 다르므로 공항에서 시내로 들어올 때는 반드시 빨간색을 타야한다.

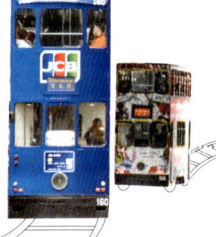

PLANNING 07
홍콩 대중교통 완전 정복

홍콩에서의 대중교통은 MTR, 버스, 트램, 페리, 택시 등 다양하다. 대중교통 이용이 편리하고, 구석구석 쉽게 갈 수 있는데다 교통비가 저렴하다. 여행자들이 많이 가는 곳의 대중교통 편만 알아두어도 여행이 한결 수월하다.

MTR Mass Transit Railway

MTR이라 부르는 홍콩의 지하철은 가장 빠르고 편한 교통수단. 아침 6시부터 새벽 1시까지 운행하며 시내 대부분을 연결해주니 MTR만 잘 알아도 여행이 쉬워진다. 홍콩섬을 동서로 가로지르는 아일랜드 라인Island Line과 린타우섬과 시내를 연결하는 퉁청 라인Tung Chung Line 등 총 11개 노선이 있다. 그중 여행자가 주로 이용하는 노선은 카오롱 반도와 홍콩섬을 이어주는 췬완 라인 Tsuen Wan Line이다. 계단을 오르내릴 필요 없이 플랫폼 반대편에서 바로 갈아탈 수 있는 환승역이 많아 환승도 편리하다. 각 MTR역의 출구마다 관광명소와 쇼핑몰 등을 안내하는 표지판이 설치돼 있다.

Data 운행 시간 06:00~01:00(노선마다 다름)
요금 4.5HKD~(옥토퍼스 카드 기준)
홈페이지 www.mtr.com.hk

Tip 주의 사항
대부분의 MTR역에는 화장실이 없다. MTR역과 연결된 쇼핑몰의 화장실을 이용할 것. MTR 내에서는 음식 섭취가 엄격히 금지되어 있다는 점도 기억해두자.

버스 Bus

홍콩의 버스는 저렴한 교통수단이자 관광객을

위한 관광버스이기도 하다. MTR이 연결되지 않는 리펄스 베이, 스탠리, 애버딘 등으로 오갈 때 버스를 이용하면 편리하다. 대부분 2층 버스라 2층 맨 앞자리에 앉으면 홍콩의 풍경도 함께 즐길 수 있다. 주요 노선은 센트럴의 익스체인지 스퀘어Exchange Square, 침사추이의 스타 페리 선착장 앞에 위치한 버스정류장에서 탈 수 있다. 승하차 모두 앞문으로 하며, 내릴 때는 하차벨을 미리 둘러야 한다. 행선지는 버스 앞쪽 전광판을 통해 영어와 중국어로 안내해준다. 요금은 선불. 현금을 낼 경우 거스름돈을 주지 않으니 옥토퍼스 카드를 사용하자.

Data 운행 시간 06:00~24:00(노선마다 다름)
요금 4.3HKD~(옥토퍼스 카가 없을 경우 잔돈 필수)
홈페이지 KMB버스 www.kmb.hk,
시티버스 · 퍼스트버스 www.nwstbus.com.hk

미니버스 Minibus

우리나라의 마을버스 같은 미니버스는 홍콩의 곳곳을 연결해 로컬들이 애용하는 교통수단이다. 우리나라 마을버스와 다른 점은 절대 입석을 허용하지 않는다는 것. 승차 정원은 16명으로 빈 좌석이 없을 경우 서지도 태우지도 않고 무정하게 지나가버린다. 미니버스 앞에 빈 좌석수를 표시하는 전광판의 수를 확인하고 타면 된다. 종류는 녹색 버스와 붉은색 버스 2가지. 녹색 버스는 탈 때 옥토퍼스 카드로 요금을 내면되고, 붉은색 버스는 현금을 내야한다. 특히, 빅토리아 피크에서 소호로 이동하거나 카오롱역에서 몽콕으로 이동할 때 미니버스를 이용하면 요긴하다.

Data 운행 시간 06:00~24:00 (노선에 따라 다름)
요금 3.3HKD~(옥토퍼스 카가 없을 경우 잔돈 필수)

스타 페리 Star Ferry

홍콩은 중국대륙과 연결된 카오롱 반도와 홍콩섬을 중심으로 공항이 있는 란타우섬 등 크고 작은 섬으로 이루어져 있다. 그중 여행자들이 많이 가는 곳은 카오롱 반도와 홍콩섬. 이 두 지역 사이는 해저터널이 개통되어 MTR과 버스가 운행되고 있지만 많은 사람들은 예전부터 지금까지 스타 페리를 이용한다. 스타 페리는 침사추이~완차이, 침사추이~센트럴을 잇는 2개의 노선이 있다. 요금이 저렴한데다 여행자에게는 관광 요소로서도 흥미로운 교통수단이다.

Data 운행 시간 침사추이~센트럴 06:30~23:30, 침사추이~완차이 07:20~23:00
요금 평일 성인 2.7HKD, 토 · 일요일 성인 3.7HKD
홈페이지 www.starferry.com.hk

택시 Taxi

사진 속 홍콩 거리에 항상 등장하는 장난감 같은 빨간색 택시! 홍콩의 대중적인 교통수단 가운데 하나다. 택시 기본요금은 24HKD으로 야간할증이 있으며 미터 당 요금이 가산 된다. 또 트렁크에 짐을 실으면 짐 1개당 6HKD의 추가요금이 발생한다. 대신 기사가 짐을 실어준다. 역과 호텔 앞 택시 승강장 등에서 빈차인지 확인하고 타면 된다. 주간에는 'For Hire', 야간에는 'TAXI' 램프에 불이 들어오면 빈차다. 차를 잡으면 문이 저절로 열리니 당황하지 말 것. 앞좌석에 1명, 뒷좌석에 3명이 정원이지만 인원이 적을 경우 앞좌석에 타는 것은 실례라는 것도 알아두자. 또, 택시

STEP 02
PLANNING

는 영어가 안 통하는 경우가 대부분이다. 침사추이, 센트럴 같은 대표적인 지역이 아니라면 목적지의 중국어 이름이나 지도를 보여 주는 것이 가장 확실한 방법이다.

Data 요금 침사추이역 → 센트럴역 약 90HKD,
침사추이역 → 카오룽역 약 30HKD,
센트럴 → 빅토리아 피크 약 30HKD,
센트럴 → 코즈웨이 베이 약 50HKD

트램 Tram

1904년부터 운행을 시작한 트램은 홍콩의 역사를 함께한 명물이다. 트램은 홍콩섬의 서부 케네디 타운 Kennedy Town에서 동부의 샤우케이완 Shau Kei Wan을 연결하는 6개의 노선이 있다. 트램의 앞과 뒤에 행선지가 붙어 있으므로 확인하고 탑승할 것. 센트럴에서 코즈웨이 베이 방면으로 갈 때는 코즈웨이 베이 Causeway Bay, 노스 포인트 North Point, 샤우케이완 행을 타고, 센트럴 방면으로 갈 때는 웨스턴 마켓 Western Market, 케네디 타운 행을 타면 된다. 트램은 에어컨이 없어 한여름에는 무더운 것이 단점. 또 안내방송을 하지 않아 난감할 때도 있다. 그러나 MTR 노선과 비슷하기 때문에 창 밖을 조금만 주의 깊게 살피면 어렵지 않게 내릴 곳을 찾을 수 있다. 트램은 뒷문으로 타서 앞문으로 내리며, 내릴 때 요금을 지불한다. 버스와 마찬가지로 옥토퍼스 카드 사용이 가능하며, 현금을 낼 경우 거스름돈을 주지 않는다.

Data 운행 시간 05:10~23:50(노선, 요일별로 달라질 수 있음)
요금 2.3HKD
홈페이지 www.hktramways.com

Tip 잊지 말자!
스마트한 옥토퍼스 카드

홍콩에서 옥토퍼스 카드는 없어서는 안 될 여행의 동반자다. MTR, 트램, 버스, AEL 등 대부분의 교통수단은 물론 스타벅스 제휴 차찬텡(음식점), 편의점, 자판기까지 사용이 가능하다. 옥토퍼스 카드를 이용하면 요금을 일일이 준비해야 하는 불편함도 없다.

구입 방법: 공항의 AEL 매표소나 MTR역에서 살 수 있다. 처음 구매할 때는 150HKD(보증금 50HKD 포함)으로 실제 사용금액은 100HKD다. 쓰고 난 후 MTR역에서 반환하면 남은 금액에서 보증금 50HKD와 수수료 9HKD를 제외한 돈을 돌려받을 수 있다. 최초 구매 시 넉넉하게 충전하고 사용 후 잔액을 반환받으면 편리하다.

충전 방법: 지하철이나 AEL역의 무인충전기와 매표소에서 할 수 있다. 무인충전기에 카드를 넣으면 잔액이 표시되고, 지폐 투입구에 충전할 금액을 넣으면 충전 완료(50HKD, 100HKD만 사용 가능). 매표소에서 충전할 경우 충전을 원하는 현금을 건네며 "Add value, please (애드 밸류 플리스)"라고 얘기하면 된다. 편의점에서도 현금으로 충전이 가능하다.

Tip 출국 시 얼리 체크인 하기!

홍콩은 얼리 체크인(인타운 체크인) 시스템이 잘 갖춰진 도시다. 홍콩역과 카오룽역의 도심공항터미널을 이용하면 공항에서 기다리는 시간도 절약하고, 짐을 먼저 붙일 수 있어 돌아오는 길이 한결 가뿐하다. 단, 도심공항터미널은 AEL 이용객에 한 해 이용할 수 있으므로 수속 전에 AEL 티켓부터 사야한다(옥토퍼스 카드로 출입 가능). 얼리 체크인 가능 항공사는 대한항공, 캐세이퍼시픽항공, 아시아나항공, 제주항공, 타이항공 등. 진에어, 이스타항공은 얼리 체크인이 되지 않는다. 이용 시간은 새벽 5시 30분부터 밤 11시 30분 사이, 비행기 출발 24시간 전부터 90분 전까지. 단, 항공사에 따라 변경될 수 있으니 미리 확인할 것.

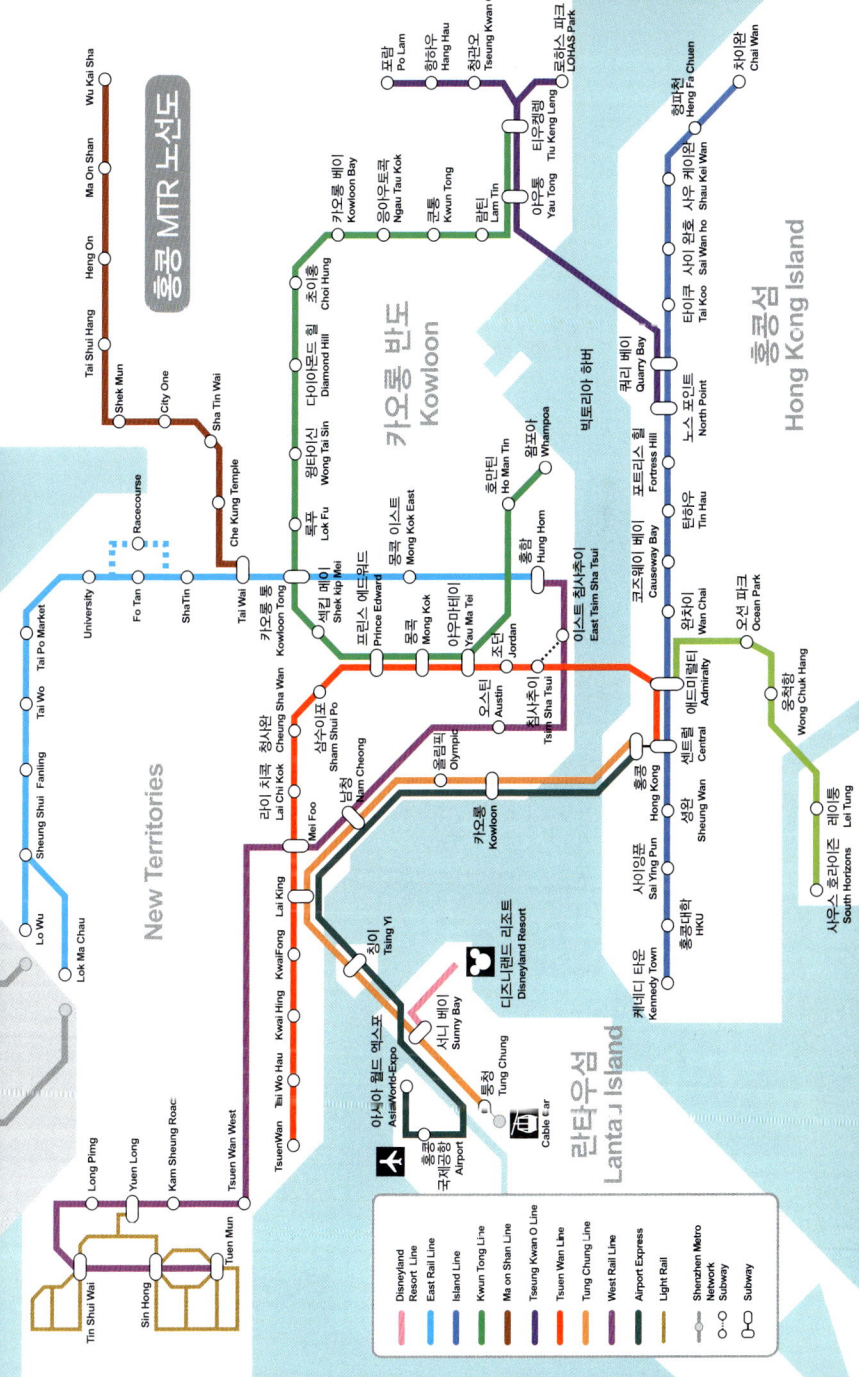

01 홍콩의 야경 BEST 4
02 홍콩의 무료 전망대 BEST 3
03 트램 타고, 버스 타고 홍콩 한 바퀴
04 홍콩 최고의 건물 BEST 7
05 걷고 싶은 홍콩의 거리
06 야경에 취하는 밤, 로맨틱 루프톱바
07 밤을 잊은 그대에게, 홍콩의 밤거리
08 영화 속 홍콩 다시 보기
09 홍콩을 걷는 새로운 방법, 트레킹

ENJOYING 01
홍콩의 야경 BEST 4

무언가에 빨려 들고 홀린 듯한 뜨거운 시선! 홍콩의 밤빛을 바라보는 사람들의 시선이 대부분 그러하다. 그 찬란한 밤빛을 보고 있노라면, 과연 세상에서 가장 멋진 야경 중 하나라는 찬사를 쏟아낼 수밖에 없다. 너무나 아름답기에 말로는 다 표현할 수 없는 홍콩의 야경과 함께 인생 최고의 순간을 만끽하는 행운을 누려보자.

홍콩의 밤빛은 여기서
빅토리아 피크 Victoria Peak

홍콩을 대표하는 야경 사진 속 장소는 스타의 거리에서 보는 홍콩섬과 빅토리아 피크다. 그중에서도 빅토리아 피크는 홍콩 여행의 하이라이트가 되는 곳! 홍콩에서 가장 높은 곳인 타이핑 산太平山 정상이 바로 빅토리아 피크다. 이곳에서는 침사추이와 홍콩섬 일대는 물론이고, 맑은 날이면 중국 내륙까지도 보인다. 그림처럼 하늘이 깨끗한 날도, 안개가 자욱하게 건물을 휘감은 흐린 날도, 보슬보슬 비가 운치 있게 내리는 날도 특유의 매력을 뽐낸다. 영화나 사진에서 본 그대로의 모습이 눈앞에 펼쳐진다. 야경 하나만으로도 가슴이 두근거리고 숨이 멎을 것 같은 기분이 든다.

센트럴&성완 197p

빅토리아 피크 가는 방법

피크 트램 홍콩 여행자라면 누구나 한 번은 타게 되는 이 트램은 6~7분이면 빅토리아 피크 정상에 도착할 정도로 속도가 빠르다. 트램의 묘미는 몸이 심하게 기울어질 정도로 경사가 급한 철로를 달리며 창 밖으로 펼쳐지는 센트럴 시내의 멋진 풍경을 감상하는 것. 스릴 있는 롤러코스터를 타듯 내달리는 트램 안에서 홍콩의 매력적인 모습을 카메라에 담아보자! 오른쪽에 앉아야 창 밖 풍경이 잘 보이다.

Tip
❶ 주말이나 해질 무렵에는 매표소에 줄을 길게 서니 이 시간을 피하자.
❷ 옥토퍼스 카드 소지자는 개찰구로 바로 들어갈 수 있다.
❸ 올라갈 때는 트램을 이용하고 내려오면 15번 2층 버스 또는 1번 미니버스를 타고 내려오면 시간을 절약할 수 있다.

가는 법 MTR 센트럴역 J2번 출구에서 도보 10분. 홍콩 공원 근처 가든 로드Garden Road의 피크 트램역에서 탑승 **주소** 128 Peak Road, The Peak
운행 시간 피크 트램 07:00~24:00(15분 간격으로 운행), 빅토리아 피크 전망대 07:00~23:00, 스카이 테라스 428 월~금 10:00~23:00, 토·일·공휴일 08:00~23:00
요금 피크 트램 왕복 52HKD, 편도 37HKD(옥토퍼스 카드 사용 가능), 스카이 테라스 428 입장료+피크 트램 왕복 99HKD, 편도 84HKD **홈페이지** www.thepeak.com.hk

2층 버스 홍콩에서 2층 버스가 갈 수 있는 가장 높은 곳이다. 따라서 이 버스를 타는 것만으로도 여행의 일부가 될 수 있다. 버스를 타는 30~40분 내내 흔들리는 2층에서 바라보는 홍콩의 풍경은 기대 이상이다. 높은 곳에 다다를수록 산꼭대기에 서 있는 고층 빌딩과 멀리 내려다보이는 바다 풍경이 점입가경이다. 버스를 탈 때는 반드시 2층 오른쪽 자리를 사수할 것!

가는 법 센트럴 스타 페리 선착장 6번 부두, 익스체인지 스퀘어, 시티홀, MTR 애드미럴티역 C1번 출구, 완차이 호프웰 센터 건너편 15번 2층 버스
운행 시간 30~40분 운행시간 센트럴 스타 페리 선착장 6번 부두 10:00부터, 나머지는 06:15~00:15까지(10~15분 간격) **요금** 9.8HKD

택시 빅토리아 피크로 가는 가장 빠른 교통수단이다. 특별히 재미는 없지만 시간이 많지 않을 때 이용할 수 있다. MTR 애드미럴티역에서 타면 요금은 트램 이용료와 비슷하다. 트램이 번잡할 때는 올라갈 때만 이용하고 내려올 때는 트램을 이용하는 것도 방법이다.
요금 MTR 애드미럴티역에서 약 22HKD, 5분 소요. MTR 센트럴역에서 약 32HKD, 10분 소요

Tip 홍콩의 치안과 야경
만일의 사태를 대비해 현금은 그날그날 쓸 만큼만 나누어 가지고 다니자. 지갑에 현금과 카드, 신분증 등을 한꺼번에 넣지 않는 것이 좋다. 홍콩은 밤 문화가 많이 발달해 여행자들이 많은 곳은 늦은 밤이라 해도 크게 치안상의 문제는 없다. 늦은 밤 낯선 길을 가야 한다면 길을 헤매지 않도록 택시 타는 것을 권한다. 잦은 일은 아니지만 스타의 거리 같이 레이저 쇼를 보러 사람들이 많이 몰리는 곳에서는 야경을 보며 넋을 놓은 여행자들의 지갑을 호시탐탐 노리는 어둠의 손길이 있으니 주의하자.

STEP 03
ENJOYING

반짝반짝 7분간의 크루즈
스타 페리 Star Ferry

홍콩은 바다를 사이에 두고 홍콩섬과 중국 대륙에 붙어 있는 카오롱 반도로 나뉜다. 두 곳을 오가는 방법은 3가지다. MTR 또는 택시를 타고 해저터널을 건너거나 스타 페리를 타고 바다를 건너는 것이다. 그중 스타 페리는 밤의 낭만의 즐길 수 있는 탈거리! 출렁거리는 페리 위에서 7분간 빅토리아 항의 야경을 만끽할 수 있다. 심포니 오브 라이트 시간 맞춰 타면 이보다 멋질 수 없다. 짧은 시간이지만 홍콩을 떠난 뒤에도 긴 여운으로 남는다. 마치 가슴 속에서 되풀이 되는 나만의 홍콩 영화 속 한 장면처럼 말이다. 그래서 페리는 저렴하게 크루즈를 즐기려는 여행객들에게 인기다. 원래는 노선이 4개였는데, 지금은 센트럴~홍함, 홍함~완차이 노선이 사라지고 침사추이~센트럴, 침사추이~완차이 2개 노선만 운행한다. 홍콩섬의 야경은 침사추이~완차이 노선이 더 멋지다.

Data 루트 센트럴~침사추이, 완차이~침사추이 2개 노선. 침사추이 스타 페리 선착장, 센트럴 스타 페리 선착장, 완차이 스타 페리 선착장에서 탑승 가능
운행 시간 침사추이~센트럴 06:30~23:30, 침사추이~완차이 07:30~23:00
요금 평일 성인 2.7HKD, 토~일요일 성인 3.7HKD(개찰구에서 티켓 구입 및 옥토퍼스 카드 사용 가능)
홈페이지 www.starferry.com.hk

> **Tip 스타 페리 더 달콤하게 즐기는 법**
> 1등석은 2층, 2등석은 1층. 1등석에 앉아야 전망도 업그레이드된다. 침사추이에서 홍콩섬으로 스타 페리를 타고 올 땐 선착장 근처 허류산(189p)에서 망고 주스 한잔 테이크아웃해서 타보자. 달콤한 디저트와 함께 음미하는 야경이 더욱 달콤하게 느껴질 터.

뭉클하게 밀려오는 노을의 감동
엑스포 프로머네이드 Expo Promenade

숨은 야경의 명소를 찾는다면 주저 없이 엑스포 프로머네이드로 가자. 완차이의 컨벤션 센터 앞으로 이어진 해안 산책로에서 바라보는 야경은 빅토리아 피크나 스타의 거리와는 또 다른 감동을 준다. 건물들이 삐쭉삐쭉 솟아올라 하늘이 더 높아 보이는 빌딩숲 뒤로 해가 기울면 약 30여 분간 노을과 더불어 건물에 하나 둘씩 불이 켜지는 광경을 볼 수 있다. 일 분 일 초마다 달라지는 오묘한 하늘빛과 원&투 IFC 빌딩의 실루엣 때문에 마치 SF 영화 속 한 장면을 보는 듯하다. 홍콩섬과 카오롱 반도, 두 지역이 모두 다 보이고 웅장한 심포니 오브 라이트 레이저 쇼도 볼 수 있다. **완차이&애드미럴티 239p**

하늘 위에서 즐기는 야경
홍콩 관람차 The Hong Kong Observation Wheel

피크 트램보다 짜릿하고 스타의 거리보다 편안하다! 바로 센트럴 하버프런트에 출현한 홍콩 관람차 이야기다. 높이 60m의 대관람차에 오르면 약 20분간 세 바퀴 도는데, 가만히 앉아서 홍콩의 야경을 360°로 만끽하게 된다. 단, 1인당 20HKD(성인 기준)으로 입장료도 저렴한 편이다. 일몰 시간이나 홍콩 야경의 클라이맥스 심포니 오브 라이트 레이저 쇼에 맞춰 탑승하면 가성비 甲! **센트럴&성완 201p**

Tip 둘만을 위한 관람차가 있다?
로맨틱한 여행을 위해 특별한 이벤트를 준비하고 있다면 2~3인용 프라이빗 캐빈에 탑승해보자.
요금은 160HKD부터.

홍콩의 밤하늘을 물들이는 황홀한 시간
스타의 거리 Avenue of Stars

침사추이에 위치한 스타의 거리는 낮에는 산책을 하며 홍콩 스타들의 자취를 쫓는 산책로로 좋은 곳이지만 밤이 되면 로맨틱한 야경을 볼 수 있는 곳으로 탈바꿈한다. 고풍스럽게 서 있는 시계탑부터 반짝반짝 빛나는 빅토리아 하버의 경관, 홍콩섬의 스카이라인을 바라보고 있노라면 마법에 걸린 것만 같다. 연인과 함께라면 약간 시들해졌던 사랑이 다시 새록새록 피어날 것이고, 혼자라면 이 로맨틱한 분위기에 입술을 꽉 깨물어야 할 테! 그렇다고 그냥 뒤돌아 서지는 말 것! 매일 밤 8시. 홍콩 전체가 들썩거리는 레이저 쇼 '심포니 오브 라이트'가 시작된다. 나긋나긋하고 애교 섞인 목소리와 음악으로 시작하는 이 레이저 쇼는 홍콩섬과 카오롱 반도의 건물 44개가 합세해서 하루에 한 번, 홍콩에 방문한 모든 여행자들을 홀린다. 춤추고 노래하듯, 박자 맞추어 움직이는 건물의 불빛들은 홍콩을 절대로 잊지 못하게 만든다. 이 쇼만으로도 홍콩과 사랑에 빠질 이유는 충분해진다.

침사추이 160p

Tip 심포니 오브 라이트 Symphony of Lights 어디서 볼까?

형형색색의 레이저로 매일 밤하늘을 수놓는 심포니 오브 라이트. 빵 빵한 사운드를 들으며 정면에서 보려면 침사추이에 위치한 스타의 거리가 진리다.
쇼핑하느라 스타의 거리까지 미처 가시 못했나면 하버 시티 오션 터 미널 앞에서 봐도 잘 보인다. 실내에서 편안하고 분위기 있게 감상 하려면 인터콘티넨탈 호텔의 로비 라운지나 쉐라톤 호텔의 스카이 라운지를 추천! 크루즈 하듯 바다 위에서 보고 싶다면 시간 맞춰 스 타 페리를 타도 좋다. 남다른 각도를 원한다면 완차이 엑스포 프로 머네이드를 산책하며 심포니 오브 라이트를 즐겨보자. 단, 쇼타임 은 약 13분 정도니 어디든 미리 자리부터 잡을 것.

STEP 03
ENJOYING

ENJOYING **02**
홍콩의 무료 전망대 BEST 3

홍콩 사진에 등장하는 유명한 빌딩 앞에서 인증샷 찍기! 이것은 홍콩 여행자들의 필수 코스이다. 홍콩에 왔음을 티 내는 가장 확실한 증거이기 때문이다. 게다가 그 유명한 빌딩들 중 몇 곳은 여행자들에게 전망대를 무료로 개방한다. 여행자들은 그저 감개무량할 따름. 빌딩 전망대에서 내려다보면 마치 하늘에서 내려다보듯 아찔한 기분이 든다. 건물마다 보이는 창 밖 풍경의 각도도 약간씩 다르다. 센트럴 시내의 빌딩숲에서 가슴이 탁 트이는 바다까지 꼭 3D 지도를 보는 듯하다. 전망대에서 색다른 홍콩을 바라보는 즐거움을 느껴보자. 전망대에 오를 땐 신분증을 지참할 것!

중국은행타워 Bank of China Tower

1990년도에 준공된 70층 건물. 홍콩에서 가장 눈에 띄는 고층 빌딩 중 하나. 대나무를 모티브로 지어졌다. 높이만으로는 홍콩의 빌딩 가운데 4위다. 침사추이와 빅토리아 하버가 가장 근사하게 보이는 전망대는 43층에 위치해 있다.

센트럴&성완 198p

가는 법 MTR 센트럴역 K2번 출구에서 도보 8분
운영 시간 월~금 09:00~17:00

센트럴 플라자 Central Plaza

삐죽하게 솟은 건물의 첨탑이 인상적인 센트럴 플라자는 홍콩에서 높이 3위에 랭크 된 건물이다. 46층에 위치한 전망대는 건물 전체가 커다란 통유리로 되어 있어 어디서든 멋진 전경을 볼 수가 있다. 하늘을 나는 듯한 시원한 뷰가 끝내준다.

완차이&애드미럴티 239p

가는 법 MTR 완차이역 A5번 출구에서 육교를 따라 도보 10분. 스타 페리 선착장에서 도보 5분
운영 시간 월~금 07:00~21:00

원&투 IFC One&Two International Finance Centre

IFC 빌딩은 1 IFC, 2 IFC, IFC몰로 이루어져 있다. 그중 홍콩에서 두 번째로 높은 빌딩인 2 IFC의 55층 전망대는 센트럴에서 가장 멋진 전망을 볼 수 있는 곳이다. 홍콩 화폐를 전시해 놓은 것도 특징이다. 스타 페리 선착장과 연결되어 있고 내부에 IFC 몰이 있어 접근성이 좋다.

센트럴&성완 199p

가는 법 MTR 센트럴역 A번 출구에서 도보 4분. MTR 홍콩역 스타 페리 선착장과 연결돼 있음 **운영 시간** 월~금 10:00~18:00, 토 10:00~13:00

ENJOYING 03

트램 타고, 버스 타고 **홍콩 한 바퀴**

홍콩은 거리 구경만으로도 볼거리가 넘쳐난다. 화려한 고층 건물 틈 사이로 감춰진 낡고 허름한 홍콩의 속살도 즐거운 볼거리. 구석구석 걸어 다니며 홍콩의 곳곳을 속속들이 보고 싶은 마음은 모든 여행자들의 한결 같은 바람일 터. 하지만 걸어서 다 돌아보기엔 역부족! 그럴 때는 트램과 2층 버스를 이용해보자. 여행자의 발이 되어 줄 것이다.

트램 Tram

1904년부터 운행을 시작한 2층 트램이 화려한 고층 빌딩 사이를 달리는 모습이 빈티지한 감성을 자아낸다. 2층 앞좌석에 앉아 바라보는 풍경은 홍콩 영화처럼 낭만적이다. 느리긴 해도 케네디 타운에서 시작해 성완, 센트럴을 거쳐 홍콩섬 구석구석으로 데려다 준다. 200~300m 간격으로 정류장이 있어 트램을 타고 가다 내리고 싶은 곳에 내려 산책을 즐기기도 안성맞춤이다. 그중에서도 센트럴에서 코즈웨이 베이까지 트램을 타고 느릿느릿 홍콩 구경하는 코스를 추천한다. 트램을 탈 땐 이것만 기억하자. 트램은 뒷문으로 승차, 앞문으로 하차해야 한다. 뒷문 쪽에 2층으로 올라가는 계단이 있다. 2층에서 홍콩의 풍경을 즐기다 목적지가 가까워지면 미리 1층으로 내려가야 내리기 편하다. 요금은 하차 시 지불하면 된다.

Data 루트 케네디 타운~셩완~센트럴~애드미럴티~완차이~코즈웨이 베이~해피 밸리~사우케이완까지 가는 몇 가지의 노선이 있으니 확인 후 탑승할 것. 센트럴에서 코즈웨이 베이까지는 20~30분 정도 걸림
운행 시간 06:00~23:00(노선마다 다름)
요금 2.6HKD(옥토퍼스 카드 사용 가능, 현금으로 낼 경우 거스름돈을 주지 않음)

트램 오라믹 투어 Tram Oramic Tour

트램 타고 남다른 추억을 만들고 싶다면, 트램 오라믹 투어를 예약해보자. 1920년대 빈티지 오픈 톱 트램을 타고 1시간 동안 셩완역 웨스턴 마켓 앞에서 코즈웨이베이역까지 홍콩섬의 주요 지역을 오디오 가이드를 들으며 둘러보는 투어다. 낮에 타도 좋지만, 해 질 녘 탑승해서 찬란한 야경까지 즐기면 즐거움이 배가된다. 특히, 네온사인이 휘황찬란한 홍콩의 밤에 오픈카 형태의 2층에 앉아 있으면 파티 분위기가 절로 난다. 투어에 참가하면 2일 트램 무제한 이용권도 준다. 시기에 따라 운행 시간이 변동될 수 있으니 홈페이지에서 미리 확인할 것.

Data 가는 법 MTR 셩완역 B출구 웨스턴 마켓 앞 또는 MTR 코즈웨이베이역 E출구 근처
운행 시간 웨스턴 마켓 앞 10:30, 14:00, 16:25 코즈웨이베이역 11:40, 15:10, 17:40
요금 성인 95HKD, 어린이(4~11세) 65HKD **전화** 2548-7120 **홈페이지** hktramways.com

STEP 03
ENJOYING

2층 버스 Double-decker

2층 버스에서 내려다보는 홍콩은 비슷한 높이의 카페에서 보는 모습과는 차원이 다르다. 느릿하게 움직이는 트램과 정반대로 2층 버스는 롤러코스터를 탄 듯 짜릿하다. 몽콕과 침사추이를 잇는 1번, 1A번, 2번 버스는 항상 간판에 부딪힐 듯, 나무에 부딪힐 듯 사람이 차고 넘치는 네이던 로드Nathan Road를 아슬아슬 내달린다. 몇 번을 타도 처음 탄 것처럼 번쩍번쩍한 간판들을 두리번거리게 만든다. 센트럴 익스체인지 스퀘어에서 출발해 센트럴~리펄스베이~스탠리를 오가는 6번, 66번 버스 역시 경치가 끝내준다. 가만히 타고만 있으면 센트럴의 고층 빌딩숲을 지나 니콜슨 산 위의 고급 빌라 사이를 달려 산과 바다의 풍경을 선물처럼 안겨준다. 2층 버스는 꼭 한 번 타볼 만한 홍콩의 명물임을 잊지 말자!

Data 루트 1, 1A, 2번 버스 침사추이역~조던역~야우마테이역~몽콕역,
6, 66번 버스 센트럴~리펄스베이~스탠리 운행 시간 06:00~24:00(노선마다 다름)
요금 4.3HKD~(옥토퍼스 카드가 없을 경우 잔돈 필수)

Tip 버스 이층에 붙은 전광판을 주시하자! 영어로 정류장이 나온다. 침사추이에서 몽콕까지 소요시간은 15~20분 정도.

빅 버스 투어 & 릭샤 관광버스 Big Bus Tours & Ricshaw Sightseeing Bus

빅 버스와 릭샤 버스는 홍콩의 대표적인 관광버스다. 시원한 바람을 가르며 도시를 오가는 지붕이 없는 2층 투어버스는 유명 관광지나 건물들을 가장 편안하고 쉽게 구석구석 둘러볼 수 있게 해준다. 다만, 관광객을 위한 버스이다 보니 진짜 홍콩의 모습을 느끼는 로컬스러운 낭만은 좀 떨어진다. 특히나 햇볕이 쨍쨍 내리쬐는 더운 여름이라면 약간 고생할 각오를 해야 한다.

릭샤 관광버스 Ricshaw Sightseeing Bus
빅 버스와 마찬가지로 오픈톱 2층 투어버스다. 빅 버스보다 요금이 더 저렴한 대신 안내방송이 없고 코스가 단순하다. 헤리티지 루트Heritage Route와 메트로폴리스 루트Metropolis Route를 운영하고 있다. 두 루트 모두 약 50분 소요되며, 30분 간격으로 운행한다. 메트로폴리스 루트는 나이트 투어(19:15~21:45)도 있다. 센트럴 스타 페리 7번 선착장 앞에서 바로 탑승이 가능하다.

Data 루트 헤리티지 루트(센트럴~웨스턴 마켓~만모 사원~할리우드 로드~쑨원기념관~홍콩대학교), 메트로폴리스 루트(센트럴~IFC 몰~코즈웨이 베이 쇼핑가~란콰이퐁)
운행 시간 헤리티지 루트 10:00~17:30, 메트로폴리스 루트 10:15~21:45
요금 1일권 200HKD, 1회 편도권 35.2HKD(옥토퍼스 카드 사용 가능) **홈페이지** www.rickshawbus.com

빅 버스 투어 Big Bus Tours
지붕이 없는 2층 버스에 앉아 이어폰으로 관광명소에 대한 설명을 들으며 홍콩유람을 하는 투어버스. 한국어 안내방송도 있다. 루트는 홍콩섬, 카오롱 반도, 스탠리, 나이트 투어 총 4가지. 어느 루트를 이용해도 원하는 곳에 내렸다 다시 탈 수 있다. 티켓은 시간과 코스에 따라 프리미엄, 디럭스, 싱글, 나이트 투어로 나뉘며 홈페이지나 현장에서 구매 가능하다. 프리미엄과 디럭스 투어에는 나이트 투어, 피그 트램 왕복권, 스타 페리 왕복권, 에버디 삼판선 투어권 까지 포함돼 있다. 인터넷 예약 시 할인 혜택이 있다. 예약하지 않았다면 침사추이 스타 페리 선착장, 센트럴 스타 페리 7번 선착장, 페닌슐라 호텔 오피스타워에서 사면 된다.

Data 루트 홍콩섬 투어(센트럴~코즈웨이 베이~란콰이퐁~소호), 카오롱 투어(스타의 거리~페닌슐라 호텔~히버 시티~아우마테이~몽콕 시장), 스탠리 투어(리펄스 베이~스탠리)
운행 시간 홍콩섬 투어 09:30~18:00, 카오롱 투어 10:00~18:15, 스탠리 투어 09:45~16:45, 나이트 투어 19:00(하루 1회) **요금** 프리미엄 투어(24시간 이용권) 49.5US$,
디럭스 투어(48시간 이용권) 55.8US$, 나이트 투어 32US$ **홈페이지** www.bigbustours.com

홍콩 최고의 건물 BEST 7

ENJOYING 04

역사적이면서도 근사한 건물이 가득한 홍콩. 목이 꺾어져라 올려다봐도 끝이 보이지 않는 빌딩부터 영국의 영향을 받은 로맨틱한 건물까지, 홍콩의 매력을 발산하는 건물들은 홍콩의 근사한 스카이라인을 만들어 내고 있다. 개성 넘치고 독창적인 홍콩의 건물 7곳을 소개한다. 반가운 건물을 만날 때마다 기념사진은 필수!

중국은행타워 Bank of China Tower

1990년에 준공된 중국은행타워는 70층, 368m의 높이를 자랑하는 홍콩의 마천루 중 하나다. 대나무처럼 거침없이 성장하라는 의미로 육각형 모형의 대나무에 칼날을 꽂은 것을 형상화한 건물로 홍콩 건물 높이 랭킹 4위를 기록하고 있다. 건물을 지을 때 풍수지리를 까다롭게 따지는 홍콩에서 기가 센 건물을 짓기 위해 외벽을 모두 유리로 둘렀다. 센트럴&성완 198p

가는 법 MTR 센트럴역 K번 출구에서 도보 8분

원&투 IFC One&Two International Finance Centre

홍콩 야경 사진을 찍다 보면 유독 눈에 쏙 들어오는 건물이다. 2003년에 완공된 기하학적 모양의 건물로 홍콩의 랜드마크다. 영화 〈툼레이더〉에서 안젤리나 졸리가 뛰어내린 빌딩으로도 유명하다. 세 건물 모두 88층으로 홍콩 건물 높이 랭킹 2위, 세계 8위다. 세계적인 건축가 시저 펠리가 디자인한 이 건물은 강하고 남성적인 강렬함이 느껴진다. 센트럴&성완 199p

가는 법 MTR 센트럴역 A번 출구에서 도보 4분. MTR 홍콩역 스타 페리 선착장과 연결되어 있음

리포 센터 Lippo Centre

고층 빌딩에 둘러 싸여 있지만 독특한 모습의 존재감만은 확실하다. 애드미럴티에 위치한 이 건물은 마치 코알라가 건물을 안고 있는 모습으로 보여 '코알라 빌딩'이라는 별명도 얻었다. 42층, 46층의 높이가 살짝 다른 쌍둥이 빌딩으로 두 동이 나란히 서 있는 모습도 인상적이다. 미국인 건축가 폴 마빈 루돌프의 작품이다.
완차이&애드미럴티 199p

가는 법 MTR 애드미럴티역 B번 출구에서 도보 4분

센트럴 플라자 Central Plaza

삐죽하게 솟은 건물의 꼭대기 부분이 인상적인 이 빌딩은 1992년 준공 당시 아시아 최고의 빌딩 자리에 등극했었다. '남보다 한발 앞서자'는 홍콩인의 정신이 잘 구현된 건물로 극찬을 받았다. 현재 홍콩 건물 높이 랭킹 3위다. 어두워지면 건물 전체에 화려한 네온이 커지고 시시각각 컬러가 바뀐다. 완차이&애드미럴티 239p
가는 법 MTR 완차이 A5번 출구에서 도보 10분.
스타 페리 선착장에서 도보 5분

성 요한 교회 St. John Cathedral

세인트 존 성당으로 불리는 이곳은 천주교에서는 역사적인 영국 성공회 성당으로 손꼽힌다. 작은 성당이지만 13세기 영국 건축양식으로 지어져 그 의미가 깊다. 홍콩에 주둔하던 영국군들을 위해 지은 것으로 1849년에 완공됐다. 내부는 아름다운 빅토리아풍으로 장식됐다. 센트럴&성완 198p
가는 법 MTR 센트럴역 J2번 출구에서 도보 5분

홍콩 컨벤션&엑시비션 센터
Hong Kong Convention&Exhibition Centre

날아오르는 갈매기의 형상을 한 곡선 형태의 건물. 아시아에서 두 번째로 큰 박람회장이다. 1988년 구관이 완공된 후 1997년 신관이 세워졌다. 그 해 7월, 홍콩이 중국으로 반환되는 기념으로 영국의 여왕이 선물하였다. 4년간의 공사 끝에 지어진 이 건축물은 건축비만 6,200억HKD가 들었다. 완차이&애드미럴티 238p
가는 법 완차이 페리터미널에서 도보 5분. MTR 완차이역 A5번 출구에서 도보 10분

리펄스 베이 맨션 Repulse Bay Mansion

지중해 리조트풍의 컬러와 건물의 모양이 리펄스 베이에 도착하기 전부터 눈에 확 들어온다. 한 채에 100억을 호가하는 이곳 맨션에는 홍콩의 유명스타인 유덕화와 곽부성을 비롯하여 갑부들이 살고 있다. 건물 중간에 커다란 액자가 걸린 것처럼 구멍이 나 있는 것으로도 유명하다. 리펄스 베이&스탠리 289p
가는 법 센트럴 익스체인지 스퀘어에서 6, 6X, 6A, 66, 260번 버스 타고 리펄스 베이 비치 하차

ENJOYING 05
걷고 싶은 **홍콩의 거리**

홍콩을 구석구석 완벽하게 탐험하는 방법은 거리 산책이다. 화려함이 흘러넘치는 침사추이의 쇼핑거리를 걸어도 좋고, 유럽과 홍콩이 공존하는 소호의 골목을 헤매도 좋다. 그저 거리를 걷기만 해도 영화 속 한 장면 같은 추억 한 조각을 만들게 된다.

길을 잃어도 즐거운
소호 Soho

미드 레벨 에스컬레이터와 연결되는 홍콩의 트렌디한 거리. 컬러풀한 거리의 색감, 골목골목 감각적인 숍과 레스토랑이 눈길을 끈다. 낮에는 올데이 브런치를 즐긴 후 아기자기한 숍들을 구경하는 맛이, 밤에는 노천바에서 술 한잔 기울이는 재미가 넘쳐 난다. 낮이든 밤이든 그저 발길 닿는 데로 걷다 마음에 드는 공간에서 시간을 보내기 그만이다. 골목탐험을 사랑하는 여행자라면 반나절을 투자해도 아깝지 않은 곳이다. 좀 더 체계적으로 둘러보려면 미드 레벨 에스컬레이터를 타고 끝까지 올라간 후 내려오면서 연결되는 거리들을 둘러보자. 거리 가득 자유로움이 감도는 엘진 스트리트Elgin Street는 물론 작은 카페와 디자인숍이 모여 있는 필 스트리트Peel Street, 고프 스트리트Gough Street 등도 놓치지 말 것!

센트럴&성완 194p

쇼핑, 그 참을 수 없는 유혹의 거리
캔톤 로드 Canton Road

여기가 영화 〈첨밀밀〉의 남녀 주인공 여명과 장만옥이 자전거를 타고 달리던 거리라고? 영화를 기억하는 이라면 고개가 갸우뚱해지기 마련이나. 영화 속 캔톤 로드는 이곳이 명품 쇼핑거리로 변신하기 전의 모습이다. 지금은 하버 시티부터 실버코드, 1881 헤리티지 등 대형 쇼핑몰과 전세계 명품 브랜드의 거대한 매장들이 경쟁하듯 빼곡히 들어서있다. 늘 붐비는 길이지만 화려한 디스플레이의 매장들 사이를 산책하다 홍콩 여행 인증샷 한 장 남기기엔 또 이만 한 데가 없다. 쇼핑 좀 해야겠다 마음먹었다면 영화 속 주인공처럼 두 손 가득 쇼핑백을 들고 거리를 활보하는 재미도 누려볼 것. **침사추이 163p**

카오룽 반도를 가로지르는
네이던 로드 Nathan Road

밤늦도록 네온사인이 꺼질 줄을 모르는 네이던 로드는 카오룽 반도 정중앙에 막힘없이 쭉 뻗은 중심가다. 영국의 제 3대 총독이었던 네이던경이 개통했다고 해서 '네이던 로드'라 불린다. 남쪽에서 북쪽까지 이 길을 따라 걷다 보면 침사추이부터 조단, 몽콕을 거쳐 프린스 에드워드역까지 이른다. 네이던 로드의 밤거리를 즐기는 가장 좋은 방법은 2층 버스나 투어 버스를 타고 가다 마음에 드는 곳에 내려 거리를 걸어보는 것. 중간 중간 만나게 되는 템플 스트리트 야시장이나 몽콕 레이디스 마켓 같은 야시장이 밤마실의 묘미를 더해준다.

침사추이 163p

완차이의 뜨는 별
스타 스트리트 Star Street

관광객들보다 홍콩에 사는 서양인들에게 사랑받는 길이다. 원래는 조용한 주택가였는데 젊은 디자이너들이 하나둘 개인 부티크를 열며 거리에 생기가 돌기 시작했다. 지금은 타파스바, 펍, 레스토랑 등 작지만 분위기 있는 가게들이 눈과 입을 즐겁게 해준다. 스타 스트리트라고 부르는 구역은 문 스트리트 Moon Street, 선 스트리트 Sun Street, 세인트 프란시스 스트리트 St Francis Street가 포함된다는 점을 참고하자. 달, 해, 별의 거리라는 이름은 오래전 홍콩전력회사의 발전소가 있었던 곳이라 빛과 관계된 이름이 붙여졌다고 한다.

완차이&애드미럴티 237p

야경에 취하는 밤,
로맨틱 루프톱 바

홍콩의 야경은 언제 봐도 근사하지만 루프톱 바에서 칵테일을 홀짝이며 바라보면 10배는 더 멋져 보인다. 높은 곳에서 내려다보면 도도한 빌딩숲도, 불빛을 뿜어내는 빅토리아 항도 아련하게 다가온다. 여기에 시원한 맥주나 달콤한 칵테일로 입술을 적시면 여행의 피로가 스르르 풀린다. 홍콩의 야경이 파노라마처럼 펼쳐지는 멋진 바에서 칵테일 한 잔! 홍콩 여행의 진정한 묘미다.

완차이에도 이런 곳이?
울루물루 스테이크하우스
Wooloo Mooloo Steakhouse

완차이 헤네시 빌딩 꼭대기에 빅토리아 하버와 코즈웨이 베이의 야경 두 마리 토끼를 잡을 수 있는 루프톱 바가 있다. 울루물루 스테이크하우스에 딸린 루프톱 바로 시원스러운 정망을 즐길 수 있는 데다, 좌석도 많은 편이다. 빌딩 숲 너머로 바다와 그 위를 유유히 오가는 페리도 보인다. 스파클링 와인을 홀짝이며 야경에 취해보자. 완차이 맛집 오가는 길에 들르면 낭만적인 코스가 된다.
완차이&애드미럴티 249p

뱅크뷰와 하버뷰 야경을 즐길 수 있는
세바 SEVVA

전망 좋은 바는 침사추이에 다 있다는 고정관념을 깨주는 곳이다. 센트럴의 빌딩숲 가운데 있는 프린스 빌딩 25층 루프톱 바&레스토랑 세바에 가면 뱅크뷰Bank view와 하버뷰Habor view의 찬란한 야경이 펼쳐진다. 빅토리아 항에서 불어온 바닷바람에 여행의 피로가 날아간다. 시원한 맥주나 칵테일을 홀짝이다 보면 환상적인 홍콩의 밤 속으로 빠져들게 된다. 야경에 취하고 싶은 밤이나 란콰이퐁에 가기 전 가볍게 한잔 하고 싶을 때 세바로 가보자. **센트럴&성완 216p**

침사추이의 뜨는 루프톱 바
아이바 Eyebar

침사추이 야경의 명소 울루물루 프라임이 폐점한 후 그 뒤를 잇는 루프톱 바다. 아이스퀘어 30층 레스토랑에 딸린 테라스를 루프톱 바로 운영하는데, 전망이 끝내준다. 단, 좌석이 많지는 않다. 이왕이면 노을 질 무렵에 가서 야경까지 즐겨보자. 맥주나 칵테일 주문 시 선불로 계산해야 한다. **침사추이 180p**

란콰이펑에 이런 멋진 곳이?
세라비 CÉ LA VI

란콰이펑 초입 캘리포니아 타워 25층에 위치한 루프톱 바. 탁 트인 전망에 가슴이 뻥 뚫린다. 센트럴의 내로라하는 마천루를 바라보며 마시는 차가운 화이트 와인의 맛은 기가 막히다. 한껏 멋을 내고 오는 손님이 많은 편이다. 노을 질 무렵부터 하늘이 짙푸르게 변해가는 시간이 골든 타임이다. **센트럴&성완 217p**

ENJOYING 07

밤을 잊은 그대에게,
홍콩의 밤거리

낮 동안 정신 놓고 쇼핑몰을 헤매고 다녔다면 저녁은 또 다른 홍콩의 밤 문화를 즐길 시간이다. 발바닥이 불이 난 듯 아프겠지만 그렇다고 숙소에 내어 줄 시간 따위는 없다. 이쯤 되면 알게 될 것이다. 홍콩 여행의 가장 중요한 것은 바로 지치지 않는 체력이란 것을. 3박 4일 동안 홍콩의 즐거움을 다 느끼기엔 너무도 짧은 시간! 다시 힘을 내 홍콩의 밤 문화를 즐기러 떠나보자.

침사추이의 최고의 나이트라이프

너츠포드 테라스 Knutsford Terrace

너츠포드 테라스는 러시아, 동남아시아, 이탈리아 등 세계 각국의 요리를 맛볼 수 있는 식도락의 명소이자 술 한 잔 기울이기 좋은 펍의 거리다. 레스토랑도 펍도 노천카페 형식으로 몰려있어 매일 밤 축제라도 열린 듯 거리에 활기가 넘친다. 센트럴 란콰이퐁의 떠들썩한 분위기와는 또 다른, 이국적인 분위기가 물씬 풍기는 침사추이의 핫 플레이스. 너츠포드 테라스가 분위기 업 되는 시간은 저녁 8시 이후부터다. 너무 일찍 가서 왜 이렇게 썰렁하냐는 불평은 금물. **침사추이 161p**

Data 가는 법 MTR 침사추이역 B2번 출구에서 도보 5분

Tip ■ 너츠포드 테라스의 추천 레스토랑

너츠포드 스테이크 찹&오이스터 바 Knutsford Steak Chop&Oyster Bar
스테이크와 시푸드, 굴 종류를 먹을 수 있는 바. 다소 비싸지만 음식이 맛있다. 요리와 함께 와인 한 잔 곁들이기 좋은 곳. 특히 연인에게 인기가 많다.
Data 지도 158p-B
가는 법 MTR 침사추이역 B2번 출구로 나와 더 원과 미라마 쇼핑센터 사이 길로 우회전 후 첫 번째 골목에서 좌회전해 계단 위로 올라가 너츠포드 테라스 내
주소 15 Knutsford Terrace, Tsim Sha Tsui **전화** 2316-2381
운영 시간 월~목 16:00~02:30, 금·토 16:00~03:30, 일 16:00~02:00, 해피 아워 16:00~20:00
가격 스테이크 178HKD~, 오이스터 100HKD~ **홈페이지** www.mhihk.com

■ **라이브가 흥겨운 이스트 침사추이 펍 골목**
이스트 침사추이 샹그릴라 호텔 앞쪽에도 펍 골목이 형성되어 있다. 이곳은 펍마다 흘러나오는 흥겨운 라이브 공연으로 어깨가 들썩인다. 밴드의 연주음악이나 여자 보컬의 조용한 라이브도 좋지만 시끌벅적하게 라이브 공연을 하는 곳이 인기가 많다. 관광객보다는 현지인이 많은 편. 란콰이퐁이나 너츠포드 테라스보다는 좀 더 차분하고 고급스럽게 홍콩의 밤 문화를 즐길 수 있다. 마음에 드는 곳에 들어가서 칵테일 한 잔으로 흥겨운 시간을 보내보자. **침사추이 161p**
Data 가는 법 MTR 침사추이역 P1번 출구에서 도보 5분

STEP 03
ENJOYING

홍콩의 이태원
란콰이퐁 Lan Kwai Fong

란콰이퐁은 우리나라의 이태원이나 홍대 쯤으로 생각하면 된다. 해가 지기 시작하면 여행자와 현지인들이 하나둘씩 모여든다. 각양각색의 사람들이 모여 저마다의 즐거운 나이트라이프를 만들며 길거리 구석구석을 채운다. 길 자체가 거대한 바라고 생각하면 된다. 펍과 클럽, 레스토랑이 몰려 있는 이곳은 밤이 깊을수록 활기가 넘친다. **센트럴&성완 196p**

Data 가는 법 MTR 센트럴역 D1번 출구에서 도보 6분 **홈페이지** www.lankwaifong.com

 Tip 란콰이퐁 초보라면

바가 1층에 위치해 있어 거리구경하기 좋은 홍콩 브루 하우스나 하드 록 카페 같은 낯익은 곳에서 사람들을 구경하는 것이 좋다. 가볍게 칵테일이나 맥주 한 잔 하기에도, 심적으로나 금전적으로도 부담이 없다.

홍콩 브루 하우스 Hong Kong Brew House
Data 지도 190p-F
가는 법 MTR 센트럴역 D2번 출구에서 도보 5분
주소 G/F&Basement, 21 D'Aguilar Street, Lan Kwai Fong, Central
전화 2522-5559 **운영 시간** 12:00~02:00

하드 록 카페 Hard Rock Café
Data 지도 190p-F
가는 법 MTR 센트럴역 D2번 출구에서 도보 6분
주소 D'aguilar Street, Lan Kwai Fong, Central **전화** 2111-3777
운영 시간 23:00~손님이 있는 시간까지

란콰이퐁 바&클럽 즐기기

란콰이퐁에는 많은 바Bar가 있다. 이곳들은 대부분 술잔을 들고 가볍게 춤을 추는 공간을 제공한다. 바에 클럽 문화가 혼재되어 있다고 보면 된다. 차이나 바The China Bar가 그런 곳인데, 이런 바들은 대부분 가게 앞을 지날 때 사람들이 왁자지껄하게 몸을 흔들고 있는 것을 볼 수 있다. 그런 바가 나타나면 부담 갖지 말고 들어가서 맥주 한 병 주문하고 같이 몸을 흔들어보자.

바와 클럽이 적당히 혼재된 곳들이라 혹시 한국 클럽에서 좀 놀았다 하는 사람들에게는 음악이나 분위기가 맘에 안 들 수도 있다. 그런 사람들에게는 드래곤 아이Dragon-i나 베이징 클럽Beijing Club 같은 순도 높은 클럽을 추천한다. 이 두 곳은 홍콩에서 물 좋기로 유명한 곳. 입장료가 있으나 드링크는 따로 제공하지 않는다. 금, 토요일 11시 이후 방문하는 것이 가장 분위기가 좋다. 드레스 업은 필수다. 클럽에 갈 때는 이벤트 내용과 함께 입장료 할인, 무료입장 프로모션 여부 등을 확인하고 갈 것!

차이나 바 The China Bar
Data 지도 190p-F
가는 법 MTR 센트럴역 D2번 출구에서 도보 5분
주소 Commercial Bldg, 38-44 D'aguilar Street, Central
전화 2526-5992
운영 시간 16:00~06:00
요금 클럽 입장료 무료, 맥주 60HKD~
홈페이지 www.thechinabar.com.hk

드래곤 아이 Dragon-i
Data 지도 190p-F
가는 법 MTR 센트럴역 D2번 출구에서 도보 6분
주소 UG/F The Centrium, 60 Wyndham Street, Central **전화** 3110-1222
운영 시간 런치 12:00~15:00, 디너 18:00~23:00, 클럽 22:30~손님 있는 시간까지
요금 클럽 입장료 200HKD, 칵테일 120HKD~
홈페이지 www.dragon-i.com.hk

베이징 클럽 Beijing Club
Data 지도 191p-G
가는 법 MTR 센트럴역 D2번 출구에서 도보 4분
주소 2-8 Wellington Street, Central
전화 2810-9983
운영 시간 22:00~손님 있는 시간까지
요금 입장료 400HKD, 여성은 수·목·24시 이전 무료, 칵테일 120HKD~
홈페이지 www.beijingclub.com.hk

ENJOYING 08
영화 속 홍콩 다시 보기

예전에 한참 홍콩 영화가 흥행하던 시절, 홍콩 영화배우들의 이름부터 영화가 나오는 족족 스토리를 꿰고 앉아 밥 먹는 것도 잊어버린 채 홍콩에 집중하던 때가 있었다. 시간이 한참이나 지났지만 영화 제목만 들어도 홍콩 배우들이 오토바이로 거리를 질주하거나 긴 코트자락을 날리며 멋지게 등장하는 모습이 머릿속에 필름처럼 스쳐 지나간다. 홍콩을 배경으로 한 영화를 찾는다면 한도 끝도 없겠지만 그때나 지금이나 변함없는 장소들을 따라 그때의 감동을 느껴보자.

헤네시 로드와 호놀룰루 커피 케이크숍
Hennessy Road&Honolulu Coffee Cake Shop

탕웨이의 깜찍 발랄한 매력이 드러난 〈크로싱 헤네시〉의 주 배경이었던 헤네시 로드. 그리고 그 거리의 호놀룰루 커피 케이크숍은 영화 속 탕웨이의 단골가게였다. 빛 바랜 영화 포스터까지 여전히 붙어 있는 이곳은 영화 속의 모습 그대로여서 왠지 그 자리에 탕웨이가 앉아 있을 것만 같다. 탕웨이의 팬이라면 필히 찾아가 봐야 할 명소! `완차이&애드미럴티 246p`

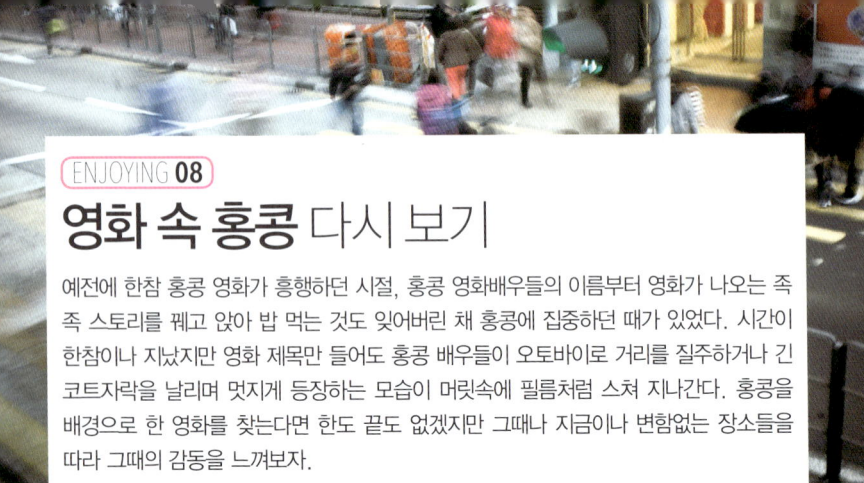

미드 레벨 에스컬레이터
Mid-Level Escalator

영화 〈중경상림〉은 1995년도에 만들어졌지만 홍콩 여행자의 대부분은 아직도 이 영화를 추억한다. 〈중경상림〉을 통해 유명해진 미드 레벨 에스컬레이터는 〈다크 나이트〉 외 여러 영화에 등장했다. 그러나 역시, 왕정문과 양조위의 로맨스 장소로 먼저 기억될 것이다.

센트럴&성완 192p

미도 카페 Mido Café

1950년 카페가 생겨난 이래 많은 영화의 배경이 된 곳으로 그때의 그 모습을 고스란히 유지하고 있어 더욱 유명하다. 주변의 개발되지 않은 무질서한 모습은 홍콩 르와르 분위기를 자아내고 있어 홍콩 영화 마니아라면 왠지 한번쯤은 이곳에 와본 듯한 착각을 불러일으킨다. 대표작으로는 주성치의 〈식신〉이 있다.

조던&야우마테이 284p

원&투 IFC
Onc&Two International Finance Centre

홍콩에서 누 번째도 높은 빌딩으로 등재된 원&투 IFC. 너무 높아 올려다 보기만 해도 아찔하다. 건물이 남성적인 느낌이 강해서 일까? 〈툼레이더〉의 안젤리나 졸리, 〈다크 나이트〉의 배트맨이 뛰어내리는 장면으로 유명하나. 다음에는 또 누가 고공낙하를 할 지 기대가 되는 곳!

센트럴&성완 202p

더들 스트리트 Duddell Street

영화 〈천장지구〉와 〈금지옥엽〉의 촬영지. 특히 〈천장지구〉의 유덕화가 죽던 마지막 장면의 촬영장소이다. 100년째 같은 모습으로 서 있는 화강암 계단은 홍콩에서도 법정기념물로 지정됐다. 매일 밤 홍콩의 마지막 남은 가스등이 아른아른 애처로운 불빛을 비춘다.

센트럴&성완 196p

ENJOYING 09
홍콩을 걷는 새로운 방법, 트레킹

홍콩 면적의 70%가 산이라는 사실! 2004년 타임지 아시아판에서 아시아 최고의 하이킹 코스로 선정될 정도로 명성이 높은 드래곤스 백부터 매클리호스 트레일, 홍콩섬을 동서로 잇는 홍콩트레일 등이 하나 같이 바다와 산이 조화를 이루는 장관을 보여준다. 그중에서도 초보자도 부담 없이 도전할 수 있는 코스 2가지를 추천한다.

바다가 출렁이는 섬 트레킹
라마섬 Lama island

주윤발의 고향이자 해산물 요리로 이름난 라마섬에 트레킹 코스가 있다. 용수완Yong Shue Wan 포구에서 시작해 해산물 요리집이 모여 있는 소쿠완Sok Kwu Wan까지 산 아래로 출렁이는 바다를 보며 걷는 평화로운 코스다. 경사가 완만하고, 길 안내도 잘 되어 있어 초보자도 부담이 없다. 중간중간 홍싱예 해변Hung Shing Ye Beach이나 로소싱Lo So Shing 정자처럼 전망 좋은 곳에서 쉬어가기도 좋다. 모래가 고운 홍싱예 해변은 해수욕을 즐길 수 있는 곳으로 탈의실과 샤워시설도 갖추고 있다. 약 2시간 트레킹을 마친 후 소쿠완에서 즐기는 해산물 요리는 얼마나 꿀맛인지, 상상 그 이상! 소쿠완에는 해산물 전문점이 즐비하다. 그중에서 레인보우 시푸드 레스토랑Rainbow Seafood Restaurant이 가장 유명하다. 냉두부 한 사발부터 들이킨 후 해산물 요리로 든든히 속을 채워보자.

Data 난이도 초급
루트 용수완 포구 → 용수완 메인 스트리트 → 홍싱예 해변 → 로소싱 → 텐허우 사원 → 소쿠완 항(약 2시간 소요)
가는 법
센트럴 → 라마섬 센트럴: 4번 선착장에서 용수완 행 페리 탑승, 약 30분 소요.
라마섬 → 센트럴: 소쿠완 페리 선착장에서 센트럴 행 페리 탑승 약 40분 소요

도심 속 트레킹

피크 서클 워크 Peak Circle Walk

빅토리아 피크가 위치한 타이핑 산 중턱을 원형으로 도는 코스. 녹음이 우거진 산길을 오를수록 도심의 빌딩 숲이 고개를 내밀어 점점 더 멋진 전망을 만나게 된다. 오르막길이 부담스럽다면 뤼가드 로드를 따라 내려오는 코스를 택하면 된다. 빅토리아 피크에서 숲으로 이어진 산길을 따라 내려오는 약 3.5km는 걷기를 좋아하는 사람이라면 한번 시도해볼만하다. 굽이굽이 나무들이 우거진 길 사이에서 바라보는 홍콩 시내의 전경은 또 다른 감동을 안겨 준다. 편한 신발과 복장은 필수! 단, 한번 들어서면 중간에 빠져 나갈 길이 없고, 해가진 후에는 인적이 드무니 조심하는 것이 좋다.

Data 난이도 초급
루트 피크 트램웨이 컴퍼니 → 뤼가드 로드 전망대 → 인도 고무나무 → 휴게소 → 빅토리아 피크(약 1시간 소요)
가는 법 피크 트램웨이 컴퍼니 앞에서 시작해 홍콩 트레일 표지판을 따라 이동. 또는 피크 타워에서 시작해 홍콩 트레일 표지판을 따라 피크 트램웨이 컴퍼니까지 내려옴

Tip 미리미리 준비하는 트레킹 팁

트레킹 코스에는 매점이나 화장실 따로 없다. 올라가는 길이라면 근처 편의점에서 미리 음료수를, 내려오는 길이라면 피크 갤러리아의 편의점에서 음료수를 구입해가자. 화장실도 미리 다녀오는 센스를 발휘할 것.

Step 04
EATING

홍콩을 맛보다

01 후회 없는 먹방을 위한, 홍콩 식당 사용 설명서
02 야무지게 즐기는 얌차 타임, 딤섬
03 홍콩 완탕면의 명가 BEST 4
04 빼놓을 수 없는 중국요리
05 홍콩의 소울 식당! 차찬텡, 빙샷 & 다이파동
06 매력만점 카페에서 쉬어가기
07 우아하게 즐기는 애터프눈 티
08 각자 취향대로 골라먹는 푸드 코트
09 피곤이 싹 달아나는 달달 스위티
10 홍콩의 길거리 음식

EATING 01
후회 없는 먹방을 위한,
홍콩 식당 사용 설명서

한문에 영어에… 왠지 어려워 보이는 홍콩 레스토랑 이용법. 사소한 차이가 있긴 하지만 조금만 알고 가면 주문이 힘들거나 몰라서 당황할 일은 없으니 걱정 말자. 여행 초보가 꼭 알아두어야 할 홍콩 레스토랑 이용 방법 8가지!

1 식당에 들어가면?
레스토랑이든 차찬텡이든 입구에서 종업원과 눈을 마주치고 몇 명인지 말한 후 안내해주는 자리에 앉는 것이 예의다.

2 합석은 기본이다
같은 테이블에 모르는 사람이 앉았다고 너무 당황하지 말자. 임대료가 비싼 홍콩에서 합석은 아주 자연스러운 문화다. 장점도 있다. 사람들이 많이 줄을 선 음식점에서도 덜 기다리지 않고 자리를 차지할 수 있다.

3 영어 메뉴판을 달라고 하자
로컬 레스토랑에 가면 의사소통이 어려운 경우가 많다. 가끔 중국어만 쓰여 있는 메뉴판을 주기도 한다. 그럴 때는 '잉만 메뉴 플리즈English Menu Please'라고 말하자.

4 차 값은 무료? 유료?
대부분의 딤섬집이나 광동요리 집에서 나오는 차는 유료다. 가격은 2~15HKD 정도. 인원수대로 계산서에 청구되어 나온다.

5 차 주전자 뚜껑을 열어놓자!
차는 티팟에 뜨거운 물이 부어져 나와 음식을 먹는 동안 우려지며 진해진다. 차가 너무 진하게 우려지거나 또는 차를 다 마신 경우 차 주전자의 뚜껑을 반만 열어 걸쳐 놓으면 다시 물을 부어준다.

6 고수를 싫어한다면?
향이 강한 향신료 고수를 싫어하는 사람은 주문 전 미리 이야기 하자. 고수는 누들 종류에 많이 들어가 있다. 주문할 때 '자우 임싸이'라고 말하면 고수를 넣지 않는다.

7 계산은 앉은자리에서!

차찬텡을 제외한 대부분의 식당은 앉은자리에서 계산서를 달라고 한 후 계산을 하고 나가는 게 일반적이다. 음식을 다 먹었다면 '빌 플리즈Bill Please'나 '마이딴'이라고 하면 계산서를 가져다 준다.

8 홍콩은 팁 문화가 없다

팁을 내야하는 레스토랑은 모두 영수증에 봉사료service charge가 붙어서 나오니 계산 시 영수증을 확인할 것! 호텔이나 유명 레스토랑은 대부분 봉사료가 있다.

9 현금을 준비하자

대부분의 레스토랑이 카드를 받는다. 하지만 200HKD 미만인 경우는 카드 사용이 안 되는 곳이 많다. 현금을 넉넉히 준비해서 다니는 게 좋다.

 홍콩 유명 레스토랑은 대부분 체인!

외식산업이 발달한 홍콩에서 유명한 레스토랑들은 대부분 지역마다 분점이 있다. 여행자 가운데는 이것을 모른 채 본점을 찾아다니느라 아까운 시간을 허비하는 이들이 있다. 그러나 자신이 대단한 미식가가 아니라면 굳이 본점을 고집할 필요가 없다. 자신의 여행 동선에 맞게 찾아가자. 분점과 본점은 인테리어나 분위기가 다른 곳도 종종 있지만 음식 맛은 거의 차이가 없다. 다음은 분점이 있는 홍콩의 인기 레스토랑 리스트다.

페킹 가든 Peking Garden
주메뉴 북경오리
매장 침사추이, 센트럴&성완, 애드미럴티

허니문 디저트 Honeymoon Dessert
주메뉴 과일 디저트
매장 코즈웨이 베이, 침사추이, 센트럴&성완, 몽콕, 완차이 등 홍콩 전 지역

취화 Tsui Wah Restaurant
주메뉴 누들, 덮밥
매장 침사추이, 센트럴&성완, 코즈웨이 베이, 몽콕

카페 드 코랄 Café de Coral
주메뉴 누들, 덮밥 등
매장 코즈웨이 베이, 침사추이, 센트럴&성완, 몽콕, 완차이 등 홍콩 전 지역

나트랑 Nha Trang Vietnamese Cuisine
주메뉴 쌀국수, 롤 등 베트남요리
매장 침사추이, 센트럴&성완, 완차이

타이힝 Tai Hing Roast Restaurant
주메뉴 로스트 덮밥
매장 코즈웨이 베이, 이스트 침사추이, 몽콕

크리스탈 제이드 Crystal Jade
주메뉴 누들, 샤오롱바오 등
매장 코즈웨이 베이, 침사추이, 센트럴&성완

이타메 스시 Itamae sushi
주메뉴 스시
매장 코즈웨이 베이, 침사추이, 몽콕

스시 원 Sushi One
주메뉴 스시
매장 코즈웨이 베이, 침사추이, 몽콕

돈키치 Tonkichi
주메뉴 커틀릿
매장 코즈웨이 베이, 침사추이

아녜스 베 Agnes b. Café l.p.g
주메뉴 초콜릿 등 디저트
매장 코즈웨이 베이, 침사추이, 센트럴&성완

허류산 Hui Lau Shan
주메뉴 과일푸딩, 주스 등 디저트류
매장 코즈웨이 베이, 침사추이, 센트럴&성완, 몽콕, 완차이 등

팀호완 Tim Ho Wan
주메뉴 딤섬
매장 몽콕, 센트럴&성완

EATING 02
야무지게 즐기는 얌차 타임, **딤섬**

딤섬을 빼놓고 홍콩의 맛에 대해 논할 수 없다. 홍콩하면 딤섬이 떠오르고, 딤섬하면 홍콩이 떠오를 만큼 딤섬은 홍콩에서 꼭 맛봐야 할 요리다. 수많은 딤섬 전문점 가운데 고르고 또 고른 딤섬 레스토랑 6곳을 엄선했다. 전통이 느껴지거나, 가성비 갑이거나, 짱 귀요미 창작딤섬까지 한 번 맛보면 잊지 못할 딤섬의 세계에 빠져보자.

딤섬에 대한 궁금증

1. 딤섬이란?
'마음에 점을 찍는다.'는 뜻을 가진, 딤섬點心. 예쁜 이름처럼 맛 또한 황홀하다. 하얀 찐빵 안에 든 짭조름한 돼지고기의 풍미, 투명한 만두피 안에서 느껴지는 탱글탱글한 새우의 식감은 감탄사가 툭 튀어나오는 맛. 이 밖에도 안에 넣는 소에 따라 각기 다른 맛을 즐길 수 있다.

2. 얌차란?
딤섬의 또 다른 말로 통하는 얌차飮茶. 원래는 '차를 마신다.'는 뜻이지만 홍콩에서는 차를 마시며 딤섬을 먹는 것을 말한다. 딤섬을 주문할 때 차를 먼저 주문하는 것도 얌차문화 때문.

3. 딤섬 주문 법
먼저 차를 주문하고, 테이블 위에 놓인 메뉴 종이에 주문하고 싶은 딤섬에 표시를 해서 웨이터에게 주면 된다. 한자만 써있는 경우 사진 메뉴를 달라고 하거나 가지고 있는 책의 사진을 보여주는 센스를 발휘해보자. 딤섬의 종류와 자신이 좋아하는 스타일을 알고 가면 주문에 도움이 된다.

취향별 추천 딤섬 레스토랑 6

클래식 딤섬

맛도 분위기도 엄지 척
시티홀 맥심즈 팰리스
City Hall Maxim' Palace

딤섬 수레에서 딤섬을 골라 먹을 수 있는 레스토랑. 현지인들도 가족과 주말 브런치를 위해 즐겨 찾는다. 콧대 높은 맛집답게 'No 예약, 선착순' 원칙을 고수한다. 서둘러 가야 줄 덜 선다.
`센트럴&성완 213p`

현지인들의 사랑방
린흥 티 하우스
Lin Houng Tea House

1926년 창업 이래 옛 모습과 맛을 이어오는 뉴서깊은 식당으로 딤섬 수레에서 골라 주문하는 시스템이다. 번잡하고 시끄럽고 서비스가 과격해 접시나 계산서를 던져주지만 맛을 보고 나면 고개를 끄덕이게 된다. `센트럴&성완 218p`

가성비 딤섬

미슐랭 별 하나
팀호완 Tim Ho Wan

2011년 미슐랭 가이드에서 별 하나를 받은 후 홍콩 먹방의 필수코스로 등극했다. 원래 몽콕의 좁은 골목에 본점이 있었지만, 지금은 홍콩역점을 비롯해 5군데 분점을 냈다. 여행자에게는 접근성이 좋은 홍콩역점을 추천! 예약은 안 되어도, 테이크아웃은 가능하다.
`센트럴&성완 212p`

타임아웃 홍콩이 인정한
딤딤섬 Dim Dim Sum

착한 가격에 아침부터 자정까지 딤섬을 맛볼 수 있는 정겨운 가게. 타임아웃 홍콩에 소개되며 입소문을 탔다. tvN 〈주말사용설명서〉에서 김숙과 라미란도 폭풍 흡입을 하고 갔다. 창펀, 하가우, 쇼마이 등 베이직한 메뉴부터 돼지 모양 커스타트 번까지 요것저것 맛보는 재미가 있다.
`완차이 245p`

창작 딤섬

귀요미 딤섬이 맛도 좋아
얌차 Yum Cha

커스타트 크림을 품고 있는 노란색 캐릭터 딤섬, 핑크색 귀와 코가 깜찍한 돼지 모양 차슈바오 등 창의적인 딤섬에 눈과 입이 즐거운 딤섬 전문점이다. 침사추이 외에도 센트럴과 코즈웨이 베이에 매장이 있다.
`침사추이 177p`

짠내투어 박나래의 선택
소셜 플레이스 Social Place

고기, 버섯, 트러플로 속을 채운 버섯 무약 딤섬 트러플 시타케 번Truffle Sitake Bun, 사과 잼이 들어간 사과 딤섬Steamed apple buns 등 겉과 속이 다른 창작 딤섬으로 핫플레이스에 등극했다. 〈짠내투어〉, 〈원 나잇 푸드 트립〉 등 한국 TV 프로그램에도 소개됐을 정도. `센트럴 & 성완 212p`

꼭 먹어봐야 할
딤섬 BEST 15

딤섬의 종류는 수백 가지가 넘는다. 속에 넣는 소와 조리법에 따라 맛도 이름도 제각각이다. 보통 껍질이 두툼하고 폭신한 것은 빠오包, 얇고 투명한 피로 만든 것은 까우餃, 윗부분이 뚫려 속이 보이는 것은 마이賣라고 한다. 수많은 딤섬 가운데 꼭 맛봐야 할 15종을 소개한다. 단, 영문 이름은 레스토랑마다 조금씩 다를 수 있으니 참조할 것!

하가우 蝦餃
Steamed Shrimp Dumpling

쫀득쫀득하고 투명한 피에 탱글탱글한 새우가 톡톡 터지는 담백한 딤섬.

슈마이 燒賣
Steamed Pork with Shrimp

새우와 돼지고기의 찰떡궁합. 노란색 딤섬에 오렌지색 게알이 얹어져 나온다.

춘권 春捲
Spring Rolls

고기와 채소를 소로 넣고 바삭바삭하게 튀긴 것이다.

장펀 腸粉
Rice Roll with Shrimps

보들보들한 쌀로 만든 피가 돌돌 말린 일종의 만두. 새우와 고기가 들어간다.

우꿕 蝦餃
Deep-Fried Taro Puffs

토란을 갈아 넣은 딤섬. 약간 느끼하다.

차슈빠오 叉燒包
Barbecued Pork Buns

달콤한 찐빵 속에 숨겨진 짭조름한 훈제 돼지고기의 맛이 환상적이다.

짠주까이 珍珠雞
Steamed Glutinous Rice
Wrapped in Lotus Leaf

찹쌀에 닭고기를 넣어 찐 밥.
찰진 밥이 생각보다 맛있다.

나이웡빠오 奶黃包
Steamed Custard Bun

달콤한 달걀 노른자가
들어간 찐빵.
무난하게 먹기 좋다.

펑자우 鳳瓜
Steamed Chicken Legs

닭발을 다져 넣어 만든 딤섬.
닭발을 좋아한다면 한 번
도전해 볼 만하다.

산쪽응아우육 陳皮牛肉球
Steamed Beef Ball With
Bean Curd Skin

소고기를 갈아 만든 경단을
찐 딤섬. 향이 다소 강하다.

고우초이까우 韭菜餃
Vegetables Dumpling

부추와 버섯 등이 들어간
채소 딤섬으로
담백하다.

짜이렁자씬나이 大良炸鮮奶
Fried milk custard

바삭하게 튀겨진 피 안에
부드럽고 달콤한
커스터드가 들어 있다.

차슈소 香麻叉燒酥
Baked Barbecued Pork Puffs

달콤한 파이 안에 들어 있는
돼지고기가 특이하다.

파이꽛 排骨
Steamed Spare Ribs in
Black Bean Sauce

우리나라 돼지갈비찜과 비슷한
맛으로 무난하다.

초이욕빠오 菜肉包
Steamd Vegetables Buns

채소가 들어간 찐빵으로
느끼한 고기 맛이 싫다면
추천한다.

EATING 03

홍콩 완탕면의 명가 BEST 4

완탕(만두)과 면이 한 그릇에 담긴 완탕면은 홍콩의 대표 면요리다. 각종 해산물로 우려낸 담백한 국물, 꼬들꼬들한 면발, 새우를 가득 채워 탱글탱글한 새우 완탕을 호로록 먹는 그 맛은 별미 중에 별미. 이왕이면 내로라하는 완탕면집을 찾아보자. 홍콩 여행자라면 반드시 맛봐야 할 대표 완탕면집 4곳을 꼽았다. 미슐랭 가이드에 4년 연속 선정, 홍콩요리대회 완탕 부분에서 금상을 수상, 3대째 이어오는 등 저마다 화려한 이력을 자랑한다.

누들 주문 하기 노하우

홍콩 여행에서 어려운 것 중 하나가 음식 주문이다. 여행자들이 많이 들락거리는 큰 레스토랑은 메뉴마다 친절하게 사진이 있지만 작고 저렴한 누들집에서는 영어 메뉴판이 있는 것만도 감사할 따름! 혹시나 한문으로 된 메뉴판만 받아들었다면 '잉만 메뉴 플리즈~(영어 메뉴판 주세요)'라고 말해보자. 서랍 속에 숨겨둔 영어로 된 메뉴판을 꺼내주는 곳이 많을 것이다. 누들은 기본적인 종류만 알고 있어도 메뉴를 정하는 데 큰 어려움이 없다. 보통 면은 달걀면Yellow Noodle, Egg Noodle · 麵, 납작하게 펴진 면 Flat White Noodle · 河, 가느다란 쌀국수면 Rice Vermicelli · 米 등 세 가지가 있다. 이 가운데 우리 입맛에는 꼬들꼬들한 얇은 면발로 식감이 좋은 달걀면이 잘 맞는다. 이밖에 수프Soup는 국물이 있는 누들, 드라이Dry 혹은 토스트Tossed는 비빔면 같이 국물이 없는 누들을 말한다.

막스 누들 Mak's Noodle

1920년 창업 이래 막씨 가문이 3대째 운영하는 막스 누들. 막스 누들의 창시자 막운치로 말 할 것 같으면 타이완의 초대 총독, 장개석의 요리사이자 약 50년 전 홍콩에서 새우 완탕면을 처음 선보인 완탕계의 선구자다. 게다가 미슐랭 가이드에 4년 연속 선정되며 명성을 떨쳤다. 대체 미슐랭이 선택한 완탕면은 어떤 맛일까 하는 궁금증에 찾는 이들이 많다. 맑은 국물, 탱글한 완탕, 쫄깃한 면발 3가지 모두 기본에 충실한 맛이다.
센트럴&성완 230p, 코즈웨이베이 264p

호흥키 콘지&누들 Ho Hung Kee Congee & Noodle

2001년 홍콩 미식대상 완탕면 부분에서 금상을 수상하며 알려진 콘지&누들 전문점이다. 막스 누들의 창시자 막운치의 수제자 호윙퐁이 문을 연 뼈대 있는 맛집. 이름처럼 콘지도 맛있지만 이집은 새우완탕면이 진리다. 속이 꽉 찬 완탕과 개운한 국물 맛에 폭풍 흡입하다 보면 그릇의 바닥이 금방 드러난다. 코즈웨이 베이에 간다면 꼭 들러보자. **코즈웨이 베이 265p**

침차이키 누들 Tsim Chai Kee Noodle

오직 완탕면으로 외길을 걸어온 지 60여년. 여전히 소호 한가운데서 성업 중이다. 볼이 미어질 듯 새우가 씹히는 완탕과 감칠맛 나는 국물 맛이 식을 줄 모르는 인기의 비결. 보통의 완탕면은 양이 적어 그릇을 싹 비워도 속이 허전하기 일쑨데 침차이키의 완탕면은 완탕이 크고 푸짐해 더 후한 점수를 주게 된다. 국물보다 면, 물만두보다 왕만두를 선호하는 사람들에게 적극 추천!
센트럴&성완 218p

젬다오 正斗 · Tasty Congee&Noodle Wantun Shop

막스 누들과 호흥키의 그늘에 가려 저평가된 죽면전가(죽과 면을 함께 파는 식당). 완탕면의 맛은 두말 할 것도 없고, 홍콩역, AEL, IFC 몰과 연결되는 위치도 좋다. 갓 뽑아낸 면발과 신선한 새우로 가득채운 완탕면은 백문이 불여일식. 완탕을 꿀꺽 삼킨 후 국물을 한 모금 맛보면 '그래, 이맛이야!'하는 말이 절로 나온다. 그 다음은 면발을 호로록 흡입할 차례. **센트럴&성완 213p**

EATING 04
빼놓을 수 없는 **중국요리**

미식 천국 홍콩에는 광둥, 페킹(베이징), 상하이 등 중국 각지의 음식을 두루 맛볼 수 있다. 그중 꼭 가볼만한 맛집 추천을 위해 3박 4일 머리를 싸매고 골랐다. 선정 기준은 인기가 너무 좋아 안 가보면 아쉬운 곳, 가격이 너무 부담스럽지 않은 곳, 여자끼리도 편안하게 즐길 수 있는 곳!

북경오리의 지존
페킹 가든 Peking Garden

홍콩에서 가장 유명한 '북경오리 전문점' 중 한 곳. 두 손 모아 감탄할 만한 북경오리를 맛볼 수 있는 고급 레스토랑이다. 밀전병에 채소와 함께 싸먹는 바삭한 오리구이 맛이 환상이다. 북경오리의 본고장 북경에서 온 체인점보다 더 인기라니 안 가보면 후회할지도. **침사추이 176p**

홍콩식 해산물 요리
언더 브리지 스파이시 크랩
Under Bridge Spicy Crab

기름에 튀기듯 달달 볶아 바삭한 마늘과 매운 고추 토핑을 듬뿍 얹은 게 홍게야 말로 홍콩식 해산물 요리의 진수다. 볶음밥과 곁들이면 양념까지 싹싹 맛있게 먹을 수 있다. 당면과 다진 마늘을 얹은 가리비찜이나 검은콩 소스 키조개나 요리도 꿀맛이다. `완차이 247p`

상하이 요리를 맛보려면
금만정
Mordern China

코즈웨이 베이의 타임스 스퀘어에서 가장 인기 좋은 맛집으로 샤오롱바오와 탄탄면 외에도 각종 상하이 요리를 즐길 수 있는 곳이다. 단, 대기 시간이 길다. 식사 시간을 살짝 피해서 가는 것도 방법. 타임스 스퀘어 쇼핑 전후에 들러 다양한 요리를 맛보기 좋다. `코즈웨이 베이 265p`

콘지부터 광둥요리까지
스위트 다이너스티
糖朝 · The Sweet Dynasty

디저트 카페로 홍콩을 휩쓸었던 곳이지만 지금은 각종 광둥요리를 파는 레스토랑. 고소하고 부드럽게 넘어가는 콘지는 상상 이상의 맛을 낸다. 속이 편안하고 든든한 아침 식사로 최고! 캐주얼한 분위기라 나홀로 여행자가 부담 없이 찾기에도 그만이다.
`침사추이 176p`

샤오롱바오에 탄탄면 한그릇
크리스탈 제이드
Crystal Jade Lamian Xiao long bao

홍콩 대형 쇼핑몰에서 쉽게 찾아볼 수 있는 상하이 요리&딤섬 전문점. 싱가포르에서 시작해 20년이 넘게 인기를 끌며 아시아 곳곳에 지점을 두고 있다. 육즙이 가득한 샤오롱바오나 매콤한 맛과 땅콩 소스의 고소한 맛이 잘 어우러지는 탄탄면은 놓치지 말아야 할 메뉴.
`침사추이 175p`

EATING 05

홍콩의 소울 식당!
차찬텡, 빙샷&다이파동

홍콩의 흔한 식당 차찬텡부터 1960년대 정취가 묻어나는 빙샷, 야외에서가 즐기는 노천 포차 다이파동까지 분식집이라 하기엔 개성이 넘쳐흐른다. 가격은 저렴한데 맛있고 양도 푸짐하다. 밀크티에 파인애플 번, 치킨 파이, 토마토 라면처럼 동서양이 조화를 이루는 독특한 메뉴도 맛볼 수 있다.

빈티지 차찬텡

스타킹 밀크티의 원조
란퐁유엔 蘭芳園 · Lan Fong Yuen

차찬텡의 원조격. 50년간 한 자리를 지키는 센트럴 본점과 옛 느낌이 나도록 복고풍 인테리어로 꾸민 침사추이 분점이 있다. 너무 부드러워 '실크티'라고 소문난 밀크티와 파인애플 번은 머스트 잇 메뉴.

`침사추이 184p, 센트럴&성완 219p`

마카로니 수프 맛이 궁금해?
오스트레일리아 데어리 컴퍼니
Australia Dairy Co.

현지인들이 가장 좋아하는 차찬텡. 단돈 28HKD로 즐기는 마카로니 수프와 토스트, 스크램블 에그에 밀크디끼지, 가격대비 맛도 최고인 진짜배기 로컬 맛집으로 인정! 아침 식사용으로 강추!

`조던&야우마테이 284p`

차찬텡이 뭐예요?
이름 그대로 차와 요리를 파는 음식점이다. 밀크티는 기본, 프렌치 토스트, 국수, 덮밥까지 삼시 세끼 다른 메뉴를 맛볼 수 있을 만큼 선택의 폭이 넓다.
마카로니 수프, 땅콩 버터를 바른 프렌치 토스트 등 동서양의 레시피가 어우러진 홍콩식 메뉴도 별미. 아침부터 밤까지 언제가도 따뜻한 한 끼 식사를 순식간에 뚝딱 준비해준다. 가격까지 저렴해 우리나라 분식점처럼 만만하고 편안하다.

그럼, 빙샷은 뭐죠?
직역하면, 차가운 음료 전문점으로 1960년대 차와 가벼운 식사를 팔던 찻집을 말한다.
빙샷에서도 파인애플 번이나 밀크티 등 차찬텡에서 파는 메뉴를 맛볼 수 있는데, 음료가 더 다양한 편이다. 스타벅스가 센트럴에 1960년대를 콘셉트로 한 빙샷 매장을 선보이며 인기를 끌고 있다.

나이파등은 또 뭐에요?
홍콩의 명물로 꼽히는 옛날식 포장마차다. 노천 포차로 행인들이 오가는 길에 테이블을 설치, 손님을 받는 형식으로 운영한다. 1990년대만 해도 일반적인 식당이었지만, 현재는 홍콩 전역에 20여 개도 안 남았다.

STEP 04
EATING

가벼운 식사로 딱
캄풍 카페 Kam Fung Cafe
주말 아침 문전성시를 이루는 캄풍 카페의 대표 메뉴는 치킨 파이와 파인애플 번이다. 밀크 티와 함께 세트 메뉴로 주문할 수 있어 가벼운 식사로 딱이다. 에그타르트와 카스텔라 등 각종 빵도 싸고 맛있다. 리퉁 애비뉴와 가까운 것도 장점이다. `완차이 246p`

빈티지 오브 빈티지
미도 카페 Mido Cafe
1950년 오픈 이후 옛 모습을 지켜오고 있는 차찬텡. 빈티지한 분위기에 반해 찾아오는 여행자들이 많다. 2층 창가에 앉아 홍콩식 샌드위치와 밀크티를 즐길 때 분위기가 배가된다. 단, 워낙 한국인들 사이에서 인기가 높아 현지인보다 한국 관광객을 더 마주칠 수도. `조던&야우마테이 284p`

탕웨이가 앉아 있을 것만 같은
호놀룰루 커피 케이크 숍
Honolulu Coffee Cake Shop
진득한 시럽을 뿌려 먹는 두툼한 프렌치 토스트에 차와 커피를 반반 섞은 믹스드 커피&티Mixed coffee&Tea로 홍콩식 브런치를 즐겨보면 어떨까? 나이 지긋한 종업원과 세월이 느껴지는 인테리어도 분위기 있다. `완차이 246p`

빙셧

홍콩의 옛 낭만을 즐기는
스타벅스 콘셉트 스토어
Starbucks Concept Store

홍콩의 60년대 전통 다방을 콘셉트로 홍콩의 유명 인테리어 브랜드 GOD와 스타벅스의 컬래버레이션 으로 탄생한 커피숍. 홍콩의 옛 낭만을 느낄 수 있는 복고풍 카페다. 홍콩 유일의 가스등이 남아있는 더들 스트리트 계단 중간이라는 위치도 운치를 더한다. 파인애플 번과 단팥 푸딩 등 빙셧 스타일 메뉴도 이곳만의 묘미다. `센트럴&성완 211p`

프랜차이즈 차찬텡

홍콩 대표 차찬텡
취화 Tsui Wah Restaurant

1967년 몽콕의 작은 가게에서 시작해 발 빠르게 신 메뉴를 선보이며 거대 체인으로 성장했다. 가도 가도 끝없는 메뉴에 자꾸만 발길이 간다. 그래도 무얼 먹을까 망설여 질땐 '인기 베스트 메뉴 10' 중 하나를 고르면 수월하다.
`침사추이 183pp`

덮밥이 생각날 땐
타이힝 太興

Tai Hing Roast Restaurant

거위고기, 돼지고기, 닭고기등을 로스트한 덮밥 메뉴가 주인공인 레스토랑. 우리 입맛에도 아주 잘 맞다. 홍콩 미식 여행에서는 빠질 수 없는 추천메뉴. 점심이나 저녁식사로 딱 좋다. `침사추이 183p, 코즈웨이 베이 264p`

한국인 입맛에도 딱~
카페 드 코랄

大家樂 · Café de Coral

홍콩에서 가장 흔히 볼 수 있는 체인 레스토랑. 음식이 저렴하고 종류가 많으며 가장 중국의 향이 덜한 차찬텡이다. 홍콩에서 음식이 좀 부담스러운 여행자들이 먹기에 무난한 곳. 테이크아웃도 가능하다.
`침사추이 182p`

다이파동

홍콩식 포장마차
싱흥유엔 Sing Heung Yuen

새콤한 토마토 수프에 빠진 인스턴트 라면 맛 토마토 누들로 이름난 다이파동. 토마토 누들에 토핑으로 스팸, 소시

지, 달걀 등을 추가할 수도 있고, 면 대신 마카로니를 넣어 먹을 수도 있다. 해장에도 좋다. 고소한 땅콩 버터를 바른 바삭한 토스트나 돼지고기를 끼워먹는 크리스피 번 같은 메뉴도 맛볼 수 있다.
`센트럴&성완 223p`

EATING 06

매력만점 카페에서 쉬어가기

멋진 카페를 만나면 들어가 봐야 직성이 풀리는 카페홀릭을 위해 핫한 카페들만 모았다. 진한 커피 한 잔에 여행의 피로가 사르르 녹고, 디저트 한 입에 다시 돌아다닐 힘이 퐁퐁 솟는 곳. 멋스러운 공간 속에 머물다 보면 감성 충전까지 제대로 되는 홍콩의 카페들을 소개한다.

홍콩 최고의 커피로 꼽히는
커피 아카데믹스 The Coffee Academics

스페셜티 커피를 선보이는 로스터리 카페. 코즈웨이 베이, 완차이, 침사추이, 리펄스 베이에 매장이 있다. 완차이점은 트램이 오가는 풍경과 커피를 즐길 수 있다. 인기 메뉴는 후추 커피라 불리는 아가베 라떼. 아가베 꿀을 넣은 라떼 위에 블렉 페퍼를 솔솔 뿌려 매운맛과 단맛이 절묘하게 어우러진다. **완차이 242p**

디자이너의 카페
아네스 베 카페 Agnes b. Café

홍콩 사람들이 사랑하는 프랑스 디자이너 아네스 베의 감성을 담은 카페. 최고급 초콜릿, 사랑스러운 케이크부터 인테리어까지 아네스 베의 감각이 구석구석 배어 있다.
장미 꽃잎을 살포시 올린 로즈라테 한 잔은 나른한 오후 기분 전환용으로 강추! 단골들 사이에선 술 마신 다음 날 해장커피로도 인기라고. 타임스 스퀘어, 리 가든즈, 월드 트레이드 센터 등 쇼핑몰 안 매장보다 센트럴&성완 고프 스트리트점이 여유롭다. `센트럴&성완 222p`

홍콩 속 일본 느낌
오모테산도 커피 Omotesando Koffee

일본 오모테산도 커피의 홍콩 지점. 리퉁 애비뉴점이 접근성이 좋다. 달콤한 커피 마니아들에게는 오모테산도 커피의 시그니쳐 메뉴 아이스 카푸치노가 인기다.
커피&빵을 즐기는 사람들 사이에서는 보들보들한 달걀 샌드위치&아메리카노가 인기다. 군더더기 없이 미니멀한 인테리어도 매력 포인트. `완차이 242p`

홍콩 바리스타 챔피언의 카페
커핑룸 Cupping Room

홍콩 바리스타 챔피언의 카페로 이름난 커핑룸. 센트럴&성완에만 매장이 3곳이다. 그 중 미드레벨 옆 센트럴점이 여행자들이 들리기 좋은 위치. 창가에 앉아 커피를 홀짝이며 사람 구경하는 재미도 쏠쏠하다. `센트럴&성완 211p, 완차이 243p`

EATING 07

우아하게 즐기는 **애프터눈 티**

19세기 영국 귀족들이 오후에 차와 함께 먹던 가벼운 간식에서 유래한 애프터눈 티. 홍콩에서는 상류층의 음식문화이지만 많은 여행자들은 애프터눈 티에 열광하고 있다. 럭셔리한 공간에서 애프터눈 티와 함께 달콤함에 취하는 것은 홍콩 여행 중 한번 쯤 누릴 만한 호사다.

더 로비 The Lobby

홍콩 최고의 호텔 페닌슐라의 고풍스럽고 우아한 분위기 덕분에 더 로비는 매일 2시만 되면 대기줄의 행렬이 이어진다. 호텔의 명성에 비해 베이커리 맛은 보통. **침사추이 181p**
운영 시간 14:00~18:00
가격 애프터눈 티 1인 304HKD, 2인 694HKD, 봉사료 10%

로비 라운지 Lobby Lounge

홍콩섬이 눈앞에 펼쳐지는 인터콘티넨탈 호텔 로비 라운지는 인테리어부터 특별하다. 우아한 곡선 형태의 전면을 높은 통유리로 만들어 낮에도 밤에도 환상적인 전망을 보장한다. **침사추이 180p**
운영 시간 월~금 14:30~18:00, 토·일·공휴일 13:30~18:00
가격 애프터눈 티 2인 688HKD~, 봉사료 10%

더 라운지 바 The Lounge & Bar

IOC 빌딩 102층에 있는 리츠칼튼 호텔의 더 라운지 바는 환상적인 전망과 화려한 애프터눈 티 두 마리 토끼를 잡을 수 있는 곳이다. 3단 트레이에는 스콘과 케이크, 푸딩 등이 담겨 있어 한 끼 식사로 부족함이 없다. 단, 예약은 필수다. 예약 시 창가 자리를 요청할 것. **침사추이 185p**
운영 시간 월~목요일 15:00~18:00, 금요일 14:15~16:15, 16:30~18:30, 토~일요일 12:00~14:00, 14:15~16:15, 16:30~18:30 **가격** 1인 428HKD, 2인 688HKD, 봉사료 10%

> **Tip** 애프터눈 티 세트는 보통 3단 트레이에 여러 가지 핑거푸드가 나온다. 스콘, 샌드위치, 케이크 등이 주요 메뉴. 보통은 대형 호텔이나 고급 레스토랑에서 점심시간 후(14:00~18:00)에만 제공한다. 가격은 2인 기준에 약 700HKD 정도로 만만치 않은 편. 가격이 부담되면 점심을 거르고 애프터눈 티를 먹거나 디저트로 둘이서 1인 세트만 주문하는 것도 방법이다.

EATING 08

각자 취향대로 골라먹는
푸드 코트

여행 내내 맛집만 찾아 다닐 수는 없다. 가끔은 간단하게 끼니를 때워야 할 때도 있다. 또 입맛이 각기 다른 동행이 있다면 서로를 배려할 필요도 있다. 이때는 푸드 코트가 제격. 전문 레스토랑보다는 질이 떨어지지만 저렴한 값에 먹고 싶은 음식을 먹을 수 있다. 푸드 코트는 보통 대형 쇼핑몰 안에 있어 쇼핑하다 힘들면 쉬어가기까지 할 수 있어 일석삼조. 쇼핑몰에 위치한 푸드 코트를 소개한다.

푸드 리퍼블릭 Food Republic

둥청역 시티 게이트 아웃렛과 침사추이 실버코드 쇼핑몰에 있다. 푸드 코트 중에서는 규모가 가장 크고 메뉴도 다양하다. 약 20여 개의 식당이 있다. 추천 메뉴는 페퍼 런치Pepper Lunch의 저렴한 스테이크. 가격 대비 고기의 질과 맛이 좋다. 록 야 라우Lok Yah Lau는 딤섬이 맛있다. 포춘 컴Fortune Come은 타이완 전문 음식점으로 세트 메뉴가 저렴하면서도 푸짐하다.

침사추이 167p, 란타우섬 303p

쿡 델리 바이 시티슈퍼
Cooked Deli by Citysuper

하버 시티의 시티슈퍼에 붙어 있는 푸드 코트. 열개 남짓의 레스토랑이 모여 있다. 복잡해도 쇼핑을 하다가 허기질 때 잠시 쉬어가기 좋다. 중국식 볶음면이나 샌드위치, 허니문 디저트의 망고 팬케이크 등이 추천 메뉴.

Data 지도 158p-E 가는 법 MRT 침사추이역 A1번 출구에서 도보 7분 주소 Shop 3001 Harbour City Gateway, Canton Rd, Tsim Sha Tsui 전화 2375-8222 운영 시간 10:00~22:00

랭 함 플레이스 Lang Ham Place

랭 함 플레이스 4층에 있는 푸드 코트. 유명 푸드 체인점이 몰려 있다. 일본에서 유명한 수제햄버거 체인점인 모스버거와 덮밥을 먹을 수 있는 요시노야, 아지센 라멘, 허니문 디저트, 한국 음식을 파는 코리아 하우스까지 있다. 다른 푸드 코트에 비해 질이 좋고 음식 선택의 폭이 다양하다.

몽콕 277p

푸드 파라다이스 Food Paradise

침사추이 인터콘티넨탈 호텔 부근에 위치한 소고 백화점 지하 푸드 코트다. 일본계 백화점이라 푸드 코트도 일식이 주를 이룬다. 우동, 커리, 돈까스 등을 저렴하게 먹고 싶을 땐 이곳을 찾아가자.

Data 지도 162F
가는 법 MRT 침사추이역 N5번 출구에서 도보 5분
주소 20 Nathan Road, Tsim Sha Tsui
전화 2833-8338 운영 시간 10:00~22:00

EATING 09

피곤이 싹 달아나는
달달 스위티

요즘 홍콩은 디저트 열풍! 맛은 물론 예쁜 데코레이션 메뉴로 여자들의 마음을 사로잡는다. 입소문이 난 곳들은 여느 맛집 이상으로 길게 줄이 늘어서 있다. 여행 중 달콤한 디저트로 피로도 물리치고 아픈 다리도 쉬어가며 달달한 시간을 보내보자.

홍콩 디저트계의 신예
쿵 사오 스타 디저트
Cong Sao Star Desert

몽콕의 좁은 가게에서 시작해 코즈웨이 베이, 완차이로 지점을 늘리며 인기몰이 중이다.
스페셜 메뉴는 열대 과일 용안을 갈아 만든 소르베에 알갱이가 톡톡 씹히는 코코넛 젤리를 듬뿍 올린 '룽간 소르베 위드 나타 드 코코Longan Sorbet with Nata de coco'.
`완차이 248p`

망고주스의 지존
허류산 許留山 · Hui Lau Shan

신선한 과일을 듬뿍 넣은 디저트로 이름 좀 날렸다. 그중에서도 망고 베이스의 과일주스는 허류산의 간판스타. 무시무시한 홍콩의 더위도 시원하게 날려주는 달콤한 맛이 인기비결이다. 스타 페리를 타고 빅토리아 하버를 건널 때나 스타의 거리를 걸을 땐 망고주스 한잔 테이크아웃 해보자. 걸음걸이마저 달달해질 테니.
`침사추이 179p`

망고가 기가 막혀~
허니문 디저트 Honeymoon Dessert

허류산과 더불어 홍콩 디저트계의 양대 산맥으로 꼽힌다. 여러 가지 과일과 믹스된 디저트가 인기메뉴다. 바나나, 망고, 사고(야자나무 열매의 일종)가 믹스된 스노 화이트 사고Snow White Sago나 얇은 팬케이크 안에 망고가 통째로 들어간 망고 팬케이크Mango Pancake는 기필코 먹어봐야 하는 메뉴!
`침사추이 179p`

빠질 수 없는 에그 타르트집
타이청 베이커리 Tai Cheong Bakery

1945년부터 오직 에그 타르트만을 고집하는 베이커리. 홍콩에 머물렀던 마지막 영국 총독 크리스 패튼Chris Pattten경의 단골집으로 유명하다. 과자 같은 식감의 바삭한 타르트 안에 달콤한 커스터드푸딩을 듬뿍 채운 에그 타르트는 출출할 때 간식으로 딱 좋다. 페이스트리 속에 부드러운 커스터드를 채운 마카오식 에그 타르트와는 맛이 달라 호불호가 갈린다. `센트럴&성완 220p`

STEP 04
EATING

EATING 10
홍콩의 길거리 음식

홍콩은 우리나라만큼이나 다양하고 맛있는 길거리 음식이 많다. 가격도 착해서 여행 중에 출출하면 주머니 속 동전으로 가볍게 맛볼 수 있다. 가끔은 익숙하지 않은 냄새가 불편하기도 하고, 입에 안 맞는 음식도 더러 있다. 하지만 이 모든 것이 새로운 경험인 만큼 망설이지 말고 도전해볼 것! 누가 먹어도 실망하지 않을 길거리 음식을 소개한다.

한 번 먹어보면 중독되는
꼬치

홍콩은 꼬치 요리의 천국이다. 육해공을 넘나들면서 다양한 재료로 꼬치를 만든다. 어느 것은 향이 고약해서 쉽게 손이 가지 않지만 대부분 한 번 맛보면 은근 중독성이 있다. 베이컨말이, 문어, 커리어묵 등 다양한 꼬치를 공략해보자! **꼬치 가격은 7~15HKD.**

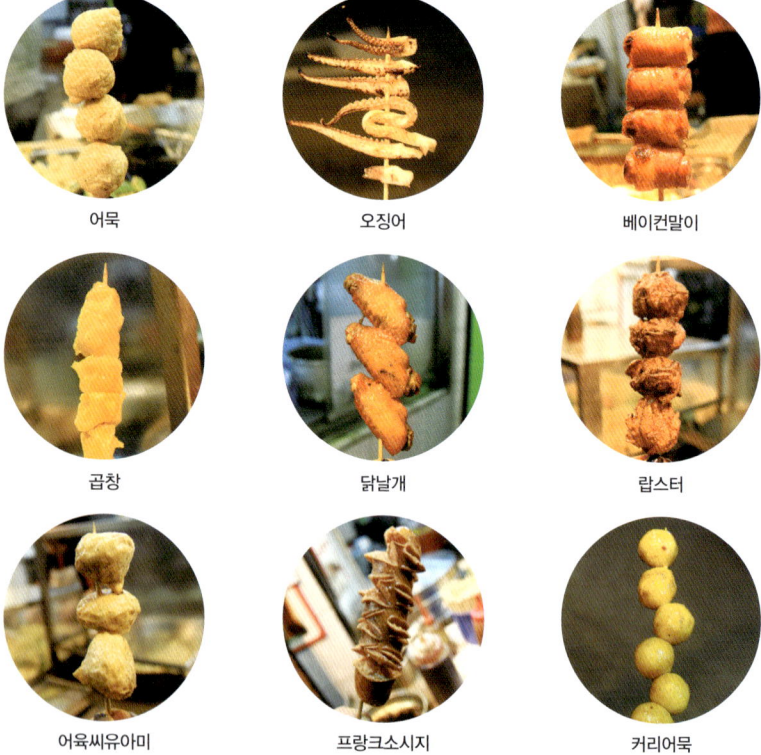

어묵 / 오징어 / 베이컨말이

곱창 / 닭날개 / 랍스터

어육씨유아미 / 프랑크소시지 / 커리어묵

여행자를 유혹하는 거리의 향기
달걀빵

홍콩의 거리 어딘가에서 달걀빵을 팔고 있다면 멀리서부터 빵의 고소한 향이 진동을 한다. 달걀빵은 출출할 때 먹는 일등 간식거리! 생각과 달리 빵 안쪽은 텅 비어 있고 깨물면 바삭바삭하다. 동글동글한 모양의 달걀빵을 한 알씩 뜯어 먹는 재미를 느껴보자. **가격은 10~15HKD.**

뛰뛰빵빵~
소프트 아이스크림

침사추이, 코즈웨이 베이, 몽콕 등 사람들이 몰려드는 거리를 여행할 계획이면 주목! 모바일 소프티Mobile Softee라고 쓰여진 빨간 차가 보이면 주저 말고 소프트 아이스크림을 주문할 것! 세상에서 가장 부드러운 아이스크림을 맛보게 될 것이다. **가격은 9HKD~.**

믿고 먹을 수 있는 육포
비첸향

홍콩의 유명한 간식거리 가운데 결코 빼놓을 수 없는 비첸향Bee Cheng Hiang 육포. 쇠고기, 돼지고기, 닭고기 등을 여러 가지 맛으로 양념해서 말렸다. 우리나라에는 반입금지품목이니 먹을 만큼만 사서 먹을 것!

한국보다 싼
공차

여러 가지 차를 파는 작은 테이크아웃 전문점. 밀크티에 쫀득쫀득한 타피오 알갱이가 듬뿍 들어간 밀크티 위드 타피오카 펄Milk Tea With Tapioca Pearl이 인기 메뉴! 둘이 먹어도 될 만큼 양도 많다. **가격은 15HKD~.**

01 홍콩에서 쇼핑의 달인되기
02 빠트릴 수 없는 홍콩의 쇼핑몰 BEST 6
03 모두가 열광하는 아웃렛
04 로컬들이 좋아하는 쇼핑몰
05 홍콩 여행 다녀온 티 팍팍내기
06 홍콩 쇼핑의 하이라이트, 드럭스토어&코스메틱 매장
07 홍콩 슈퍼마켓 탐색하기
08 홍콩의 길거리 마켓에서 보물찾기
09 와인 마니아들의 천국 홍콩
10 남은 동전까지 탈탈 털어 홍콩 공항 쇼핑

SHOPPING 01
홍콩에서 **쇼핑의 달인 되기**

홍콩 여행자들에게 가장 많이 받는 질문이 '명품 세일은 얼마나 해?'이다. 홍콩 여행을 준비하는 대부분의 사람들은 홍콩에 오면 한국보다 훨씬 저렴한 가격에 명품을 살 수 있을 거란 생각에 오기 전부터 쇼핑에 대한 기대가 부풀어 오른다. 결론부터 말하자면 미안하게도 샤넬, 구찌, 루이비통, 까르띠에 같은 세계적인 명품 브랜드 정식 매장에서는 세일을 하지 않는다. 그렇다고 가격이 저렴하지도 않다는 사실!

그렇다면 왜 홍콩이 명품 쇼핑으로 유명한 걸까?

요즘 중국, 한국, 일본 등에서 명품이 대중화되며 아시아 시장은 명품 회사들로부터 가장 큰 주목을 받고 있다. 그중에서도 쇼퍼홀릭들이 몰려드는 홍콩은 명품 회사들이 테스트 마켓으로 공을 들이는 곳! 그러다 보니 홍콩의 명품 매장에는 국내에서는 볼 수 없는 라인들이 많다.

특히 오픈 전부터 문 닫을 때까지 줄을 서야만 들어갈 수 있는 침사추이의 명품 거리 캔톤 로드에는 없는 게 없다. 갤러리보다 멋진 디스플레이가 눈길을 끈다. 패션을 좀 아는 사람, 혹은 명품을 좋아하는 사람이라면 매장 하나하나를 둘러보는 것 자체가 감동이다. 다른 곳에서 구할 수 없는 라인의 특별한 명품을 가질 수 있다는 것도 명품족에게는 말할 수 없는 기쁨이다. 홍콩이 명품 쇼핑의 천국일 수밖에 없는 이유다.

홍콩에서 명품을 싸게 살 수 있는 방법은?

홍콩은 명품 매장만큼 명품 아웃렛도 많다. 이곳에는 약간 철 지난 제품이나 반응이 없었던 상품들을 판매한다. 조금만 눈높이를 낮추면 살 만한 명품 가방이나 구두, 패션 아이템이 많다. 유행을 많이 타지 않는 디자인으로 한국에서 흔히 볼 수 없는 제품을 할인받아 구입한다면 대성공이다. 대신 좋은 제품을 득템하기 위해 열심히 발품을 팔아야 하는 것은 필수조건이다. 가끔은 국내 아웃렛이나 면세점보다 비쌀 수도 있으니 가격을 확인해보고 구입할 것!

명품족이 아닌 여행자를 위한 쇼핑팁은?

홍콩의 세일기간은 6~8월, 12~2월이다. 그때가 되면 홍콩 전체가 들썩들썩할 정도로 여행객들이 몰리고, 거리는 세일 광고로 넘쳐난다. 이때는 쇼핑몰의 고가 브랜드부터 로컬숍까지 일제히 할인행사에 나선다. 이미 할인을 하고 있는 아웃렛은 추가할인까지 더해 쇼핑에 관심이 없던 여행자들의 지갑도 술술 열리게 만든다.

할인 폭은 세일기간 끝으로 갈수록 커진다. 초기에는 10~20%, 뒤에는 70~80%씩 파격세일을 하기도 한다. 이때가 바로 '항공료 뽑는 쇼핑'을 위한 절호의 찬스!

알면 알수록 매력적인 홍콩의 쇼핑 노하우는?

홍콩에는 명품만 있는 게 아니다. 명품은 기본, 주머니 사정을 고려해가면서 살 수 있는 쇼핑 아이템이 넘쳐난다. 우리나라에서는 세일을 하지 않지만 홍콩에서는 세일을 하는 브랜드도 있다. 감각적인 홍콩 디자이너들의 소품숍도 많다. 꼭 값비싼 브랜드가 아니어도 홍콩의 로컬 패션아이템을 찾는다면 훨씬 더 즐겁고 알찬 쇼핑을 할 수 있다.

SHOPPING 02

빠트릴 수 없는 홍콩의 쇼핑몰 BEST 6

중저가부터 명품까지 원스톱 쇼핑이 가능한 대형 쇼핑몰은 홍콩 쇼핑의 백미다. 그중에서도 꼭 들러야할 베스트 쇼핑몰 6곳을 꼽았다. 쇼핑몰은 달라도 입점 브랜드는 비슷하다. 한 곳에 집중할수록 알찬 쇼핑을 할 확률이 높아진다.

센트럴

센트럴의 대표 쇼핑몰
IFC 몰 IFC Mall

AEL, 스타 페리 선착장, 미드 레벨 에스컬레이터, MTR과 연계된 쇼핑몰로 환상적인 입지를 자랑한다. 2층에는 자라, 클럽 모나코, 마시모 듀티 등 영 캐주얼과 패션잡화, 3~4층에는 토리버치, 몽클레어, 발렌티노 등 명품 매장과 레인 크로포드 백화점이 자리하고 있다. 2~3층의 거대한 애플 스토어도 눈길을 끈다. 와인이나 식재료 마니아라면 시티 슈퍼와 왓슨스 와인도 그냥 지나치지 말자. 시티 수퍼 옆에는 일명 응커피로 이름난 아라비카 커피 매장도 있다. 한편, L4층 침사추이 전망을 보며 바람 쐬기 좋은 테라스에는 '쉐이크쉑 버거'가 있어 야외에서 버맥(햄버거&맥주)을 즐기기 그만이다.

센트럴&성완 202p, 203p, 215p

침사추이

홍콩 최대 쇼핑몰
하버 시티 Harbour City

침사추이 스타페리 선착장에서 캔톤 로드에 면하는 건물 5개 규모의 대형 쇼핑몰. 명품, 화장품, 의류, 장난감 등 전 연령대의 브랜드를 총망라한다. 그만큼 규모도 압도적이다. 쇼핑 전 독서 파악은 필수!

프라다, 몽클레어 등 명품 브랜드는 주로 캔톤 로드에 면한 게이트웨이 1층으로, 스타카토, 코스 등 중가 브랜드는 같은 건물 2층으로 가면 된다. 오션 터미널 3층에는 10~20대가 좋아하는 브랜드를 모아놓은 하버 시티 LCX와 랄프로렌이 선보인 카페, 랄프스 커피도 있다. 또, 오션터미널 5층의 오션 터미널 데크와 오션 센터 4층 오션 테라스는 침사추이 일몰의 명소로 떠오르는 중이다. **침사추이 164p**

친구와 느긋하게~
엘리먼츠 Elements

침사추이 서쪽 ICC와 연결돼 있는 복합 쇼핑몰 엘리먼츠의 매력은 여유로움이다. 샤넬, 프라다, 지방시 등 명품부터 저렴한 브랜드까지 어느 매장에서나 한적하게 쇼핑을 즐길 수 있다. 특히 자라, H&M 등 SPA브랜드 매장은 하버 시티 등 다른 몰보다 매장도 넓고 쾌적해 계산할 때 기다릴 필요가 없다. 몰 안의 아이스링크나 몰 밖으로 연결되어 있는 야외 광장 시빅 스퀘어에 위치한 레스토랑과 바도 멋스럽다. MTR 카오룽역, 도심공항터미널과 연결돼 편리하다. 홍콩을 떠나는 날, 얼리 체크인을 한 후 못다 한 쇼핑을 한다면 마지막까지 알찬 일정이 될 것이다. **침사추이 172p**

STEP 05
SHOPPING

기념사진은 필수!
1881 헤리티지 1881Heritage

페닌슐라 호텔만큼이나 웅장하고 고풍스러운 쇼핑몰. 국가 기념 건축물로 지정된 유럽풍 건물 안에 까르띠에, 몽블랑, 티파니, 웨지우드 등 다양한 명품이 입점해 있다. 여러모로 맹렬한 쇼핑보다 느긋한 산책이 어울리는 곳.

침사추이 169p

완차이

로컬들이 최고로 꼽는
퍼시픽 플레이스 Pacific Place

MRT 애드미럴티역과 연결되는 퍼시픽 플레이스는 센트럴과 완차이 경계에 있는 복합 쇼핑몰. 하버 시티나 IFC몰에 비해 규모는 작아도 중저가부터 명품 브랜드까지 원스톱 쇼핑이 가능하다. 5층 규모로 위층으로 갈수록 명품이 입점해 있다. 꼼 데 가르송, 알렉산더 왕, 스텔라 매카트니, 존 갈리아노 같은 디자이너 브랜드를 찾는다면 L1, L2층의 I.T와 하비 니콜스 백화점도 꼭 들러볼 것. L1층의 레인 크로포드 홈도 현지인들에게 인기다.

완차이&애드미럴티 240p

완차이 속 유럽
리퉁 애비뉴 Lee Tung Avenue

tvN 〈주말사용설명서〉 멤버들도 다녀간 완차이의 쇼핑가. 약 150m 거리에 비비안 탐, 르크루제, 몰스킨 등 브랜드 매장과 노천 카페가 늘어선 풍경이 유럽 같은 분위기를 풍긴다. 기념사진을 찍기 좋다. 리퉁 애비뉴 중간에는 오모테산도 커피가 있고, 끝자락에는 기화병가도 있다.

완차이&애드미럴티 237p

코즈웨이 베이

복잡해도 볼 것 많은
타임스 스퀘어 Times Square

현지인들의 약속장소로, 여행자들의 쇼핑장소로 인기인 타임스 스퀘어. 스타카토, 코스 등 중가 브랜드, 샤넬, 루이비통, 보테가 베네타, 폴 스미스 등 명품 브랜드, 시티슈퍼와 유명한 맛집까지 없는 게 없다. 기가스포츠나 I.T 등 멀티숍도 인기. 백화점의 행사 매장처럼, '타임스 스퀘어 바자Times Square Bazar'가 얼리는 날엔 최대 00% 할인가에 명품을 득템하는 행운이 따르기도 한다.

코즈웨이 베이 260p

여자들이 즐거워지는
하이산 플레이스 Hysan Place

어딜 가나 서점에서 시간 보내길 좋아하는 사람이라면 주목! 8~10층까지 무려 3개 층에 타이완의 대형 서점 '에슬라이트Eslite'가 자리하고 있다. 에덴동산 콘셉트로 꾸민 6층과 슈즈매장으로 가득 채운 7층은 여자들의 놀이터. 중국 SPA브랜드 식스티 에이트6xity 8igh, 패션 편집매장 셸터@디몹Shel'tter@D-mop은 이곳의 인기 매장이다.

코즈웨이 베이 258p

구찌 코스메틱 사러 가요
소고 Sogo

아시아 최초 구찌 코스 메틱 매장이 소고 백화점에 입점하며 관광객들의 발길이 끊이질 않는다. 머스트 헤브 아이템은 구찌 로고가 콕 박힌 립스틱이다. 인기 많은 색은 품절되기도 한다. 코즈웨이 베이에서 쇼핑할 계획이라면, 소고에서 구찌 립스틱을 산 후 타임스 스퀘어나 하이산 플레이스로 이동하는 동선을 잡으면 편하다.

코즈웨이 베이 258p

SHOPPING 03
모두가 열광하는 아웃렛

자고로 득템이란 비싼 아이템을 싸게 사는 것. 그런 점에서 홍콩의 아웃렛은 득템의 보고다. 조금만 부지런을 떨면 훨씬 저렴한 가격에 좋은 물건을 살 수 있다. 아웃렛에 가기 전 홈페이지에서 어떤 브랜드가 있는지 미리 확인하는 치밀함은 기본! 가서도 매의 눈을 100% 풀가동할 것.

백화점 형 아웃렛

알뜰파 현지인들이 좋아하는
시티 게이트 아웃렛 City Gate Outlet

홍콩국제공항과 버스로 15분 거리. MTR 퉁청역과도 연결된다. 신상품의 비율은 낮아도 할인률이 높아 사랑받는 아웃렛이다. 버버리, 랄프 로렌, 케이트 스페이드, 캘빈 클라인, DKNY 등이 입점된 편집매장 클럽21, 레인 크로포드의 액세서리 아웃렛 온 페더는 홍콩 쇼핑 마니아들의 단골 매장. 아디다스, 뉴발란스, 나이키 등 스포츠 웨어나 캐주얼 브랜드도 많은 편이다. 위치상 홍콩을 떠나기 전 공항 가는 길에 들러 5% 부족한 쇼핑을 채우기도 그만이다. 단, 시간을 갖고 할인상품들을 중점으로 뒤질수록 득템의 확률이 쭉쭉 올라간다. `란타우섬 303p`

주목할 만한 아웃렛

플로렌티아 빌리지 아웃렛 Florentia Village Outlet

MTR 콰이힝Kwai Hing역 인근에 오픈한 신상 아웃렛. 프라다 매장이 제일 먼저 문을 열며 프라다 아웃렛이라는 소문이 자자하다. 팩트 체크를 하자면 프라다뿐 아니라 페라가모, 발렌시아가, 아르마니 등 다양한 브랜드가 입점해 있다. 게다가 할인율이 높은 편. 홍콩 여행 중 득템이 목표라면 한번쯤 들러보자.

Data 가는 법 MTR 콰이힝역 E번 출구로 나와서 카우룽 커머셜 센터를 통과한 후 길 건너편 **주소** 100 Kwai Cheong Rd, Kwai Chung **전화** 3595-3833 **운영 시간** 월~금요일 10:00~19:00, 토~일요일, 공휴일 10:30~19:30 **홈페이지** florentiavillage.com

명품 아웃렛

신상이 가득한
트위스트 Twist

샤넬, 프라다, 미우미우, 구찌, 버버리, 토즈, 클로에, 마크 제이콥스 등 명품 브랜드로 가득 찬 멀티숍. 그것도 대부분이 신상! 똑같은 신상도 일반 매장보다 조금 더 저렴하다. 세일 기간에는 여기서 또 추가 할인을 해준다. 신상 득템의 기쁨을 원하는 자, 트위스트를 기억할 것. 단, 지나친 지름신 강림은 책임 못짐.

침사추이 166p, 코즈웨이 베이 262p

신상보다 이월상품
이사 Isa

적게는 5%에서 많게는 30% 할인가에 명품을 판매하는 아웃렛. 구찌, 프라다, 펜디, 미우미우 등 명품 브랜드가 가득한데 대부분 이월상품이다. 유행 타지 않는 디자인을 고르겠다는 자세로 가야 득템 가능성이 높아진다. 침사추이나 코즈웨이 베이의 쇼핑몰에 갈 때 일정에 넣으면 좋다. 침사추이보다 코즈웨이 베이 매장이 큰 편.

침사추이 170p, 코즈웨이 베이 262p

일명 프라다 아웃렛이라 불리는
스페이스 SPACE

애버딘에 있는 프라다, 미우미우 전문 아웃렛. MTR 사우스 아일랜드 라인이 개통되며 접근성이 좋아졌다. 주로 시즌이 지난 제품을 30~80% 할인가에 판다. 지갑, 가방, 구두는 물론 향수와 선글라스, 원피스, 코트, 패딩, 남성복 등 다양한 아이템을 갖추고 있는 게 장점이다.

리펄스 베이&스탠리 293p

양으로 승부하는
J 아웃렛 J Outlet

침사추이 네이던 로드에 위치한 대규모 아웃렛. 할인폭도 크고 종류도 다양하나, 신, 신상품과 오래 묵은 이월상품이 뒤죽박죽으로 섞여 있어 갯벌에서 진주를 캐낸다는 자세로 샅샅이 살펴봐야 하는 수고가 따른다. 이월상품일수록 하자는 없는지 꼼꼼히 살펴보고 고를 것.

침사추이 170p

SHOPPING 04
로컬들이 좋아하는 쇼핑몰

패션의 도시 홍콩에서 유행에 민감한 젊은이들이 모여드는 쇼핑몰은 어디일까? 대형 쇼핑몰보다는 보석 같이 숨어 있는 곳들을 소개한다. 개성 가득한 쇼핑으로 나만의 스타일을 완성해보자!

몽콕 유일의 대형 쇼핑몰
랭 함 플레이스 Lang Ham Place

중저가 브랜드와 보세를 한데 모아놓은 쇼핑몰. L1층 H&M 매장을 시작으로 13층까지 바우하우스, b+ab, G2000 등 로컬 브랜드와 캐주얼 브랜드가 여행자들을 반긴다. 4층부터 13층까지 이어진 아찔한 에스컬레이터를 타고 올라가 계단으로 내려오며 매장을 둘러보면 편하다. 쇼핑하다 출출할 땐 4층의 푸드 코트나 지하의 슈퍼마켓 마켓 플레이스 바이 제이슨에 들러보자.

 몽콕 274p

갤러리 같은 쇼핑몰
케이 일레븐 K11

아티스트들이 이끌어가는 쇼핑몰. 독특한 취향을 가졌다면 K11에 반하지 않곤 못 배긴다. 지하에서 지상 5층까지 총 6개 층에 인테리어 용품, 패션 셀렉트숍 등 100여 개의 매장이 입점해 있다. 추천 매장은 K11셀렉트숍과 K11디자인스토어. 아트, 패션, 스포츠웨어 셀렉트숍 믹스트라나 톡톡 튀는 패션 셀렉트숍 디몹도 들러볼 것.
침사추이 168p

패션리더들이 모이는
더 원 The One

홍콩의 10~20대가 열광하는 쇼핑몰. 일본의 스트리트 패션이나 홍콩 로컬 브랜드가 많아 조금은 색다른 쇼핑을 즐길 수 있다. 특히, 일본의 유명 셀렉트숍, 저널 스탠다드나 빔스는 인기 매장. 눈이 번쩍 뜨이는 소품숍 로스트&파운드와 홈리스, 판다 캐릭터 용품이 가득한 판다 어 판다, 오리 캐릭터가 깜찍한 비덕 등 디자인스토어도 시선을 사로잡는다. **침사추이 168p**

로컬 브랜드의 메카
실버코드
Silvercord

작지만 홍콩의 청춘 남녀들에게 인기 좋은 로컬쇼핑의 메카. 특히, 이자벨 마랑, 알렉산더 매퀸 등을 싸게 살 수 있는 편집매장 I.T는 패셔니스타들이 베스트로 꼽는 곳. 티티카카, 메르시보꾸, 캠퍼, 초콜릿 등 층마다 개성이 넘치는 브랜드가 시선을 끈다. 샤오롱바오로 유명한 딘타이펑이나 푸드 코트 푸드 리퍼블릭도 있다.
침사추이 167p

고풍스러운 명품몰
랜드마크 아트리움
The Landmark Artrium

여성들이 열광하는 샤넬, 셀린, 펜디, 구찌, 버버리, 루이비통 등 약 70여 개의 명품 브랜드가 모여 있는 고품격 쇼핑몰이다. IFC 몰에 비하면 규모는 작지만 쾌적한 공간에서 여유있는 쇼핑을 누릴 수 있다. 랜드마크 내의 영국계 고급 백화점 하비 니콜스도 들러볼만 하다. 란콰이퐁이나 소호 가기 전 들르기 좋은 위치.
센트럴&성완 204p

홍콩의 인기 매장 **총집합**

메종 키츠네 Maison Kitsune

프렌치 감성 뿜뿜하는 패션 브랜드, 메종 키츠네 플래그십 스토어가 홍콩에서도 화제다. 여우 로고가 특징인 '시그니처 라인'과 파리 감성의 시즌리스 로고 아이템인 '파리지앵 라인', 트렌디한 제안을 선보이는 '시즈널, 콜라보레이션, 캡슐 컬렉션 라인' 등이 인기다.

Data 패션 워크(코즈웨이 베이)

아이티 i.t

홍콩 핫 트렌드를 한 눈에 알 수 있는 편집숍의 이름은 소문자 아이티(i.t)다. 한국 연예인 코디들도 다녀갈 정도. 한편 대문자 아이티(I.T) 편집숍에서는 APC, 이자벨 마랑, 알렉산더 맥퀸 등 디자이너의 브랜드를 만나볼 수 있다.

Data 실버코드(침사추이), 패션 워크(코즈웨이 베이), 랭 함 플레이스(몽콕)

구찌 코스메틱 Gucci Cosmetic

홍콩에 구찌 코스메틱 사러 간다는 말이 나올 정도로 인기다. 특히 블랙&골드 패키지에 구찌 로고가 콕 찍힌 립스틱이 인기다. 발색력은 기본, 컬러도 매우 다양하다. 매트라인보다 촉촉한 타입이 인기다.

Data 소고(코즈웨이 베이)

샬롯 틸버리 Charlotte Tilbury

메이크업 아티스트와 코덕(코스메틱 덕후)들이 애정하는 브랜드로 유명하다. 아직 한국에 매장이 없다. 해외 셀럽들이 도톰한 입술 표현을 위해 애용하는 '콜라겐 립 배스' 등 다양한 제품을 만나볼 수 있다.

Data IFC몰(센트럴)

사봉 Sabon

'죽음의 바다'라 불리는 사해 소금으로 만든 바디 용품으로 이름을 날린 이스라엘 브랜드. 아시아에서는 유일하게 홍콩에서 살 수 있다. 코즈웨이 베이 타임스 스퀘어, 침사추이 하버 시티에 매장이 있다. 하버 시티 오션 터미널 3층 매장이 크고 제품이 다양하다.

Data 하버 시티(침사추이), 타임스 스퀘어(코즈웨이 베이)

코스 COS

모던한 북유럽 감성이 물씬 묻어나는 스웨덴 패션 브랜드. 실용적이면서도 고급스러운 소재의 옷을 선보인다. 우리나라보다 홍콩이 30% 이상 저렴하며 세일기간에는 가격이 더 내려간다. 오피스웨어로 입기 좋은 클래식한 디자인의 여성용 니트와 블라우스는 물론 남성용 니트도 추천 아이템.

Data 하버 시티(침사추이), 퀸즈 로드(센트럴&성완), 패션 워크, 타임스 스퀘어(코즈웨이 베이)

비비안 웨스트우드 Vivienne Westwood

왕관과 시구를 모티브로 한 영국의 패션 브랜드이자 패션의 대모로 알려진 비비안 웨스트우드의 브랜드.
가장 영국적이면서도 럭셔리한 디자인으로 마니아층이 많다. 의류는 물론 가방, 신발, 선글라스까지 모두 인기 아이템이다.

Data 하버 시티, 엘리먼츠(침사추이), 패션 워크(코즈웨이 베이)

레드 발렌티노 Red Valentino

명품으로 이름을 날리고 있는 발렌티노에서 런칭한 브랜드이다. 브랜드 이름에서 느껴지듯이 발렌티노의 고전적인 이미지를 벗고 캐주얼하고 젊은 디자인의 라인들을 선보인다. 다양한 소재로 사랑스러운 디자인이 주를 이루며 패션계에서 주목받고 있는 핫한 브랜드이다.

Data 하버 시티(침사추이), 타임스 스퀘어(코즈웨이 베이), 하이산 플레이스(코즈웨이 베이)

막스&스펜서 Marks&Spencer

심플한 디자인과 편안한 착용감으로 젊은 세대부터 중년까지 사랑받는 영국 브랜드. 국내 매장에 비하면 가격도 저렴한 편. 세일도 자주 하니 타이밍만 좋으면 한국보다 훨씬 싸게 살 수 있다. 여성복, 남성복, 아동복, 패션 잡화는 물론 쿠키, 치즈 등 막스&스펜서가 만든 식품도 인기다.

Data 하버 시티, 아이스퀘어(침사추이), 퀸즈 로드(센트럴&성완), 타임스 스퀘어(코즈웨이 베이) 등

스타카토 Staccato

홍콩 거리에서 5초마다 한 번씩 발견할 수 있는 신발이란 의미로 '5초 슈즈'로 불린다. 한 번 신어보면 다시 찾게 된다는 뜻에서 '컴백슈즈'란 별명이 있을 정도다. 트렌디한 스타일에 맞춤형 구두처럼 발이 편안한 디자인이 특징이다. 국내에 매장이 있지만 홍콩이 더 저렴한 편이다.

Data 하버 시티, 오션 센터(침사추이), 케이 일레븐(침사추이), 타임스 스퀘어(코즈웨이 베이), 하이산 플레이스(코즈웨이 베이) 등

바우하우스 bauhouse

10~20대를 겨냥한 의류 잡화 편집숍이다. 바우하우스에서 나오는 브랜드는 6가지. 이 가운데 진 브랜드인터프 진 스미스Tough Jean Smith, 가방이 인기인 샐러드Salad, 톡톡 튀는 캐주얼 의류 에이티/트웬티Eighty/Twenty(80/20) 등은 모두 성공한 브랜드로 바우하우스 매장에서 만나볼 수 있다.

Data 타임스 스퀘어(코즈웨이 베이), 하버 시티, 실버코드, 더 원(침사추이), 랭 함 플레이스(몽콕) 등

초콜릿 Chocolate

실용적이면서도 스타일을 살려주는 디자인으로 여자보다는 남성복 라인이 더 인기다. 초콜릿은 재미있는 쇼핑환경 제공을 모토로 들어가는 입구부터 초콜릿 모양으로 꾸며져 달콤한 기분이 느껴진다. 티셔츠의 가격대는 200HKD, 진 종류는 500HKD, 재킷은 600HKD로 지렴한 편이다.

Data 더 원, 그랜빌 로드, 선 아케이드(침사추이), 타임스 스퀘어(코즈웨이 베이), 랭 함 플레이스(몽콕) 등

b+ab

사랑스러운 디자인의 홍콩 브랜드. 고급스러운 원단을 사용해 품질은 좋으면서도 가격은 저렴한 편이다. 1,000HKD 안쪽으로 구두와 재킷을 구매할 수 있다. 세일시즌이면 50~60%의 파격적인 할인행사를 한다. 세일기간에 홍콩을 방문했다면 놓치지 말 것.

Data 미라마 쇼핑 센터, 선 아케이드, 더 원, 실버코드(침사추이), 패션 워크, 타임스 스퀘어(코즈웨이 베이), 램 함 플레이스(몽콕) 등

에스프리트 Esprit

홍콩에서 저렴하게 구입할 수 있는 의류 브랜드 중 하나다. 2000년대 초에는 홍콩의 '국민 옷'으로 불릴 만큼 큰 인기를 끌었다. 특히 하버 시티 게이트웨이 옆에 위치한 아웃렛은 파격 할인으로 득템의 보고다. 기본적인 티셔츠, 남방, 가디건 등이 필요하다면 들러볼 것!

Data 침사추이 애슐리 로드Ashley Road, 코즈웨이 베이 퍼시벌 스트리트Percival Street, 몽콕 포틀랜드 스트리트Portland Street

G2000

홍콩의 중저가 남성 정장 의류로 유명한 브랜드다. 여자 신발은 스디기도, 남자 정장은 G2000이라고 할 만큼 20~30대 남성들이 많이 입는다. 세련되고 깔끔해서 기본 와이셔츠나 니트 등 단품이 인기상품이다. 주요 쇼핑몰이나 번화가 어디서든 숍을 볼 수 있다.

Data 미라마 쇼핑 센터, 선 아케이드, 더 원, 실버코드(침사추이), 패션 워크, 타임스 스퀘어(코즈웨이 베이), 램 함 플레이스(몽콕) 등

보시니 Bossini

홍콩의 토털 패밀리 브랜드로 다양한 제품 라인을 갖추고 있다. 패션의류, 속옷, 양말에서 침구류까지 유 행을 타는 디자인보다는 캐주얼한 제품들이 많다. 특히, 거침없이 지를 수 있는 착한 가격이라 인기가 좋다. 베이직한 옷을 장만하고 싶다면 추천한다.

Data 침사추이 그랜빌 로드Granville Road, 센트럴 데보 로드Des Voeux Road, 코즈웨이 베이 카이치우 로드Kai Chiu Road

SHOPPING 05

홍콩 여행 다녀온 **티 팍팍 내기**

선물용으로 돌리기 좋은 쿠키부터 볼 때마다 여행의 추억이 새록새록 떠오르는 소품까지 메이드 인 홍콩 아이템만 모았다. 소품 쇼핑을 좋아하는 여행자라면 늘어가는 짐 때문에 행복한 고민에 빠지게 될지도 모르겠다.

홍콩의 감성 그대로
GOD Goods Of Desire

홍콩 감성이 물씬 묻어나는 디자인 굿즈는 GOD에 다 모여 있다. 광둥어로 '더 나은 삶을 위하여'란 뜻의 GOD住好的는 1996년 홍콩 인테리어 디자이너 더글라스 영이 런칭한 브랜드. 전통과 현대가 절묘하게 이우러진 홍콩 디자인의 아름다움을 엿볼 수 있다. 선물용 아이템도 가득하다. 매장도 여러 곳이다. 센트럴에는 미드 레벨 엘리베이터 옆에 한 곳, PMQ 내에 한 곳, 코즈웨이 베이나 스탠리 플라자에서도 만나볼 수 있다. 어느 지점이든 꼭 한 번 들러볼 것!

센트럴&성완 204p, 코즈웨이 베이 263p

센트럴점
지도 190p-F **가는 법** MTR 센트럴역 D1번 출구에서 도보 8분, 미드 레벨 에스컬레이터를 타고 할리우드 로드로 나감
주소 48 Hollywood Road, Central
전화 2805-1876 **운영 시간** 11:00~21:00

PMQ점
지도 190p-F **가는 법** MTR 센트럴역 D2번 출구에서 도보 15분 거리의 PMQ G층에 위치 **주소** G09-G14, G/F Block A, 35 Aberdeen St, Central
전화 2915-2822 **운영 시간** 11:00~21:00

코즈웨이 베이점
지도 254p-C **가는 법** MTR 코즈웨이베이역 A번 출구로 나와 타임스 스퀘어 광장 뒤편 **주소** 9 Sharp St E, Causeway Bay **전화** 2890-5555 **운영 시간** 일~목요일 11:00~21:00, 금~토요일 11:00~22:00

스탠리 플라자점
지도 291p-A **가는 법** 센트럴 익스체인지 스퀘어에서 6A, 6X, 66, 260번 버스 타고 스탠리 플라자 하차
주소 Shop 105, Stanley Plaza, 22-23 Carmel Rd, Stanley **전화** 2673-0071 **운영 시간** 월~금 10:30~20:00, 토~일, 공휴일 10:30~21:00

STEP 05
SHOPPING

센트럴의 인기 디자인 편집숍
홈리스 Homeless

고프 스트리트를 장악한 홈리스! 작은 골목에 이 멋진 숍이 세 곳에 있다. 감각적인 생활소품부터 가구, 소소한 디자인 제품까지 독특한 물건들이 시선을 끈다.

`센트럴&성완 206p`

홍콩 버스를 미니어처로
80M 버스 모델숍 80M Bus Model Shop

기념품 쇼핑에 80M 버스 모델숍이 빠지면 섭섭하다. 홍콩의 2층 버스와 택시를 미니어처로 만들었다. 구경만 해도 그 정교함에 감탄사가 나온다. 여행의 추억을 간직한 소장품으로도 선물용으로도 굿! `몽콕 275p`

귀여운 캐릭터 쿠키
기화병가 Kee Wah Bakery

1938년 창업 이래 꾸준히 사랑을 받아온 전통 과자점. 우유와 코코아를 넣은 판다, 펭귄 모양 쿠키나 파인애플 케이크는 선물용으로 제격이다. IFC 몰, 랭 함 플레이스 등 유명 쇼핑몰은 물론 공항에도 매장이 있다. 쇼핑할 시간이 없을 땐 출국하는 길에 사자.

`완차이 241p, 공항 131p`

줄서서 사먹는 마약쿠키
제니 베이커리 Jenny Bakery

문 열기 전부터 줄 서서 기다릴 정도로 인기를 끄는 쿠키 전문점. 어렵사리 마약쿠키를 맛본 사람들은 버터를 듬뿍 넣은 특유의 달콤한 맛이 중독성 있다고 입을 모은다. 침사추이, 성완에 매장이 있으니 미리 숙소와 가까운 매장의 위치를 확인해 둘 것.

침사추이 지도 158p-F **가는 법** MTR 침사추이역 D2번 출구에서 도보 2분 **주소** Shop 24, Mirador Mansion. 54-64 Nathan Road, Tsim Sha Tsui **전화** 2311-8070 **운영 시간** 09:00~18:30(품절 시 일찍 닫음) **홈페이지** www.jennybakery.com
센트럴&성완 지도 190p-B **가는 법** MTR 성완역 E2번 출구에서 도보 3분
주소 15 Wing Wo Street, Sheung Wan **전화** 2524-1988 **운영 시간** 10:00~19:00(품절 시 일찍 닫음)

저렴하면서 특별한 **선물 아이템 BEST 8**

먹기 아까울 만큼
깜찍한 판다 쿠키!
(기화병가)
85HKD~

한 시간은 족히 기다려야
살 수 있는 마약 쿠키
(제니 베이커리)
75~140HKD

인기 만점 홍콩 전통 과자,
와이프 쿠키(기화병가)
**낱개 9.5HKD,
박스 85HKD~**

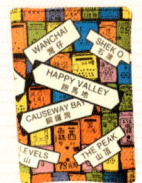

홍콩의 거리 표지판이
담긴 컬러풀 여권 케이스
(GOD)
499HKD~

내가 타 본 2층 버스
(80M 버스 모델숍)
59,9HKD

일러스트를 담은 패키지가
매력적인 홍콩의 오가닉 티
브랜드, 오알티 (GOD)
168HKD~

오알티 일러스트가
그려진 머그 잔(GOD)
188HKD~

가벼워서 여러 개 사기
좋은 귀여운 찻잔 덮개
(GOD)
120HKD~

STEP 05
SHOPPING

SHOPPING **06**

홍콩 쇼핑의 하이라이트
드럭스토어&코스메틱 매장

여자라면 누구나 관심을 갖는 뷰티 제품. 홍콩에서는 남자들도 빼놓지 않는 쇼핑 품목 중 하나가 바로 이 코스메틱 제품이다. 홍콩의 번화가를 가면 한두 건물 건너 하나씩 코스메틱 숍을 보게 된다. 코스메틱 체인점은 누구나 욕심이 날 정도로 저렴한 가격에 많은 종류의 화장품을 팔고 있다. 우리가 알고 있는 유명 브랜드는 물론 처음 보는 생소한 브랜드까지 있어 선택의 폭이 넓다. 국내보다 20~30% 이상 저렴한 가격의 기초화장품들과 면세점에서는 볼 수 없는 제품이나 향수, 저렴하지만 품질이 좋은 헤어 제품들이 최고 인기상품이다. 누구든지 들어가면 꼭 한두 개 이상의 쇼핑백을 들고 나올 수 밖에 없는 매력적인 코스메틱 체인점을 파헤쳐보자!

아시아 최고의 코스메틱 체인점
사사 SASA

홍콩을 비롯해 아시아권에만 90개 이상의 매장이 있는 홍콩 최고의 코스메틱 체인점. 홍콩의 코스메틱숍 중에 가장 많은 브랜드를 만날 수 있다. SK2, 클리니크, 시슬리, 랑콤, 에스티로더 등의 유명 화장품 브랜드는 물론 일본의 베스트셀러 아이템, 한국의 유명 화장품 브랜드까지 일일이 열거할 수 없을 정도로 많은 화장품 브랜드들을 만날 수 있다.

Data 침사추이-페킹 로드Peking Road / 코즈웨이 베이-록하트 로드Lockhart Road / 센트럴-퀸즈 로드 Queen's Road 홈페이지 www.sasa.com

비상약이 필요해요?
왓슨스, 매닝스 Watsons, Mannings

왓슨스와 매닝스. 이 두 곳은 화장품 외에 티슈, 치약, 간단한 간식거리 같은 생활용품과 상비약까지 구비되어 있는 드럭스토어다. 인기제품으로는 만병통치 약으로 알려진 백화유나 미백에 좋다는 아저씨 그림의 치약, 호랑이 연고 등이 있다.

Data 왓슨스 침사추이-하버 시티 / 애드미럴티-퍼시픽 플레이스 외 다수 홈페이지 www.watsons.com.hk
매닝스 침사추이-케이 일레븐 / 센트럴-IFC 몰 외 다수 홈페이지 www.mannings.com.hk

STEP 05
SHOPPING

100개 브랜드가 한자리에
페이시스 Facesss

홍콩 최고의 화장품 브랜드가 입점한 하버 시티의 화장품 쇼핑몰이다. 맥, 바비브라운, 샤넬, 슈에무라, 가네보 등 100개 이상의 화장품 브랜드가 입점해 있다. 가격이 저렴하지는 않지만 대부분의 매장에 샘플과 테이스팅 코너가 있어 자신의 피부 타입에 맞는 제품을 찾을 때까지 마음껏 테이스팅 할 수 있다. 코스메틱 체인점에서는 기초화장품을, 이곳에서는 색조화장품을 위주로 보는 게 좋다.

Data 침사추이-하버 시티

중저가 코스메틱은 여기
봉쥬르 Bonjour

홍콩에서 사사의 뒤를 잇는 코스메틱 체인점이다. 사사보다는 브랜드 수가 좀 적어 인기는 덜하지만 중저가 브랜드인 로레알, 메이블린, 레블론 등의 브랜드가 더 밀집되어 있다.

Data 코즈웨이 베이-Yun Ping Road 홈페이지 www.bonjourhk.com
센트럴 지도 Queen's Road

100년 역사가 깃든
투 걸스 Two Girls

100년을 훌쩍 넘은 홍콩 최초의 코스메틱 브랜드이자 대표적인 화장품이다. 매장 안은 복고풍의 옷을 입은 여자의 모습이 그려진 화장품으로 꾸며져 있다. 꼭 옛날 중국 드라마 세트 같은 고풍스러운 느낌이 난다. 제품의 품질보다는 이런 특별한 패키지 때문에 홍콩 기념품으로 인기가 좋다. 헤어 오일과 모기퇴치용 플로리다 워터, 핸드크림 등이 가장 잘 나가는 아이템이다. 가격도 저렴해서 선물로 부담 없이 구매하기에 좋다.

Data 코즈웨이 베이-Great George Street 센트럴-피크 갤러리아 1층

Tip 코스메틱의 가격은 체인점마다 대부분 비슷하다. 그중에서도 사사와 봉쥬르가 가장 저렴한 편이다. 가끔 다른 곳보다 많이 저렴하게 나오는 프로모션 제품들이 있는데 유통기한을 잘 확인하고 구입하도록 하자.

홍콩 드럭 스토어 **베스트 아이템**

닌지옴 허벌 캔디
Nin Jiom Herbal Candy

1946년 홍콩에서 시작해 타이완, 싱가포르로 진출한 한방 목캔디. 홍콩에서 사야 종류도 다양하고 저렴하다.
7.5HKD

난지옴 시럽
Nin Jiom

간질간질 목감기가 올 때 한 포 쭉 먹고 나면 목 상태가 좋아지는 시럽. 홍콩에선 국민 목감기약으로 통한다.
45.9HKD~

크랩트리&에블린
Crabtree&Evelyn

고소영 핸드크림으로 알려진 크랩트리&에블린. 향, 발림성, 디자인이 예뻐 선물용으로 굿.
192HKD(6개 1세트)

타이거 밤 넥 앤 숄더
Tiger Balm Neck & Shoulder Rub

소량을 어깨와 목에 바르기만 해도 화~한 기운이 번지며 뭉친 근육을 풀어주는 연고. **39.9HKD**

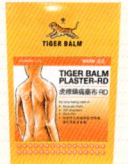

타이거 밤 파스
Tiger Balm Plaster-RD

근육통이 있는 부위에 척 붙이면 후끈후끈, 근육통 완화 파스. **16.9HKD~**

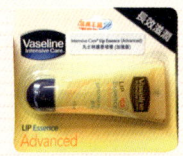

바세린 립밤
Vaseline Lip Essence

건조한 입술을 촉촉하게 보호해주는 립밤.
26HKD~

비타끄렘므
Vitacreme B12

일명 홍콩 비타민 크림으로 통하는 피부 재생 크림. 가격은 저렴한데 효과가 좋아 인기라고. 단, 딸기우유색은 호불호가 갈린다. **78HKD~**

블랙모어 비타민E
Blakmore VitaminE

우유빛깔 판빙빙이 애정하는 크림으로 유명해진 블랙모어 비타민E 크림. 호주 브랜드지만 홍콩이 저렴한 편이다. **55HKD~**

백화유 白花油

식물에서 추출한 오일로 만든 근육 이완제. 벌레에 물렸을 때나 두통에도 효과가 있어 만병통치약으로 통한다.
17.5HKD~

> SHOPPING 07

홍콩 슈퍼마켓 탐색하기

여행지에서 슈퍼마켓 구경은 특별한 재미가 있다. 일단 현지의 물가를 한눈에 파악할 수 있고, 한국에서 구할 수 없는 생활용품을 찾아내는 즐거움이 있다. 홍콩의 특산품이나 가벼운 기념품, 맛있는 간식이 가득한 홍콩의 슈퍼마켓을 소개한다.

묻지마 홀릭을 일으키는
시티슈퍼 Citysuper

시티슈퍼는 하버 시티, IFC 몰, 타임스 스퀘어 등의 쇼핑몰에 입점해 있는 대형 슈퍼마켓이다. 전세계의 수입 식품들이 다 들어와 있다. 다른 슈퍼마켓에 비해 가격은 좀 비싸지만 한국보다는 저렴한 것들이 많다. 식료품뿐 아니라 르 쿠르제Le Creuset나 보덤Bodum 같은 유명 조리기구까지 한눈에 볼 수 있다. 현지인에게도 인기가 좋아 날마다 대성황이다. 계산대에서 최소 10분씩 기다리는 건 익숙한 일. 그래도 볼 것들이 많아 구경 삼아라도 꼭 가보길 권한다.

Data 침사추이-하버 시티
지도 158p-A 가는 법 침사추이역 A1번 출구에서 도보 7분 전화 2375-8222
운영 시간 일~목, 금·토·공휴일 전날 10:00~22:30, 공휴일 10:00~22:00
홈페이지 www.citysuper.com.hk

센트럴-IFC 몰
지도 191p-C 가는 법 MTR 센트럴역 A번 출구에서 도보 9분. 또는 홍콩역에서 도보 7분. 스타 페리 선착장에서 도보 8분 전화 2234-7128
운영 시간 10:00~22:00

코즈웨이 베이-타임스 스퀘어
지도 254p-C 가는 법 MTR 센트럴역 A번 출구, MTR 홍콩역 페리와 연결되어 있음 전화 2506-2888

저렴한 것을 찾는다면 이곳
웰컴, 파킨숍 Wellcome, Park'n Shop

웰컴과 파킨숍은 홍콩에서 쌍벽을 이루는 체인 슈퍼마켓이다. 물가가 비싼 홍콩에서 저렴하게 장을 볼 수 있는 곳이다 보니 홍콩 사람들의 실생활과도 밀접한 관련이 있다. 두 곳 모두 슈퍼마켓의 규모나 판매하는 물건들은 비슷하다. 웰컴 매장의 수가 더 많아서 접근성이 좋다. 가끔은 깜짝할인으로 손님들에게 행복을 선사하기도 한다.

Data 웰컴(센트럴)
지도 190p-A 가는 법 MTR 성완역 A2번 출구에서 도보 3분
주소 270-276 Queen's Road Central, Sheung Wan
전화 2529-1367
운영 시간 08:00~23:00

웰컴(코즈웨이 베이) 지도 254B
가는 법 코즈웨이 베이역 E번 출구에서 도보 1분 주소 25 Great George St, Causeway Bay 전화 2574-6437
운영 시간 24시간 홈페이지 www.wellcome.com.hk

*무소 외에 여러 지점이 있음

SHOPPING 08
홍콩의 **길거리 마켓**에서 보물찾기

밤이면 더 활기를 띠는 야시장은 홍콩 쇼핑의 놓칠 수 없는 즐거움이다. 기념품부터 명품 짝퉁까지 없는 게 없다. 사람 냄새 나는 길거리 마켓에서 아이디어가 반짝이는 물건을 고르는 재미와 흥정하는 묘미를 느껴보자.

부르는 게 값!
레이디스 마켓
Ladies Market

티셔츠, 치파오, 핸드백, 액세서리, 우산, 기념품 등 온갖 재미난 아이템을 구경하는 재미가 쏠쏠한 곳. 싸게 사려면 상인들과 '밀당'이 필요하다. 일단 매장 안으로 들어가 물건을 제대로 보여 달라고 하자. 원하는 가격을 말할 때까지 흥정은 기본. 많이 살수록 싼값에 준다. 숨겨 둔 흥정 능력을 한껏 발휘해보자. **몽콕 273p**

나만의 운동화 찾기
스니커즈 마켓
Sneakers Market

파윤 스트리트에 있는 스니커즈와 스포츠용품이 가득한 거리. 한국인 여행자들 사이에서 일명 '운동화거리'라고도 불린다. 나이키, 아디다스, 반스 등 단독 매장은 물론 멀티 브랜드숍이 즐비하다. 베이직한 제품은 침사추이, 코즈웨이 베이의 매장보다 10~20HKD 정도 더 싸다. **몽콕 273p**

남인가로 불리는
템플 스트리트 야시장
Temple Street Market

틴하우 사원 가까이에 있어 템플 스트리트라 불리는 거리에 위치한 야시장. 한때는 남성들의 물건을 주로 팔아서 '남인가 Man' Street'라고 불렸다. 지금은 레이디스 마켓과 비슷한 품목을 판다. 단, 규모는 레이디스 마켓보다 작다. 야시장이란 이름처럼 저녁 6시 무렵 활기를 띠기 시작해 밤 9시 이후가 적정! **조던&야우마테이 283p**

길거리 마켓에서 찾아낸 **보물 같은 아이템**

홍콩 느낌 물씬 나는
일기장 **60HKD**~

여자 친구에게 선물하기
좋은 팔찌 **10HKD**~

여름을 시원하게
보낼 수 있는 부채 **50HKD**~

다양한 캐릭터가
달린 우산 **40HKD**~

예쁜 금붕어가
그려진 다기 **150HKD**~

펼치면 입체로 변하는
핸드 메이드 카드 **50HKD**~

앙증맞은
아이패드 케이스 **70HKD**~

볼수록 그 맛이 생각나는
홍콩 요리 자석 **20HKD**~

남자 친구에게 생색내기 좋은
카메라 USB **20HKD**~

조카를 위한 미니어처같이
귀여운 부츠 **80HKD**~

SHOPPING 09

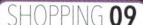

와인 마니아들의 천국 홍콩!

홍콩은 2008년부터 주세는 물론 관세까지 철폐했다. 이 면세 제도로 홍콩의 와인 산업은 매년 70%씩 급성장을 하고 있으며, 와인 경매와 무역으로 연 5,000억 HKD 이상을 벌어들이고 있다. 이로 인해 홍콩은 최근 아시아 와인 시장의 허브로 떠오르며 와인 마니아들의 환영을 받고 있다. 세계에서 가장 와인 가격이 비싼 우리나라의 와인 마니아들에게는 와인이 저렴한 홍콩이 천국 같은 곳일 수밖에 없다.

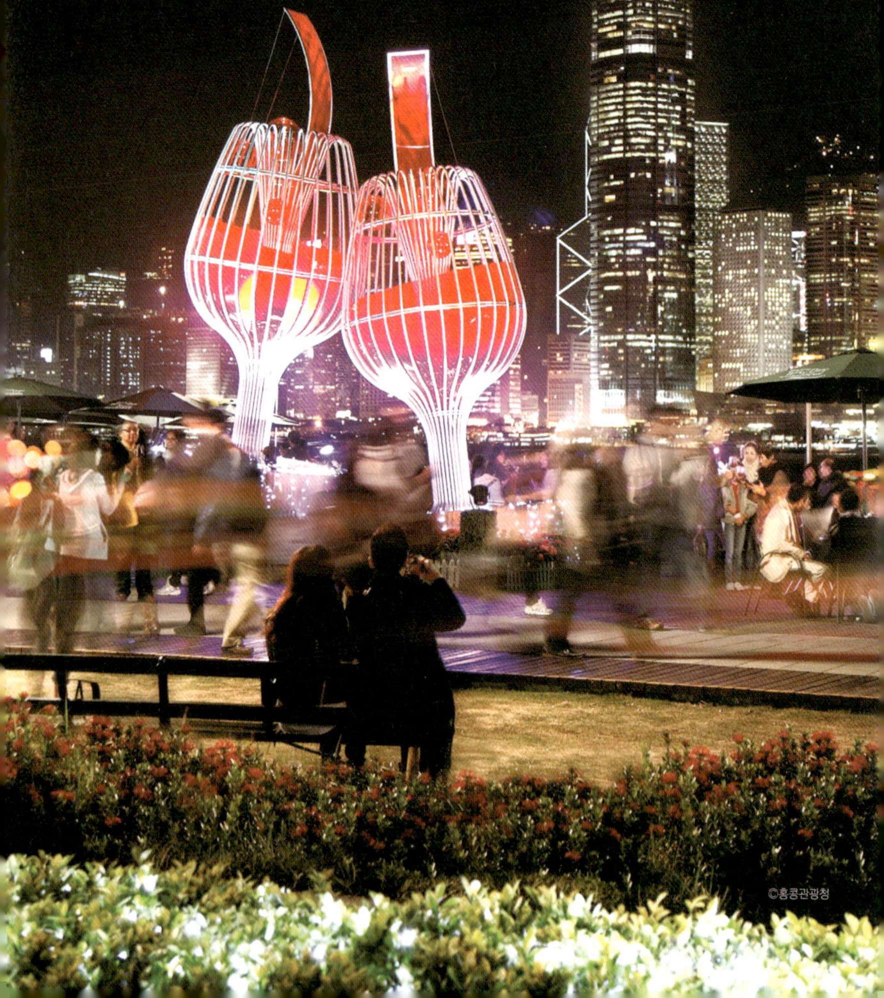

©홍콩관광청

와인 마니아들을 위한
홍콩 와인 축제 Hong Kong Wine&Dine Festival

와인 마니아라면 11월의 홍콩 여행을 권하고 싶다. 2009년부터 시작된 홍콩의 와인 축제의 역사는 짧지만 홍콩관광청이 주도하는 성대한 축제로 자리매김했다. 11월 한 달간 열리는 와인 축제는 활기찬 홍콩의 요리문화와 와인이 어우러지며 호텔과 레스토랑에서 매력적인 혜택을 제공한다.

Data 홍콩관광청
홈페이지 www.discoverhongkong.com/kor

합리적인 가격의 와인을 찾는다면
왓슨스 와인 Watson's Winer

와인을 구매할 계획이라면 왓슨스 와인을 추천한다. 홍콩에서는 가장 널리 알려진 와인 체인점으로 하버 시티, IFC 몰, 타임스 스퀘어, 퍼시픽 플레이스 등 대형 쇼핑몰에 빔십이 있다. 다양한 와인은 가격도 합리적이라 와인 마니아뿐 아니라 일반 여행자들도 많이 찾는다. 미리 홈페이지에서 어떤 와인이 있는지 확인한 후 쇼핑에 나서면 시간을 절약할 수 있다.

Data 침사추이-하버 시티 / 센트럴-IFC 몰 / 애드미럴티-퍼시픽 플레이스 / 코즈웨이 베이-타임스 스퀘어
홈페이지 www.watsonswine.com/WebShop/Home.do

SHOPPING 10
남은 동전까지 탈탈 털어
홍콩 공항 쇼핑

여행 마지막 날 지갑에 남은 동전과 지폐를 탈탈 털고 싶다면, 쳅락콕 공항 쇼핑에 눈을 돌려보자. 홍콩 여행자들이 꼭 사는 기화병가부터 여행 용품 사기 좋은 무지투고까지 공항에도 쇼핑할 곳이 생각보다 많다.

여행에 필요한 아이템 총망라
무지투고 MUJI to GO

무인양품에서 홍콩, 도쿄, 뉴욕의 공항과 기차역에 문을 연 무지투고. 여행에 필요한 아이템만 모아 판다. 비행기에서 필요한 목베개, 화장품을 덜어 담기 좋은 플라스틱통. 배낭, 여행 가방 등 여행자의 눈길을 끄는 아이템이 가득하다. 기념품을 넘어 다음 여행에 도움이 될 아이템을 쇼핑하기 좋은 곳이다.

Data 가는 법 터미널1 Departure Check-in Hall, L7 운영 시간 07:00~23:00
홈페이지 www.muji.com/hk

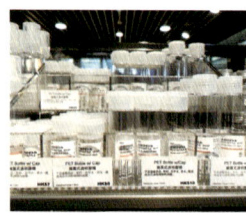  

여행 선물은 여기서
기화병가 Kee Wah Bakery
귀여운 팬더 모양 기화병가 쿠키는 사고 싶은데, 여행 가방에 넣으면 부서질까 걱정되어 못 샀다면 여기서 장만해보자. 터미널 1과 터미널 2 양쪽에 매장이 있어 편리하다. 단, 공항 매장에서도 팬더 모양 쿠키와 펭귄 모양 쿠키는 인기 아이템이라 품절되는 경우도 있다. 이른 아침부터 밤 늦게까지 문을 여는 것도 장점이다.

Data 가는 법 터미널1 Departure Check-in Hall, Departure East Hall, L7 터미널2 L3, L5 **운영 시간** 터미널1 07:00~23:00, 터미널2 8:00~21:00 **홈페이지** keewah.com

아직도 못 산 약이나 화장품이 있다면
매닝스 Mannings
드럭스토어에서 살까 말까 망설이다 못 산 아이템이 있다면 매닝스로 직진!! 공항 내 면세 구역과 일반 구역 총 10곳에 매닝스가 포진해 있다. 남은 동전을 아낌없이 쓰고 싶을 땐 화장품 보다 난 지움 캔디나 타이거 밤 파스 등을 공략할 것. 단, 매장별로 오픈 시간이 다르다. 일단 가까운 매장부터 찾아보자.

Data 가는 법 터미널1 Departure Central Coucourse L6, 터미널 2 L5 **운영 시간** 매장별로 다름 **홈페이지** www.mannings.com/hk

공항에서 만나는 인테리어 용품 숍
홈리스 Homeless
홍콩섬 센트럴 포호의 홈리스를 공항에서도 만날 수 있다. 저렴하지는 않지만 독특한 아이템이 많다. 탑승 시간이 애매하게 남았을 때, 나를 위한 선물을 사고 싶을 때 들리기 좋은 매장.

Data 가는 법 터미널1 Departure Check-in Hall, L7 **운영 시간** 07:00~23:00

Step 06
SLEEPING

홍콩에서 자다

01 홍콩의 숙소 고르는 법
02 한번쯤 묵고 싶은 럭셔리 호텔
03 실속파를 위한 중급 호텔

SLEEPING 01
홍콩의 숙소 고르는 법

별들이 소곤대는 홍콩의 밤을 보낼 숙소 구하기란 하늘의 별따기다? 크리스마스, 연말 등 하늘 높은 줄 모르고 호텔 요금이 치솟는 때는 그렇다. 그렇다고 홍콩에 럭셔리 호텔만 있는 것은 아니다. 실속파를 위한 중급 호텔, 에어비앤비, 호스텔 등 숙소도 각양각색. 약간의 시간과 수고를 투자하면 나의 취향과 예산에 꼭 맞는 숙소를 찾을 수 있다. 예약 전 공항에서 호텔가는 법, 주변 교통까지 꼼꼼히 따져볼 것을 추천한다.

어느 지역에 머물까?

홍콩 여행 최적의 위치는 침사추이, 센트럴, 성완이다. 단, 전망과 시설이 좋을수록 가격이 비싼 것은 당연지사. 전망 좋은 럭셔리 호텔 외에도 중급 호텔, 게스트하우스, 에어비앤비 등 다양한 숙소가 포진해 있다. 여행에 목적에 맞게 위치부터 정하자. 관광명소와 쇼핑몰 위주로 둘러볼 계획이라면 침사추이를, 소호, 란콰이퐁의 나이트라이프를 즐기고 싶다면 센트럴과 성완이 제격이다. 지역을 정한 후에는 객실 크기, 인테리어 등 시설뿐만 아니라 교통을 살펴보자. 공항에서 숙소까지 가기 편리한지, 숙소와 MTR역까지의 거리 비교는 필수, 숙소에서 가까운 쇼핑몰, 맛집 등을 미리 파악해두면 여행이 한결 수월해진다.

숙소 유형별 선택 요령

❶ 호텔 Hotel
빅토리아 하버가 내려다보이는 전망을 자랑하는 4~5성급 호텔부터 중급 호텔까지 규모와 가격이 천차만별이다. 럭셔리 호텔에 묵을 때는 객실뿐 아니라 수영장, 레스토랑 등 이용 시설을 비교해보자. 중급 호텔은 대부분 가격 대비 객실이 좁은 편이다. 비슷한 가격대라면 시설보다는 위치와 주변 환경까지 고려해서 선택해야 후회가 없다. 같은 호텔이라도 시기에 따라 가격이 달라진다. 숙박비를 아끼려면 호텔 예약사이트나 호텔 홈페이지의 할인 프로모션도 미리 찾아볼 것.

❷ 에어비앤비 airbnb
현지인들의 집을 빌려 머물 수 있는 에어비앤비는 호텔보다 저렴한 가격에 로컬라이프를 누릴 수 있는 새로운 대안. 프라이빗룸을 빌릴 수도 있고 아예 아파트 전체를 빌릴 수도 있다. 어떤 집에 묵느냐에 따라 숙박 가능 인원, 추가 요금, 환불 정책 또한 다르다. 마음에 드는 곳을 찾아 집주인과 상의한 후 에어비앤비를 통해 결제하면 된다. 집주인이 올린 사진만 보고 갔다가는 낭패를 볼 수도 있으니 이용 후기를 샅샅이 살펴보고 고를 것!

❸ 호스텔&게스트하우스
숙박료를 아껴 다른 곳에 쓰자는 실속파 여행자들이 애용하는 숙소. 침사추이 지역 외 숙소 비용이 저렴한 몽콕, 홍콩섬 등 다양한 지역에 분포 되어 있다. 가격이 저렴한 대신 객실이나 욕실, 거실을 공유해서 생활한다. 원하는 조건과 후기를 꼼꼼히 확인하고 예약할 것.

홍콩 호텔 예약 사이트

호텔 요금 비교 사이트 www.allstay.kr
익스피디아 www.expedia.co.kr
호텔스닷컴 www.hotels.com
호스텔월드 www.korean.hostelworld.com
에어비앤비 www.airbnb.co.kr

SLEEPING 02

한번쯤 묵고 싶은
럭셔리 호텔

환상적인 하버뷰를 자랑하는 럭셔리 호텔에서 의 하룻밤은 홍콩 여행에서 누릴 수 있는 불변의 즐거움이다. 이름난 호텔들은 카오룽 반도의 침사추이와 홍콩섬 센트럴과 완차이 사이에 밀집돼 있다. 그중에서 꼭 한번 머물고 싶은 곳만 엄선했다.

침사추이

세계 10대 호텔의 하나
페닌슐라 호텔 The Peninsula Hotels ★★★★★

침사추이 네이던 로드에 있다. 1928년 문을 연 홍콩의 최고급 호텔이자 세계 10대 호텔 중 하나다. 빅토리아풍의 아름다운 내부 인테리어와 호화로운 서비스로 이용객이 귀족이 된 듯한 느낌을 받게 한다. 호텔의 너 로비는 애프터눈 티를 즐기러 오는 사람들로 항상 북적거린다. 8층의 고풍스러운 실내 수영장에는 야외 테라스가 있어 매일 펼쳐지는 환상석인 레이저 쇼 심포니 오브 라이트를 볼 수 있다. 호텔 옥상에서 홍콩투어나 공항으로 가는 교통편으로 제공하는 헬리콥터 서비스도 받을 수 있다. 롤스로이도 서비스 역시 고객을 위한 페닌슐라 호텔만의 특별한 배려다. 페닌슐라 호텔의 아케이드는 명품쇼핑을 한적하게 즐길 수 있는 명소로 세계적인 명품 브랜드가 골고루 입점해 있다.

Data 지도 158p-F
가는 법 MTR 침사추이역 E번 출구에서 도보 4분
주소 Salisbury Road, Tsim Sha Tsui
전화 2920-2888
요금 4,480HKD~
홈페이지 www.peninsula.com

STEP 06
SLEEPING

홍콩 야경의 종결자

인터콘티넨탈 홍콩 Intercontinental Hong Kong ★★★★★

스타의 거리에 있다. 92개의 스위트룸을 포함한 495개의 객실이 있으며, 환상적인 객실 전망은 홍콩 럭셔리 호텔 중에서도 최고 수준이다. 특히, 통유리가 설치된 욕실에서 목욕을 하며 야경을 즐길 수 있는 스위트룸은 비싼 가격에도 아랑곳없이 늘 인기가 좋다. 홍콩에서 열리는 가장 큰 이벤트인 크리스마스와 구정 불꽃놀이 기간에는 몇 달 전에 예약이 마감될 정도. 이런 특별한 전망 덕분에 수영장이나 로비의 레스토랑 등 호텔 전체가 로맨틱하게 느껴진다. 황금색 실크와 중국식 매듭을 활용하는 등 모던 차이니스를 콘셉트로 한 룸 인테리어도 고급스럽다. 특별한 추억을 만들 호텔을 찾는 연인들에게 강추한다.

Data 지도 158p-F
가는 법 MTR 침사추이역 J2번 출구에서 도보 2분
주소 18 Salisbury Road, Tsim Sha Tsui
전화 2721-1211
요금 4,580HKD~
홈페이지 www.hongkongic.intercontinental.com

쇼퍼들의 천국
마르코 폴로 홍콩 Marco Polo Hong Kong ★★★★★

홍콩 여행의 목적이 쇼핑이라면 최적의 호텔! 명품거리인 캔톤 로드에 위치해 있어 침사추이의 웬만한 쇼핑몰은 걸어서 갈 수 있다. 침사추이의 대표 쇼핑몰 하버 시티와는 바로 연결된다. 스타 페리 선착장, MTR 침사추이역과도 가깝다. 카오룽역에서 호텔까지 셔틀버스를 운영해 홍콩국제공항을 오가기도 쉽다. 객실은 모두 664개. 하버뷰 룸에서 홍콩섬이 보이는 야경과 노을을 감상하기에도 그만이다. 2011년 리노베이션을 통해 객실의 내부가 환하게 바뀌었다.

Data 지도 158p-E **가는 법** MTR 침사추이역 C1번 출구에서 도보 7분 **주소** 3 Canton Road, Tsim Sha Tsui **전화** 2113-0088 **요금** 2,050HKD~ **홈페이지** www.marcopolohotels.com

친환경 아트 호텔
호텔 아이콘 Hotel Icon ★★★★☆

이스트 침사추이에서 주목할 만한 호텔을 꼽으라면 단연 호텔 아이콘이다. 모던하고 전망 좋은 객실과 루프탑 풀장, 게임 등을 즐길 수 있는 휴게실, 세심한 서비스 덕분에 침사추이에서 트랜디한 호텔의 아이콘으로 떠올랐다. 로비부터 별나다. 내추럴한 인테리어와 초록의 기운을 뿜어내는 18m 높이의 수직정원이 시선을 끈다. 세계적인 식물학자이자 화가 패트릭 블랑이 만든 작품이다. 레스토랑과 객실 디자인 역시 홍콩 유명 예술가들의 작품이다. 여행 중 사용 가능한 스마트폰을 제공한다. 한국으로 전화도 무제한 가능하다. 와인과 맥주, 갖가지 음료와 스낵이 가득한 미니바도 무료. 침사추이 중심가의 호텔에 비해 대중교통은 불편하지만 침사추이역과 하버시티까지 셔틀버스를 운행한다.

Data 지도 159p-D **가는 법** MTR 이스트 침사추이역 P2번 출구에서 도보 2분 **주소** 17 Science Museum Road, Tsim Sha Tsui **전화** 3400-1000 **요금** 3,000HKD~ **홈페이지** www.hotel-icon.com

STEP 06
SLEEPING

홍콩섬

환상적인 야외 수영장이 있는
포시즌스 호텔 홍콩 Four Seasons Hotel Hong Kong ★★★★★

한 번 머물렀던 투숙객들에게 다시 꼭 가고 싶다는 찬사를 받는 곳이다. 현대적이고 고급스러운 인테리어에 호텔 전체에 최첨단 전자제품을 구비하고 있다. 홍콩섬이 파노라마처럼 펼쳐진 정경과 수중 스피커가 장착된 풀장은 꼭 이용해야 하는 부대시설이다. 보안이 철저하게 유지된다는 것도 장점. 특히 MTR과 스타 페리 선착장, IFC몰, AEL 등 여행자가 이동하는 대부분의 장소와 연결되어 있어 최고의 위치조건을 가지고 있다. 하버뷰를 가진 룸과 홍콩섬의 빌딩숲뷰를 가진 룸 타입이 있다. 숙박비는 비싼 편이지만 그만큼의 가치가 있다.

Data 지도 191p-C
가는 법 MTR 홍콩역 E1번 출구에서 호텔과 이어진 연결 통로를 따라 도보 7분
주소 8 Finance Street, Central
전화 3196-8888
요금 5,500HKD~
홈페이지 www.fourseasons.com/hongkong

장국영이 마지막 밤을 보낸
만다린 오리엔탈 호텔 홍콩 Mandarin Oriental Hotel Hong Kong ★★★★★

세계 28개국에 44개의 호텔체인을 보유하고 있는 만다린 오리엔탈 그룹의 대표적인 5성급 호텔이다. 호텔이 지어진 초창기에는 화려하고 사치스러운 호텔로 알려져 홍콩과 마카오 시민들에게 비판을 받기도 했다. 하지만 그 후 다수의 상을 받으며 아시아 최고 호텔로 우뚝 섰다. 외교관이나 세계적인 유명 스타들이 머물러 인지도가 상승했다. 특히 장국영이 생의 마지막 날 투숙했던 호텔로도 잘 알려져 있다. 호텔 구경만 해도 마음을 홀딱 빼앗길 정도로 아름답다. 502개의 객실과 9개의 최고급 레스토랑을 보유하고 있다.

Data 지도 191p-G
가는 법 MTR 센트럴역 F번 출구에서 도보 1분
주소 5 Connaught Road, Central
전화 2522-0111
요금 4,000HKD~
홈페이지 www.mandarinoriental.com/hongkong

〈마녀사냥〉이 선택한
호텔 LFK 바이 롬버스 Hotel LKF by Rhombus ★★★★☆

홍콩섬의 나이트라이프를 만끽하고픈 여행자에게 이보다 좋은 위치는 없다. 호텔 문 밖을 나서면 바로 란콰이퐁, 조금만 걸어가면 소호다. 밤늦도록 놀다가 호텔로 쏙 들어오면 그만이다. 호텔 29~30층의 레스토랑 겸 바 '아주르Azure'가, 같은 건물에 M층에는 고든 램지의 '브레드 키친앤바'가 있어 멀리 가지 않아도 핫스폿 섭렵이 가능하다. 다른 호텔에 비해 객실도 넓은 편. 관광지보다 골목골목 소호와 란콰이퐁의 매력을 느끼고지 하는 여행자에게 강추한다. 소호의 핫스폿을 콕콕 찍어 다녀간 〈마녀사냥〉 멤버들도 이 호텔에서 묵고 갔다!

Data 지도 190p-F
가는 법 MTR 센트럴역 D1번 출구에서 도보 7분
주소 33 Wyndham Street, Lan Kwai Fong, Central
전화 3518-9688
요금 2,900HKD~
홈페이지 www.hotel-lkf.com.hk

SLEEPING

꿈꾸던 호텔 라이프
더 머레이 홍콩 어 니콜로 호텔
The Murray Hong Kong a Niccolo Hotel ★★★★★

2018년 오픈한 럭셔리 호텔. 객실에 들어서면 땅값 비싼 센트럴 한복판에 어떻게 이런 호텔이 생겼나 싶게 감탄사가 절로 나온다. 특히, 욕실이 눈길을 끈다. 욕실 어메니티로 호주 고급 오가닉 브랜드 그로운 알케미스트를 비치했다. 저녁마다 지친 몸을 담그고 싶은 예쁜 욕조도 있다. 조식도 주문하면 바로 요리해줘 고급 다이닝을 즐기는 듯한 기분이다. 홍콩에서 럭셔리하게 호캉스를 즐기고 싶다면 추천한다.

Data **지도** 191p-H **가는 법** MTR 센트럴역 J2번 출구에서 도보 10분 피크 트램역 옆 **주소** 22 Cotton Tree Dr, Central **전화** 3141-8888 **요금** 수페리어 2,380HKD~, 디럭스 2,550HKD~ **홈페이지** www.niccolohotels.com

조용하고 아늑한 곳을 원한다면
그랜드 하얏트 홍콩 Grand Hyatt Hong Kong ★★★★★

완차이에 위치한 5성급 호텔이지만 시설은 별이 6개 붙는다 해도 아깝지 않다. 우아하고 넓은 로비부터 고급스러운 객실의 인테리어, 아름다운 하버뷰까지! 호텔 밖으로 벗어나고 싶지 않게 만든다. 전세계 170여 개의 하얏트 호텔 중에서 객실, 관리, 서비스, 음식 등 전 분야에 걸쳐 최고라는 평가를 받은 곳이기도 하다. 호텔의 구석구석에 놓인 골동품과 분위기 좋은 로비의 카페는 호텔에 머무르는 시간을 더욱 기분 좋게 만들어 준다. 관광거리가 많지 않은 완차이에 위치해 인기는 덜한 편이지만 MTR과 침사추이로 가는 페리가 근처에 있어 교통에 그다지 불편함은 없다.

Data **지도** 236p-B **가는 법** MTR 완차이역 A5번 출구에서 도보 10분, 스타 페리 선착장에서 도보 5분 **주소** 1 Harbour Road, Wan Chai **전화** 2588-1234 **요금** 3,000HKD~ **홈페이지** www.hyatt.com/hyatt/index.jsp

란타우섬

아이들을 위한 최고의 선물
디즈니랜드 호텔 Disneyland Hotel ★★★★☆

디즈니랜드에는 동화 속 세상처럼 꾸며진 호텔이 2곳 있다. 그중 홍콩 디즈니랜드 호텔은 가족단위의 여행자들에게 인기가 좋다. 디즈니 할리우드 호텔Disney's Hollywood Hotel은 단체 여행자들이 주로 이용한다. 약간은 평범한 디즈니 할리우드 호텔보다는 홍콩 디즈니랜드 호텔이 훨씬 만족도가 높다. 건물부터 객실의 가구까지 디즈니의 캐릭터를 십분 활용해 깜찍 발랄하기 때문. 특히 아이와 함께라면 후회 없는 선택이 되겠다. 아이들에게 평생 잊지 못할 여행의 추억을 만들어줄 테니까.

Data 지도 299p-B
가는 법 디즈니랜드 리조트역에서 호텔 셔틀버스 탑승
전화 홍콩 디즈니랜드 호텔 3510-6000, 디즈니 할리우드 호텔 3510-5000
요금 홍콩 디즈니랜드 호텔 2,300HKD~, 디즈니 할리우드 호텔 1,650HKD~
홈페이지 disneyparks.disney.go.com/dpk/ko_KR/index?name=HKDLHomePage

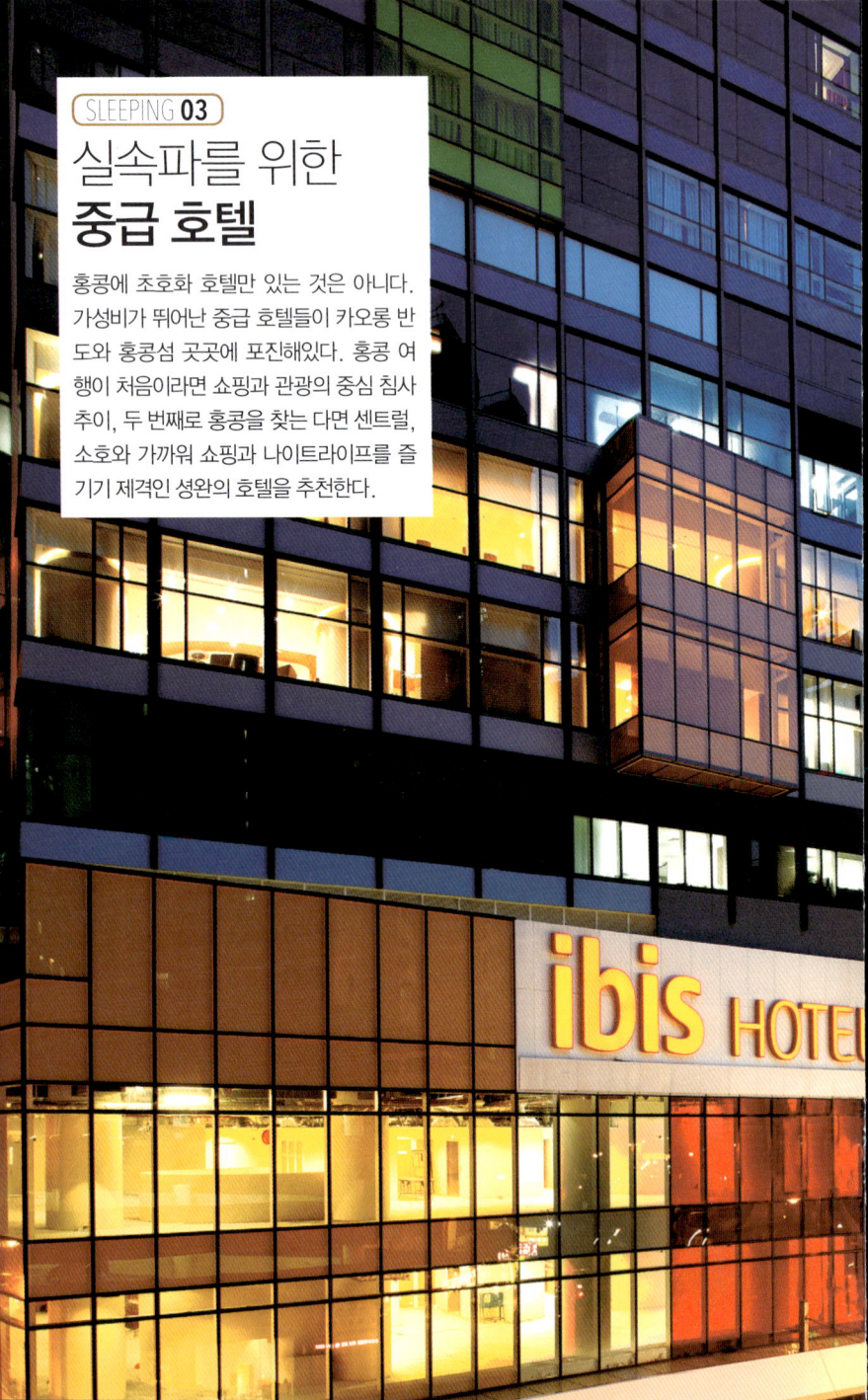

SLEEPING 03

실속파를 위한
중급 호텔

홍콩에 초호화 호텔만 있는 것은 아니다. 가성비가 뛰어난 중급 호텔들이 카오롱 반도와 홍콩섬 곳곳에 포진해있다. 홍콩 여행이 처음이라면 쇼핑과 관광의 중심 침사추이, 두 번째로 홍콩을 찾는 다면 센트럴, 소호와 가까워 쇼핑과 나이트라이프를 즐기기 제격인 성완의 호텔을 추천한다.

침사추이

입지, 서비스 모두 굿~
BP 인터내셔널 BP International ★★★★☆

침사추이와 조던역 사이에 위치한 호텔이다. 4성급 호텔치고는 저렴한 편이라 인기가 좋다. 카오롱 공원 옆에 위치해 있어 푸른 숲과 바다를 한눈에 볼 수 있다. 특히, 템플 스트리트 야시장 쪽이나 침사추이 쪽 모두 도보로 여행이 가능할 만큼 입지적 조건이 좋다. 객실 무료 와이파이나 청소 서비스 등 서비스 모두 만족스럽다. 홈페이지에서 스페셜 패키지 프로모션을 자주 하니 이용해보자.

Data 지도 281p-D
가는 법 MTR 조던역 C2번 출구에서 도보 4분
주소 8 Austin Road, Kowloon
전화 2076-8343
요금 1,000HKD~
홈페이지 www.bpih.com.hk

홍콩 관광의 최적의 위치
카오롱 호텔 The Kowloon Hotel ★★★★☆

침사추이의 번화가, 네이던 로드에 자리하고 있는 카오롱 호텔. 두말하면 입 아플 정도로 위치가 좋다. 호텔 바로 옆에 MTR 침사추이역이 있으며, 호텔 지하 아케이드에서 MTR역이 바로 연결된다. 이스트 침차추이역도 가깝다. 바로 앞에 페닌슐라 호텔, 스타의 거리까지 걸어서 넉넉잡고 10분이면 도착. 하버 시티, 실버코드 등 쇼핑몰이 모여 있는 캔톤 로드나 헤리티지 1881도 고작 5분 거리. 침사추이에서 쇼핑과 관광을 즐기기 최적의 좋은 위치 덕분에 가격 대비 만족도가 높다. 특히, 밤늦은 시간에도 안전해 혼자 여행하는 여성에게 추천할 만하다.

Data 지도 158p-F
가는 법 MTR 침사추이역 E번 출구에서 호텔 아케이드 연결
주소 19-21 Nathan Road, Tsim Sha Tsui
전화 2929-2888
요금 1,100HKD~
홈페이지 www.the-kowloon-hotel-rn.com

STEP 06
SLEEPING

다양한 객실 타입이 매력
솔즈베리 YMCA The Salisbury YMCA ★★★☆☆

홍콩의 인기 호텔 톱 5에 랭크될 만큼 인기 만점인 호텔이다. 객실 이용 요금, 전망, 위치, 룸컨디션 등 어느 것 하나 처지지 않는다. 16층 규모의 빌딩에 363개 객실이 있다. 저렴한 도미토리부터 싱글, 더블, 패밀리룸까지 다양한 객실 타입이 있다는 것도 매력. 화장실은 좁은 편이나 룸컨디션은 양호한 편. 전망이 가장 좋은 곳을 원한다면 사우스 타워South Tower 쪽으로 예약하면 된다. 객실이 꽉 찰 때가 많으니 서둘러서 예약하는 것이 좋다.

Data 지도 158p-E
가는 법 MTR 침사추이역 L6번 출구에서 도보 1분
주소 41 Salisbury Road, Tsim Sha Tsui
전화 2268-7888
요금 스탠다드룸 900HKD~, 도미토리 260HKD~
홈페이지 www.ymcahk.org.hk

다양한 객실 타입이 매력
이튼 호텔 Eaton hotel ★★★★☆

침사추이를 약간 벗어나 있지만 쾌적하게 머물 수 있는 4성급 호텔이다. 수직정원이 싱그러운 로비, 작지만 깔끔하고 아늑한 룸, 채광이 좋은 레스토랑에서의 조식, 옥상 수영장 등이 나무랄 때 없다. 스마트룸, 트리플룸, 패밀리룸 등 룸 타입도 다양하다. 커플이나 나홀로 여행자에겐 스마트룸, 가족 여행자들에겐 더블침대 하나에 2층 침대가 놓인 패밀리룸이 인기다. MTR 조단역과 템플 스트리트가 도보 5분 거리. MTR만 타면 몽콕 야시장이나 침사추이 번화가까지 금방이다. 공항에서 올 경우 AEL 이용 시 카오룽역에서 무료 셔틀버스(K1)가 연결된다.

Data 지도 281p-B
가는 법 MTR 조단역 B1번 출구에서 도보 5분
주소 380 Nathan Road, Yan Ma Tei
전화 2782-1818
요금 1,000HKD~
홈페이지 hongkong.eatonhotels.com

센트럴&성완

깔끔, 저렴, 편리한
이비스 홍콩 센트럴&성완
Ibis Hong Kong Central&Sheung Wan ★★★☆☆

세계적인 비즈니스호텔 체인점으로 한국인 여행자들 사이에서 인기 있다. 호텔 내부가 깔끔하고 가격이 저렴하다는 게 최대 장점! 550개의 객실에서 무료 무선 인터넷을 사용할 수 있으며 층수가 높을수록 전망이 좋다. 성완 웨스턴 마켓 근처에 위치해 센트럴이 가깝고 MTR, 트램을 이용하기에도 편리하다. AEL 이용 시 무료 셔틀버스를 이용할 수 있다. 단, 조식은 제공되지 않는다. 1층에 스타벅스가 있고 클래시 파이드, 울라가 도보 10분 거리에 있어 브런치로 하루를 시작하기에도 좋은 위치다.

Data 지도 190p-A
가는 법 MTR 성완역 A2번 출구에서 도보 7분
주소 28 Des Voeux Road West, Sheung Wan
전화 2252-2929
요금 800HKD~
홈페이지 www.ibis.com/Hong_Kong

3명도 함께 묵을 수 있는
홀리데이 인 익스프레스 Holiday Inn Express ★★★☆☆

이비스 홍콩 센트럴&성완에 비해 한국인 여행자들 사이에서 덜 알려졌다. 소호, 성완역과 가까운 것은 이비스와 마찬가지. AEL 무료 셔틀버스도 연결돼 초행길에도 찾기 쉽다. 호텔인지 유스호스텔인지 헷갈리게 하는 허술한 로비만 보고 실망하지 말자. 가격 대비 깔끔하고, 작지 않은 룸, 친절한 서비스, 와이파이, 알찬 조식이 만족스럽다. 3명이 묵을 경우 엑스트라 베드도 이용 가능하다. 추가로 베드를 놓아주는 것이 아니라 방에 있는 소파 베드를 침대로 쓰는 것이라 한명은 다소 불편하게 자야 한다. 호텔 바로 옆에 크레페로 유명한 라 크레페리가 있고, 딤섬 스퀘어, 상께이 등 성완의 맛집과도 가깝다.

Data 지도 190p-A
가는 법 MTR 성완역 A2번 출구에서 도보 5분
주소 83 Jervois Street, Sheung Wan
전화 2929-2888
요금 1,100HKD~
홈페이지 www.ihg.com

STEP 06
SLEEPING

여자 혼자라면
바우히니아 호텔 The Bauhinia Hotel ★★★☆☆

MTR 성완역에 위치한 호텔. 센트럴의 소호와는 두 블록, 마카오 페리 선착장과는 도보 5분 거리. 센트럴 지역을 중점으로 여행하거나 홍콩과 마카오 여행 계획이 있다면 강추. 2007년도에 오픈했으며 규모는 작지만 쾌적한 환경과 친절한 서비스로 여자 혼자 하는 홍콩 여행이라면 추천할 만하다. 가격도 저렴한 편. 단 AEL 이용 시 무료셔틀 버스가 운행하지 않는 코스라는 점이 다소 불편할 수 있다. MTR 성완역과 가까우니 MTR을 최대한 활용할 것.

Data 지도 190p-B
가는 법 MTR 성완역 B번 출구에서 도보 1분
주소 119-121 Connaught Road, Central
전화 2216-1111
요금 850HKD~
홈페이지 www.thebauhinia.hk

할리우드 로드의 숨은 호텔
버터플라이 온 할리우드 Butterfly on Hollywood ★★★☆☆

할리우드 로드에 위치한 호텔로 한국인 여행자에게는 덜 알려졌다. 규모는 작지만 성완의 어느 중급 호텔보다도 위치가 우월하다. 산책하듯 할리우드 로드를 따라 걷다 보면 소호, 란콰이퐁까지 10~15분. 뜨는 쇼핑 스폿 PMQ, 카우키, 싱흥유엔, 아네스베 카페 등 맛집이 모여 있는 고프 스트리트도 5~10분 거리. 호텔 바로 맞은편에는 바 겸 이탈리안 레스토랑 208 듀센트 오토도 있다. 룸은 작지만 밝고 깔끔한 편. 시티뷰로 예약 시 창이 없을 수 있으니 가든뷰를 추천한다.

Data 지도 190p-A
가는 법 MTR 성완역 A2번 출구에서 도보 8분
주소 263 Hollywood Road, Central
전화 2850-8899
요금 800HKD~
홈페이지 www.butterflyhk.com

완차이

독특하고 세련된
V 완차이 2 V Wanchai 2 ★★★★☆

V 호텔 그룹의 완차이 지점으로 가장 최근 오픈한 호텔 중 하나. 2012년에 건축된 호텔로 23개 층에 79개의 객실을 보유하고 있다. 독특하고 세련된 인테리어가 인상적이며 최근에 오픈해 많이 알려지지는 않았지만 위치나 룸컨디션, 서비스 등이 좋아 빠르게 입소문을 타고 있는 중이다. 아침 식사가 제공되며 해피 아워 시간에는 간단한 스낵과 와인을 무료로 제공한다.

Data 지도 236p-D
가는 법 MTR 완차이역 A3번 출구에서 도보 2분
주소 139 Thomson Road, Wan Chai 전화 3480-0151
요금 1,800HKD~
홈페이지 www.thevhotels.com

작지만 알찬
코스모 호텔 Cosmo Hotel ★★★☆☆

완차이와 코즈웨이 베이 사이에 위치한 호텔. 성완의 호텔에 비해서는 대중교통이 다소 불편하나, 대신 와이파이가 빵빵한 휴게실, 3G 인터넷과 국제전화를 무료로 쓸 수 있는 스마트폰 무료 대여 등의 세심한 편의시설 덕에 여행이 즐거워지는 곳이다. 객실은 작지만 산뜻하고 깔끔한 편. 쇼핑을 즐기는 여행자라면 타임스 스퀘어, 하이산 플레이스 등 코즈웨이 베이의 대표 쇼핑몰을 걸어서 갈 수 있다는 것도 장점이다. 호텔 가까이에 40번 미니버스 승차장이 있어 리펄스 베이나 스탠리 마켓까지 한 번에 갈 수 있다.

Data 지도 236p-D
가는 법 MTR 완차이역 A3번 출구에서 도보 11분, MTR 코즈웨이 베이역 A번 출구에서 도보 12분
주소 375-377 Queen's Road East, Wan Chai
전화 3552-8314 요금 800HKD~
홈페이지 www.cosmohotel.com.hk/kr

SLEEPING

몽콕

반값으로 즐기는 5성급 호텔
코디스 홍콩 Cordis Hong Kong ★★★★★

침사추이에서 MTR로 세 정거장 떨어진 몽콕에 숙소를 정하면 훨씬 가성비 좋은 호텔을 고를 수 있다. 그 중에서도 코디스 홍콩은 몽콕역에서 가장 가까운 5성급 호텔이다. 호텔 예약 사이트에서 평균 20만 원대 초반, 프로모션을 하면 10만 원대로 예약할 수 있다. 같은 호텔 컨디션을 침사추이 지역의 호텔과 비교하면 반값에 지낼 수 있으니 그야말로 득템이다. 광이 나도록 반짝거리는 욕실과 풍족한 객실 어메니티, 한국으로 전화가 가능한 스마트폰을 여행 내내 무료로 사용할 수 있다.

특히 41층에 위치한 루프톱 수영장은 호텔 이용자들에게 인기가 높다. 웬만한 루프톱 바 이상의 뷰를 선사한다. 풀장에 앉아만 있어도 여행 기분을 톡톡히 낼 수 있다. 다양하고 근사하게 차려지는 조식 또한 부족함이 없다. 몽콕역에 위치한 대형 쇼핑몰 랭함 플레이스와 연결되어 있다. 도보로 근처 야시장이 모두 10분 내외라 소소한 쇼핑을 즐기기도 좋은 위치다.

Data 지도 270p-A 가는 법 MTR 몽콕역 C3 출구에 있는 랭함 플레이스와 연결 주소 555 Shanghai St. Mong Kok 전화 3552-3388 요금 수페리어 1,350HKD~, 디럭스 1,500HKD~ 홈페이지 www.cordishotels.com

실속파들의 선택
힐튼 가든 인 Hilton Garden Inn ★★★★

2017년 오픈한 힐튼 호텔 계열의 실속 있는 브랜드다. 일본인을 포함한 아시아계 여행자들이 주로 이용한다. 몽콕역에서 도보 7분 거리의 조용한 동네에 있다. 야시장, 쇼핑몰, 샤오미 매장, 환율 좋은 환전소 등 모두 도보 10분 이내로, 여행자를 위한 시설과 접근성이 좋다. 객실과 욕실이 조금 좁은 편이지만, 필요한 어메니티는 빠짐없이 제공 한다. 21층 옥상에 작은 야외 수영장이 있어 몽콕의 시티 뷰를 볼 수 있는데, 11~5월 겨울 시즌에는 문을 닫으니 참고할 것.

Data Map 270p-A
가는 법 MTR 몽콕역 E1 출구로 나와 랭함 플레이스 왼쪽 골목으로 끝까지 직진 도보 7분
주소 2 Soy St, Mong Kok
전화 2201-3688
요금 디럭스룸 1680HKD~
홈페이지 www.hiltongardeninn3.hilton.com

가족 여행자에게 강추
로얄 플라자 호텔 Royal Plaza Hotel ★★★★★

MTR 몽콕 이스트역과 연결되어 있는 호텔이다. 위치가 조금 애매한 곳에 있지만 가족 여행자에게 강추한다. 5성급 호텔이면서도 가족이 함께 묵을 수 있는 저렴한 객실이 있다. 침사추이까지 가는 무료 셔틀버스도 있다. 가족 여행자라면 숙박비부터 교통비까지 알뜰하게 챙길 수 있다. 어메니티도 모두 4인에 맞춰 넉넉히 준비되어 있다. 싱가포르, 대만 등 아시아 여행자들이 많이 이용한다. 조식도 한국인 입맛에 잘 맞는다.

Data Map 270p-B, 지도 밖
가는 법 몽콕 이스트역 D번 출구와 연결 **주소** 193 Prince Edward Rd. W, Mong Kok
전화 2928-8822
요금 2인 디럭스 1,050HKD, 디럭스 패밀리 1,238HKD
홈페이지 www.royalplaza.com.hk

HONG KONG BY
AREA

홍콩 지역별 가이드

01 침사추이
02 센트럴&성완
03 완차이&애드미럴티
04 코즈웨이 베이
05 몽콕
06 조던&야우마테이
07 리펄스 베이&스탠리
08 란타우섬

Hong Kong By Area

01

침사추이

尖沙咀
TSIM SHA TSUI

만약에 당신이 단 하루만 홍콩에 머물러야 한다면 정답은 침사추이다. 한국 사람들에게 가장 친숙한 곳으로 홍콩의 명동이라고 하면 딱 맞다. 침사추이는 우리가 생각하는 홍콩에 가장 가까운 곳이다. 화려한 치장으로 홍콩을 빛내는 하버 시티를 비롯해 스타의 거리를 따라 줄줄이 늘어선 고층 빌딩은 침사추이를 돋보이게 하는 일등공신! 게다가 옹기종기 붙어있는 맛집과 아기자기한 쇼핑숍들까지 있어 여러 번 왔더라도 또 들르고 싶어진다.

HONG KONG BY AREA 01
침사추이

Tsim Sha Tsui
PREVIEW

침사추이역은 이스트 침사추이역과 연결되어 있고, 역의 출구가 30개나 된다. 항상 가는 곳의 출구를 확인해야 헤매지 않는다. 하지만 길을 잃었다 해도 너무 당황하지 말자. 침사추이의 중심 도로인 네이던 로드나 명품숍이 늘어선 캔톤 로드를 따라 움직이면 나머지 길들은 찾기 쉽다.

PLAY

가장 큰 볼거리는 8시에 시작되는 레이저 쇼 '심포니 오브 라이트'. 쇼핑을 끝낸 후 해가 지는 시간부터 스타의 거리를 걷다가 레이저 쇼를 관람하자. 침사추이에서 밤을 즐기고 싶다면 유럽풍의 노천카페가 모인 너츠포드 테라스나 라이브 공연이 흥겨운 이스트 침사추이의 샹그릴라 호텔 앞쪽으로 가자.

BUY

침사추이에는 다양한 콘셉트의 쇼핑몰이 모여 있다. 세계 최고의 명품 쇼핑몰부터 길거리 로컬 쇼핑을 할 수 있는 곳까지, 그야말로 없는 게 없다. 미리 쇼핑몰의 특징을 파악하고 원하는 쇼핑몰에서 취향대로 쇼핑을 하는 게 시간을 아낄 수 있는 방법이다.

EAT

침사추이에서 맛집이 많은 골목은 네이던 로드의 오른편 하우푹 스트리트 Hau Fook Street와 왼편의 애슐리 로드Ashley Road이다. 짧은 골목이지만 항상 사람들이 줄을 서는 레스토랑이 몰려 있으니 식사 시간을 피해서 가는 게 좋다.

MTR »» 코즈웨이베이 — 애드미럴티 — 완차이 — 센트럴 — 성완 — **침사추이** — 조던 — 야우마테이 — 몽콕

 **어떻게 갈까?**
교통이 좋은 침사추이는 홍콩 어디에서든 접근성이 좋다. 많은 노선의 버스가 정차하는 곳이지만 가장 용이한 교통수단은 MTR! MTR 췬완선의 침사추이역에서 하차하면 된다. 센트럴과 완차이에서 온다면 페리를 타고 올 것을 추천한다. 페리를 타는 시간은 10분 정도로 짧지만 홍콩 여행 기분을 내기 좋고 교통비도 가장 저렴하다.

 **어떻게 다닐까?**
골목마다 위치한 쇼핑몰들이 각기 다른 특색을 가지고 있고, 가는 곳마다 볼거리가 많아 도보 여행이 지루하지 않은 곳이다. 쇼핑몰들은 보통 오전 11시부터 개장하니 이른 아침 길을 나섰다면 거리 구경을 먼저 한 후 점점 더워지는 오후에 쇼핑몰이나 실내 관광지를 돌아보는 게 좋다. 저녁시간에는 야경을 보는 일정을 잡아두자.

Tsim Sha Tsui
ONE FINE DAY

침사추이는 다른 지역에 비해 쇼핑과 관광거리가 많다. 두 가지를 다 하려면 발 빠르게 돌아다닌다 해도 하루가 벅차다. 하루만에 둘러보려면 갈 곳을 정해 놓고 계획대로 움직이는 것이 좋다.

스위트 다이너스티에서 아침 식사하기 → 도보 2분 → 하버 시티와 캔톤 로드 명품거리 걷기 → 도보 7분 → 아트몰 케이 일레븐 구경하기

↓ 도보 9분

로컬 쇼핑거리 그랜빌 로드 걷기 ← 도보 2분 ← 더 원의 일본 편집숍에서 쇼핑하기 ← 도보 11분 ← 페닌슐라 호텔에서 기념사진 찍고 애프터눈 티 즐기기

↓ 도보 2분

침사추이의 메인 로드 네이던 로드 둘러보기 → 도보 5분 → 1881 헤리티지에서 기념사진 찍기 → 도보 5분 → 스타의 거리 산책

↓ 도보 15분

너츠포드 테라스에서 저녁 식사와 알코올 한 잔으로 마무리 ← 도보 15분 ← 레이저 쇼 '심포니 오브 라이트' 보기 ← 도보 5분 ← 스타의 거리 스타벅스에서 커피 한 잔

내가 좋아하는 홍콩스타 따라잡기
스타의 거리 Avenue of Stars

침사추이의 해안을 따라 난 약 500m의 거리다. 우리가 흔히 보는 홍콩의 멋진 야경 사진을 찍을 수 있는 곳! 이 거리는 '연인의 거리Waterfront Promenade'라고 불렸다. 그런데 홍콩의 한 부호가 2004년 홍콩 관광산업 발전을 위해 4,270만HKD를 투자해 미국 할리우드 거리를 모델로 재조성해 지금의 '스타의 거리'로 탄생하게 됐다. 세계적으로 유명한 홍콩스타들의 명판과 손도장, 영화 촬영장 풍경 등의 볼거리가 있다. 지금은 침사추이 최고의 관광지로 급부상했다. 스타의 거리를 관광하는 특별 노하우 세 가지! 하나는 햇볕이 쨍쨍한 오전에 한가로운 스타의 거리 산책하기. 두 번째는 보슬보슬 비가 오는 날 바다 건너로 보이는 운치 있는 홍콩섬 바라보기. 세 번째는 매일 밤 8시 레이저 쇼 '심포니 오브 라이트' 감상하기. 1910~1978년 시베리아 횡단열차의 출발역이었던 시계탑도 놓치지 말 것! 스타의 거리 초입에 위치해 있다.

Data 지도 158p-F 가는 법 MTR 침사추이역 F번 출구와 연결된 이스트 침사추이역 J4번 출구로 나와 왼편으로 도보 3분. 또는 스타 페리 선착장에서 도보 8분 주소 Avenue of Stars, Tsim Sha Tsui 홈페이지 www.avenueofstars.com.hk

Tip **스타의 거리에서 스타 명판 찾기!**
이소룡 동상을 바라보고 오른쪽에 양조위, 장만옥, 장국영, 주윤발, 성룡, 임청하, 이소룡 등의 명판이, 왼쪽에는 주성치, 여명 등의 명판이 늘어서 있다. 단, 이소룡과 장국영은 손도장 없이 명판만 있다.

침사추이의 리틀 란콰이퐁
너츠포드 테라스 Knutsford Terrace

홍콩섬에 란콰이퐁이 있다면 침사추이에는 너츠포드 테라스가 있다. 규모는 란콰이퐁보다 작지만 유럽풍의 레스토랑과 바 20여 개가 줄지어 있어 '홍콩 속 유럽'이라 불린다. 이탈리안, 스패니시, 인도, 타이 등 메뉴도 다양한 식도락의 거리다. 초저녁에는 식사를 즐기는 사람들로 북적이다 밤이 깊어갈수록 취기 오른 남녀들의 열기로 뜨거워진다. 침사추이에서 다국적 메뉴에 시원한 맥주 한잔 곁들이고 싶을 땐 너츠포드 테라스가 정답이다! 노천카페의 활기, 시간을 잊은 거리의 불빛, 곳곳에서 흘러나오는 음악과 웃음소리에 여행지의 밤은 유쾌하게 깊어간다.

Data 지도 158p-B
가는 법 MTR 침사추이역 B2번 출구로 나와 더 원과 미라마 쇼핑 센터 사이 길로 우회전 후 첫 번째 골목에서 좌회전해 계단 위로 올라간다. 약 5분 소요 **주소** Knutsford Terrace, Tsim Sha Tsui

야경, 로맨틱, 성공적
이스트 침사추이 East Tsim Sha Tsui

야경, 시원한 맥주, 분위기 무엇 하나 포기 할 수 없을 땐 해안가를 따라 형성된 이스트 침사추이로 가자. 한국 여행자들 사이에서는 이스트 침사추이 펍 골목으로 통할 정도로 샹그릴라 호텔 앞으로 영국, 독일식 펍이 줄지어 있다. 시원한 맥주 한잔하며 화려한 홍콩의 밤을 맞이하기 그만이다. 펍마다 흘러나오는 라이브 공연에 어깨가 들썩이는 곳이기도 하다. 밴드 공연 열기에 흠뻑 빠지기엔 라이브바 '불독Bulldog'이나 공연은 없어도 뮌헨 맥주를 즐길 수 있는 독일식 펍 '브로트 차이트Brot Zeit'를 추천한다.

Data 지도 159p-G
가는 법 MTR 침사추이역 P1번 출구에서 도보 5분
주소 64-68 Moody Road, Tsim Sha Tsui

Tip 해피 아워
매일 저녁 8시 열리는 '심포니 오브 라이트'를 보기 전 이스트 침사추이 펍의 해피 아워를 즐겨보자. 할인된 가격에 맥주를 홀짝이다 발그레해진 기분으로 바라보는 심포니 오프 라이트는 어쩐지 더 황홀하다.

HONG KONG BY AREA 01
침사추이

잠시 쉬어가기 좋은
카오롱 공원 Kowloon Park

침사추이 한복판 도심 속에 사시사철 초록 나무가 우거지고 새소리가 들리는 카오롱 공원이 있다. 여행자와 홍콩 사람들이 쉬어갈 수 있는 고마운 곳이다. 공원이 생기기 이전에는 영국군의 주둔지로 사용됐다. 공원에서는 이른 아침이면 태극권에 열중인 홍콩 현지인들을 만날 수 있다. 열대 조류와 홍학 떼 등을 볼 수 있는 인공연못, 분수, 청나라 양식으로 지어진 중국식 정원 등 흥미로운 볼거리도 많다. 하버 시티와는 한 블록 차이! 쇼핑하다 지칠 때 상큼한 나무그늘 아래에서 잠시 쉬어가도 좋겠다.

Data 지도 158p-A
가는 법 MTR 침사추이역 A1번 출구로 나와서 바로 왼편
주소 22 Austin Road, Tsim Sha Tsui
운영 시간 06:00~24:00
가격 무료

홍콩 영화의 조연급
청킹 맨션 Chungking Mansion

〈중경상림〉, 〈첨밀밀〉 등 1990년대의 여러 홍콩 영화에 출연한 인기 스타이다. 하지만 영화 속에서 봤던 누와르적 분위기를 기대하고 건물 안으로 들어간다면 실망할 수 있다. 깔끔하고 밝은 분위기를 위해 지속적인 리모델링을 하고 있기 때문에 이제는 어둡고 칙칙한 누와르 영화의 향수를 느끼기는 어렵다. 영화의 아련한 추억보다는 여행하면서 필요한 물건을 저렴하게 사거나 호스텔, 식당들을 찾아보는 재미에 빠지게 될 것이다.

Data 지도 158p-F
가는 법 MTR 침사추이역 H번 출구에서 도보 3분
주소 36-44 Nathan Road, Tsim Sha Tsui

홍콩의 역사가 궁금해요
홍콩 역사박물관 Hong Kong Museum of History

어느 곳을 가든 그 나라에 대해 알고 싶다면 지역을 대표하는 박물관으로 가는 것이 가장 좋은 방법! 홍콩 역사박물관에서는 아주 근사하게 홍콩 역사를 공부할 수 있다. 4,000여 점의 사진과 유물 등이 2개 층 8개 섹션으로 나뉘어져 있고, 선사시대부터 시작해 식민지를 거쳐 중국으로 반환되기까지 홍콩 일대기를 한눈에 볼 수 있다. 특히 우리에게 익숙한 경극 무대나 홍콩의 옛 거리, 수상가옥 등을 아주 리얼하게 표현해 놓아서 홍콩의 역사나 삶에 관해 보다 재미있고 쉽게 알 수 있다. 매주 수요일은 무료로 개방한다.

Data 지도 159p-C
가는 법 MTR 침사추이역 B2번 출구에서 도보 10분
주소 100 Chatham Road South, Tsim Sha Tsui
전화 2724-9042
운영 시간 월, 수~토 10:00~18:00, 일·공휴일 10:00~19:00, 화 휴관
가격 무료
홈페이지 hk.history.museum

침사추이의 걷고 싶은 도로 BEST 3

▲ **네이던 로드** Nathan Road
침사추이에서 몽콕을 거쳐 프린스 에드워드역까지 카오롱 반도의 정중앙을 가로지르는 약 4km의 메인 도로이자 최대의 번화가다. 밤이 되면 눈이 휘둥그래질 만큼 화려한 네온사인이 여행객들의 발길을 사로잡는다.

◀ **그랜빌 로드** Granville Road
저렴하고 스타일리시한 홍콩 보세숍을 찾는다면 그랜빌 로드로 가보자. 세련된 패션 아이템이 가득하다.

▼ **캔톤 로드** Canton Road
침사추이 최대 쇼핑몰인 하버 시티 앞을 지나가는 캔톤 로드는 온갖 명품 브랜드들의 집합소이다. 전세계의 신상품이 가장 빨리 유입되는 곳으로 엄청난 숍의 규모와 인테리어를 자랑한다. 일부 명품 매장의 경우 이른 아침부터 매장에 들어가기 위해 줄을 서는 진풍경을 연출한다. 오후 늦게 가면 원하는 디자인이 품절되는 경우가 많다.

HONG KONG BY AREA 01
침사추이

🛒 BUY

침사추이 대표 쇼핑몰
하버 시티 Harbour City

홍콩 최대 쇼핑몰 하버 시티 Habour City 한눈에 보기

1층 오션 터미널 키즈 X G/F Ocean Terminal Kid X
어린이를 위한 브랜드가 몰려있는 곳. 토이저러스를 비롯해 구찌, 버버리, 디올, 폴로 등 세계적인 어린이 명품 브랜드가 밀집되어 있다. 아이들과 기념사진을 찍을 만한 곳도 많다. 또한 하버뷰가 멋지게 보이는 인기 레스토랑도 줄지어 있다.

1층 게이트웨이 아케이드 G/F Gateway Arcade
캔톤 로드 쪽을 향해 명품 브랜드 매장들이 늘어섰다. 명품 쇼핑을 목적으로 갔다면 쇼핑의 시작은 이곳이다. 단, 명품 매장임에도 불구하고 줄을 서서 입장해야 할 만큼 손님이 많다. 시간이 촉박하다면 인근 페닌슐라 아케이드 명품몰을 이용하는 것이 바람직하다.

2층 오션 터미널 스포츠 X 2/F Ocean Terminal Sport X
기가스포츠 매장을 비롯해 캐주얼 스포츠 브랜드를 쇼핑할 수 있는 곳. 국내에선 보기 힘든 갖가지 스포츠용품을 전시판매하며, 가격까지 착해서 구매욕구를 자극한다. 여성들은 온갖 색조 화장품 브랜드가 모여 있는 페이시스 때문에 지갑 단속을 철저히 해야 하는 곳!

2층 게이트웨이 아케이드 2/F Gateway Arcade
젊은층부터 중년까지 모든 연령대에게 인기 좋은 브랜드가 모여 있다. 국내보다 저렴한 가격의 중저가 브랜드와 명품 서브 브랜드들로 세련되고 멋진 스타일의 패션쇼핑을 할 수 있다. 데님&서플라이, 아르마니 진, 발렌티노 레드, 스타카토, 자라 등의 브랜드가 있다.

3층 오션 터미널 LCX 3/F Ocean Terminal LCX
10~20대가 좋아할 만한 브랜드들이 총집합 되어 있는 곳. 패션용품은 물론 상상력의 한계를 넘는 팬시, 캐릭터 제품까지 판매해 구경하는 것 만으로도 시간가는 줄 모른다. 바우하우스, 수퍼드라이, 아메리칸 이글 등의 중저가 인기 브랜드가 많이 있다.

3층 게이트웨이 아케이드 3/F Gateway Arcade
홍콩 최고의 슈퍼마켓이자 관광코스로도 유명한 시티 슈퍼가 위치 해 있다. 한국에서는 좀처럼 구하기 힘든 식재료와 맛있는 간식까지, 한국으로 가져 오고 싶은 것들이 가득하다. 쇼핑하다 힘들면 푸드 코트에서 간단하게 식사를 하거나 쉬어가기 좋다.

 Tip 하버시티에 짐 보관소가 있다고?
하버 시티 오션 센터 3층과 오션 터미널 3층의 서비스 센터에는 짐 보관소가 있다.
1층 디올 옴므 맞은편에도 라커서비스가 있으니 셋 중 한 곳에 짐을 맡기고 쇼핑을 즐겨도 좋겠다.
오픈 10:00~22:00 **요금** 기내용 캐리어(2시간 10달러), 체크인 캐리어(2시간 20달러) 모두 보관 가능

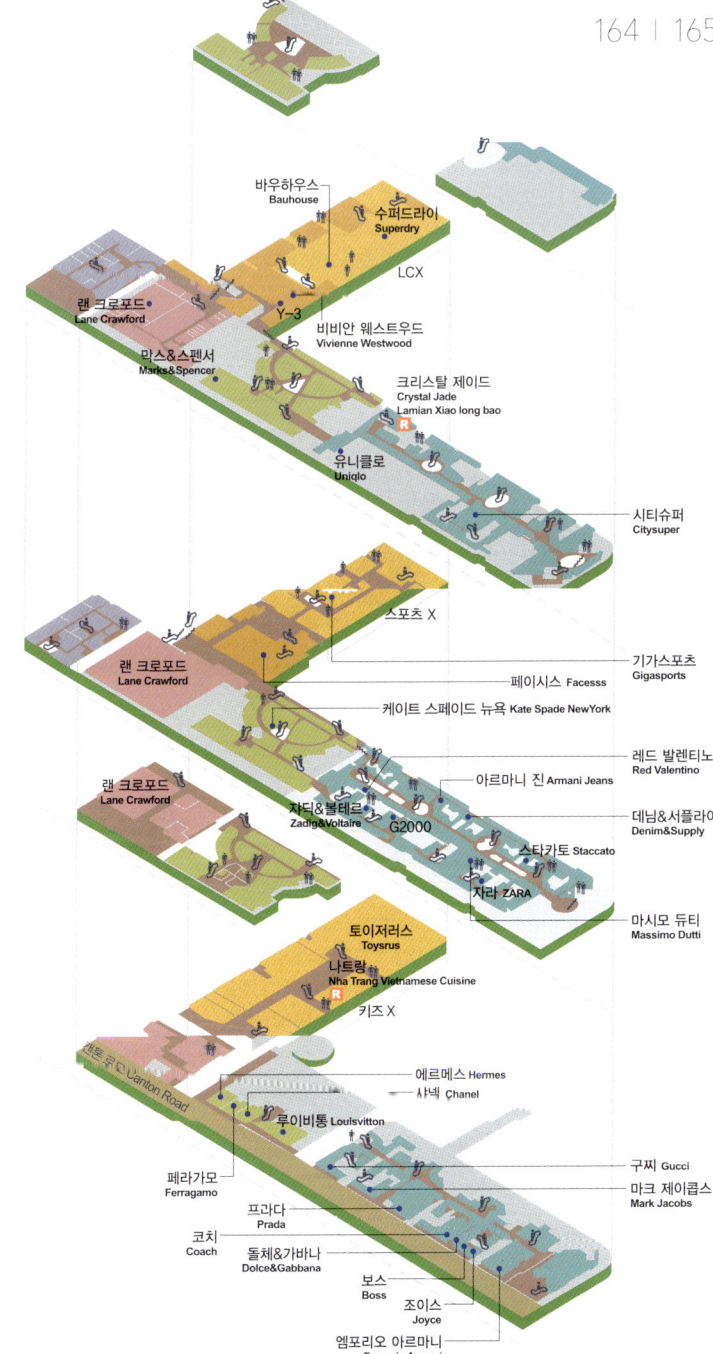

이스라엘에서 온 보디 케어 브랜드
사봉 Sabon

메이드 인 이스라엘 바디용품 사봉은 뉴욕에 이어 홍콩에서 사랑 받는 브랜드다. '죽음의 바다'라 불리는 사해 소금으로 만든 목욕 소금부터 향이 좋은 바디 워시, 바디 스크럽, 핸드크림 등을 직접 테스트해 보고 구매할 수 있다. 홍콩에 매장이 여러 군데지만, 하버시티 오션 터미널 3층 매장이 크고 제품이 다양하다. 나를 위한 스몰 럭셔리 선물을 사기에도, 친구나 가족용 선물을 사기에도 부족함이 없다. 아직 한국에 매장이 없다는 점도 매력 포인트.

Data 지도 158p-E
가는 법 하버시티 오션 터미널 3층 하버시티 LCX 근처
주소 309B, Ocean Terminal, Salisbury Road, Tsim Sha Tsui, Kowloon, Tsim Sha Tsui 전화 2722-3101
운영 시간 10:00~22:00
홈페이지 sabon.com.hk

알짜배기 명품 아웃렛
트위스트 Twist

더 선 아케이드를 지나다 줄이 긴 매장이 있다면 트위스트 매장일 확률이 크다. 구찌, 프라다, 에르메스, 펜디, 미우미우, 버버리, 토즈, 샤넬, 클로에 등 다양한 명품 브랜드는 기본. 아웃렛 매장이라 하기엔 미안할 정도로 신상이 많다. 명품 가방을 오래 들기보다는 신상을 사서 쓰고 되팔기 좋아하는 로컬들이 많아 트위스트같은 아웃렛이 인기라고. 한마디로 지름신이 강림하기 딱 좋은 곳. 첫 구매 금액이 5,000HKD 이상이면 멤버십카드를 발급해준다. 멤버십카드가 있으면 5% 추가 할인도 받을 수 있다.

Data 더 선 아케이드점
지도 158p-E
가는 법 MTR 침사추이역 L5번 출구에서 도보 3분
주소 Shop B02, Basement 1 The Sun Arcade, 28 Canton Road, Tsim Sha Tsui
전화 2377-2880
운영 시간 12:00~22:00
홈페이지 www.twist.hk
미라몰점
지도 158p-B
가는 법 MTR 침사추이역 B1번 출구에서 도보 3분
주소 Shop 106&207, Miramall, 118-130 Nathan Road, Tsim Sha Tsui
전화 2577-9323
운영 시간 12:00~22:00

홍콩 로컬 쇼핑의 메카
실버코드 Silvercoroad

홍콩의 청춘 남녀들에게 인기가 좋은 로컬 쇼핑의 메카다. 1개 층의 푸드 코트와 3개 층의 작은 쇼핑몰이지만 명품숍들이 줄을 지어 있는 캔톤 로드에서 실버코드 의 존재감은 확실하다. 인기 브랜드인 I.T 아웃렛(301호), I.T의 세컨드 브랜드인 i.t(241D호), 대형 H&M 매장, 개성이 강한 외국 브랜드 티티카카Titicaca, 메르시보꾸Mercibeaucoup 등이 층마 다 포진해 있다. 짧은 시간에 원하는 쇼핑을 할 수 있다. 또 쇼핑을 하다가 간단하고 저렴하게 한 끼를 해결할 수 있는 푸드 코트, 푸드 리퍼블릭도 있어 시간이 없는 쇼퍼들에게 안성맞춤이다.

Data **지도** 158p-E **가는 법** MTR 침사추이역 A1번 출구에서 도보 5분. 하버 시티 펜디 매장 건너편 **주소** 30 Canton Road, Tsim Sha Tsui **전화** 2375-8222 **운영 시간** 10:30~22:00(숍마다 다름) **홈페이지** www.silvercoroad.hk

Tip 뭉치면 더 싸게 산다? 실버코드 속 I.T 아웃렛 쇼핑 꿀팁!
이자벨 마랑, 아페쎄 A.P.C, 알렉산더 맥퀸 등 유럽 브랜드를 대폭 할인가에 살 수 있는 I.T 아웃렛. 친구와 함께라면 한명으로 몰아서 계산하자. 3개 이상 구매하면 추가 할인 폭이 더 커진다. 매장 안쪽의 슈즈 코너도 놓치지 말자. 디자이너 브랜드를 헐값에 득템할 수도 있다.

HONG KONG BY AREA 01
침사추이

독특한 아티스트들의 갤러리
케이 일레븐 K11

쇼핑몰보다는 아트몰이라는 이름이 더 잘 어울리는 곳! 쇼핑몰의 각 매장은 갤러리라고 불리며, 작품을 전시하듯 디스플레이를 한다. 개성 넘치는 디자인에 이끌려 둘러보다 보면 시간 가는 줄 모르고 머물게 된다. 독특한 아이템을 찾기에도 케이 일레븐만한 곳이 없다. 지하 포함 총 6개 층에 약 100개의 숍이 입점해 있다. 인테리어 용품, 아이디어 소품, 패션 셀렉트숍까지 두루두루 만나 볼 수 있다. 스타일리시한 아이템을 찾는 이들을 위한 추천 숍은 케이 일레븐 셀렉트숍과 케이 일레븐 디자인스토에 아트, 패션, 스포츠웨어 셀렉트숍 믹스트라Mixtra나 톡톡 튀는 패션 셀렉트숍 디몹D-mop, 요지야마 모토와 아디다스의 컬래버레이션 매장 Y-3도 가볼만하다.

Data 지도 158p-F **가는 법** MTR 침사추이역 D2번, N4번 출구 **주소** 18 Hanoi Road, Tsim Sha Tsui **전화** 3118-8070 **운영 시간** 10:00~22:00 **홈페이지** www.k11concepts.com

트렌디한 패션리더들의 집합소
더 원 The One

2010년 개장한 따끈한 쇼핑몰. 10~20대를 타깃으로 한 이곳은 한 번 들어가면 쉽사리 빠져 나오기 어렵다. 유명 브랜드보다는 젊은 층이 열광하는 트렌디하고 발랄한 일본 스트리트 브랜드와 홍콩 로컬 브랜드가 포진해 있다. 보기만 해도 기분이 화사해지는 애즈 노우 애즈As know As, 쇼핑 욕구를 마구 펌프질 하는 일본의 유명 편집숍 저널 스탠더드Journal Standa, 패션 센스를 한층 업그레이드 시켜줄 일본 셀렉숍 브랜드 빔스Beams, 구경하는 재미가 쏠쏠한 로스트&파운드Lost&Found, 예쁜 인테리어 소품이 가득한 홈리스Homeless까지! 18층엔 빠에야가 맛있는 스페인 레스토랑 타파그리아Tapagria와 꼭대기 21층에 전망 좋은 바 울루 물루 프라임Wooloo Mooloo Prime도 있어 인기를 더한다.

Data 지도 158p-B
가는 법 MTR 침사추이역 B1번 출구에서 도보 2분
주소 100 nathan Road, Tsim Sha Tsui
전화 3106-3640
운영 시간 11:00~23:00
홈페이지 www.the-one.hk

기념사진은 필수!
1881 헤리티지 1881 Heritage

빽빽한 간판 행렬에 눈이 부신 침사추이에서 눈에 띄게 낮고 고풍스럽게 서 있는 쇼핑몰 1881 헤리티지. 사실 이곳을 쇼핑몰이라고 부르긴 좀 미안하다. 빅토리아풍의 건물도, 1881 헤리티지라는 이름도 홍콩의 여느 쇼핑몰보다 우아하다. 19세기 말에 지어진 이 건물은 영국 식민지 시절 해양경찰 본부로 쓰이던 곳이다. 그 역사를 인정받아 1994년 국가기념 건축물로 지정됐고, 대대적인 리노베이션을 거쳐 2009년 말 지금의 명품 쇼핑몰로 오픈했다. 명품거리로 불리는 캔톤 로드의 초입에 있어 찾아가기도 쉽다. 까르띠에, 몽블랑, 피아제, 로렉스, 티파니 등 최고급 브랜드가 입점해 있지만, 이곳에는 쇼핑을 하는 사람보다 건물을 둘러보며 기념사진을 찍는 사람들이 더 많다. 쇼핑보다는 느긋하게 차를 마시거나 색다른 홍콩의 멋이 담긴 사진을 남기고 싶을 때 들러보자!

Data 지도 158p-E 가는 법 MTR 침사추이역 L6번 출구에서 도보 2분
주소 1 Canton Road, Tsim Sha Tsui 전화 2926-8000 운영 시간 10:00~22:00
홈페이지 www.1881heritage.com

꼭 하나쯤 갖고 싶던 명품 골라보기
이사 Isa

침사추이에만 3군데 위치한 이사 아웃렛 편집매장. 신상품보다는 이월상품이 주를 이룬다. 홍콩의 여러 명품 할인매장 중 인지도가 가장 높은 아웃렛 매장으로 여행자보다는 현지인이 애용하는 편. 국내에 유통되는 대부분의 명품 브랜드는 기본이고 생소한 브랜드도 많이 볼 수 있다. 시즌 별로 제품의 구성에 많은 차이를 보이지만 대부분 무난하게 구입할 수 있는 제품이 많다. 가방이나 지갑 등이 주를 이룬다. 제품의 회전율이 좋아 찾는 물건을 발견했다면 바로 구입하는 것이 상책이다.

Data 차이나 홍콩 시티점
지도 158p-A
가는 법 MTR 침사추이역 A1번 출구에서 도보 10분
주소 No. 2-6, 2/F, China Hong Kong City, 33 Canton Road, Tsim Sha Tsui
전화 2366-5023
운영 시간 10:00~21:30
홈페이지 www.isaboutique.com

네이던 로드점
지도 158p-F
가는 법 MTR 침사추이역 E번 출구에서 바로 보인다
주소 Shop B, G/F, 29 Nathan Road, Alpha House, Tsim Sha Tsui
전화 2366-5890

캔톤 로드점
지도 158p-E
가는 법 MTR 침사추이역 A1번 출구에서 도보 5분
주소 1/F, Imperial Building, 58 Canton Road, Tsim Sha Tsui
전화 2366-5880

명품 브랜드 총집합
J 아웃렛 J Outlet

침사추이 청킹 맨션 건너편 네이던 로드에 있다. 침사추이에서는 접근성이 가장 뛰어난 명품 아웃렛이다. 이게 다 명품인가 싶을 정도로 큰 매장에는 제품이 가득 차 있다. 프라다, 샤넬, 루이비통 등 웬만한 명품 브랜드를 다 만나볼 수 있으며 할인 폭도 크다. 하지만 신상품이 많지 않고 여러 해 지난 상품들도 뒤섞여 있으니 신중하게 구매하는 게 좋다. 가방, 구두는 물론 지갑, 벨트, 의류 등 여러 가지 제품군이 있으며 재킷이나 청바지 등 의류 쪽으로 구입할 만한 제품이 많다. 한국 교민이 운영하는 아웃렛으로 한국인 직원이 있어 편리하게 쇼핑할 수 있다. 같은 빌딩에 있는 폼페이 Pompei 아웃렛도 같이 둘러볼 만하다.

Data 지도 158p-F **가는 법** MTR 침사추이역 E번 출구에서 도보 10분 **주소** 1/F, Prestige Tower, 23-25 Nathan Road, Tsim Sha Tsui **전화** 2722-1900 **운영 시간** 10:00~21:30

보세, 스트리트 패션의 거리
그랜빌 로드 Granville Road

홍콩 젊은이들이 좋아하는 스트리트 패션을 만나볼 수 있는 쇼핑가. 여대생들의 쇼핑거리라 불릴 정도로 중저가 브랜드와 개성만점 보세숍들이 즐비하다. 그랜빌 로드에선 값비싼 브랜드숍처럼 계산기를 두드려가며 가격을 걱정하지 않아도 되고, 무엇을 살 것인지 적어온 목록을 굳이 꺼내어 보지 않아도 된다. 저렴하고 스타일리시한 홍콩의 보세숍들을 돌아다니며 득템의 기쁨을 누릴 준비만 하면 OK! 주목할 만한 보세숍은 메이플Maple, 베이직Basic, 인 패션In Fashion. 셔츠, 니트 등 튀지 않고 베이직한 아이템을 구매하고 싶다면 보시니 아웃렛Bosini Outlet에도 들러보자. 거리 중간중간 밀크티나 가벼운 군것질 거리도 소소한 재미를 더한다.

Data 지도 158p-B
가는 법 MTR 침사추이역 B1번 출구에서 도보 3분
주소 Granvill Road, Tsim Sha Tsui
운영 시간 11:00~23:00
(숍마다 다름)

Tip 맛집 골목인 하우푹 스트리트Hau Fook Street는 그랜빌 로드와 한 블록 차이. 쇼핑하다 허기지면 하우푹 스트리트에서 식사를 하자!

친구와 느긋하게
엘리먼츠 Elements

뤽 베송 감독의 영화 〈제 5원소〉를 콘셉트로 한 복합 쇼핑몰. 4개 층을 화火, 수水, 목木, 금金, 토土 5개 구역으로 나누고, 각 테마에 맞는 매장(화=엔터테인먼트, 수=식음료, 목=웰빙, 금=럭셔리, 토=패션)을 배치했다. 침사추이 중심가에서 벗어나 있지만 그만큼 한적한 것이 장점. 몰 안의 아이스링크와 몰 밖으로 연결되어 있는 야외 광장 시빅 스퀘어도 색다르다.

특히 자라Zara, H&M 등 SPA브랜드 매장은 계산만해도 한참 기다려야 하는 하버 시티 등 다른 몰에 비해 넓고 쾌적해 쇼핑에 여유를 더한다. 트렌드 세터에게 인기 있는 셀렉트 숍 칵테일Cocktail과 I.T도 주목할 만한 매장. 샤넬Channel, 보테가 베네타Bottegaveneta, 프라다Prada, 지방시Givency, 멀버리Mulberry, 코치Coach 등 웬만한 명품도 입점해 있다. 식재료 마니아라면 유기농 슈퍼마켓 쓰리식스티Three Sixty도 놓치지 말자. 식당가에는 카페 하비츄, 답파 등 맛집이, 야외와 연결되는 시빅 스퀘어에는 카페 이구아나 등 현지인들이 즐겨 찾는 레스토랑과 펍도 모여있다.

Data 지도 158p-A
가는 법 MTR&AEL 카오롱역 C1번 출구에서 에스컬레이터로 연결. 또는 침사추이에서 215번 버스 타고 종점 하차
주소 1 Austin Road West, Tsim Sha Tsui
전화 2735-5234
운영 시간 10:00~22:00
홈페이지 www.elementshk.com

Tip 카오롱역에서 공항 얼리 체크인하고 쇼핑에 올인!
엘리먼츠의 장점은 MTR 카오롱역의 도심공항터미널과 연결되어 있다는 것. 귀국하는 날, 항공 수속을 일찍 마친 후 쇼핑을 즐긴다면 마지막까지 알차게 보낼 수 있다.

EAT

달콤한 호사
르 카페 드 조엘 로부숑 Le Cafe de Joel Robuchon

최단 기간 미슐랭 ∆스타를 치다 획득한 스타 셰프, 조엘 로부숑이 2014년 여름 하버 시티 2층에 오픈한 르 카페 드 조엘 로부숑은 식사도 즐길 수 있고, 디저트도 즐길 수 있어 더 인기다. 번잡한 주말보다는 한산한 주중 런치 메뉴를 추천한다. 무얼 주문해도 입안에서 부드럽게 녹아내리는 맛에 안 반하고는 못 배길 터. 여기에 창 너머 바다가 출렁이는 전망까지 더해지니 입꼬리가 절로 올라간다. 특급 호텔보다 화려한 애프터눈 티 세트나 크레페 등 가벼운 식사 메뉴도 준비되어 있다.

Data 지도 158p-A **가는 법** MTR 침사추이역 A1번 출구에서 하버 시티 게이트웨이 방향으로 도보 5분. 또는 침사추이 스타 페리 선착장에서 도보 8분. 하버 시티 게이트웨이 아케이드 2층 **주소** Shop 2608, 2/F, Gateway Arcade, Harbour City, 17 Canton Road, Tsim Sha Tsui **전화** 2327-5711 **운영 시간** 일~목 09:00~22:00, 금토 09:00~22:30 **가격** 애프터눈 티 세트 328HKD~, 단품 메뉴 165~300HKD **홈페이지** www.robuchon.hk

전망 좋은 이탈리안 레스토랑
알 몰로 Al Molo

침사추이에서 전망 좋은 이탈리안 레스토랑을 꼽으라면 주저 없이 알 몰로를 꼽겠다. 이탈리어어로 '항구'라는 이름처럼 빅토리아 항의 정취와 홍콩의 야경을 만끽하기 좋은 최적의 조건을 갖췄다. 특히, 테라스는 심포니 오브 라이트를 관람하기 좋은 명당자리다. 여기에 스타 셰프 마이클 화이트의 요리가 더해지니 전망과 맛 두 마리 토끼를 잡은 기분. 화덕 피자에 와인을 곁들여도 좋고, 코스로 즐겨도 좋다. 쫄깃한 뇨키도 일품이다. 런치 뷔페를 합리적인 가격에 선보인다. 스타 페리 선착장과 가까운 하버 시티 오션 터미널에 있어 스타의 거리 가는 길에 들리기에도 좋다.

Data 지도 158p-E **가는 법** 스타 페리 선착장에서 하버 시티 입구 방향으로 도보 5분. 또는 MTR 침사추이역 A1번 출구에서 도보 5분 **주소** Shop G63, G/F, Ocean Terminal, Harbour City, Tsim Sha Tsui **전화** 2370-7900 **운영 시간** 런치 12:00~15:00, 디너 18:00~23:00 **가격** 파스타 178HKD~, 봉사료 10%

HONG KONG BY AREA 01
침사추이

커피로 만나는 랄프로렌
랄프스 커피 Ralph's Coffee

패션 브랜드 랄프로렌이 뉴욕, 런던, 파리, 시카고에 이어 홍콩에 문을 연 랄프스 카페. 스타 페리를 타고 침사추이에 갈 때 들리기 쉬운 하버시티 오션 터미널에 있어 접근성도 좋다. 짙은 녹색과 화이트 컬러로 꾸민 인테리어부터 시선을 끈다. 매장 안에 들어가면 원두, 시솔트 초콜릿, 텀블러, 티셔츠 등 커피 보다 탐나는 굿즈에 정신을 잃을 지경이다. 가격은 비싸도 오래 소장할 만한 디자인이 매력적이다. 달지 않고 씁싸래한 모카커피가 인기다. 커피와 곁들이면 좋을 브라우니 머핀 등 디저트류도 침샘을 자극한다. 단, 테이크아웃 위주의 매장이라 편히 앉아 마실 수 있는 공간은 없다.

Data 지도 158p-E
가는 법 침사추이 스타페리 터미널에서 하버 시티 오션 터미널 3층으로 올라가 랄프로렌 매장 바로 옆
주소 Canton Rd, Tsim Sha Tsui
전화 2376-3936
운영 시간 08:00~22:00
가격 아메리카노 40HKD, 모카 50HKD, 08:00~12:00 브랙퍼스트 세트(12:00~14:00)&런치 세트 판매, 커피+샌드위치 가격에서 10달러 할인

샤오롱바오에 탄탄면을 호로록
크리스탈 제이드 라미엔 샤오롱바오 Crystal Jade La Mian Xio Long Bao

정통 광둥요리를 선보이는 중식당으로 홍콩에만 여러 개의 지점이 있다. 침사추이 하버 시티점은 분위기가 고급스럽고, 가격이 부담이 없다. 낮에는 딤섬과 면요리, 저녁에는 광둥요리가 메인이다. 샤오롱바오, 사천식 탄탄면, 칠리새우, 볶음밥 등은 한국인이 선호하는 메뉴. 그 밖의 면요리에는 대부분 고수가 들어가니 고수에 익숙하지 않다면 주문할 때 미리 빼달라고 하자. 유명세만큼 대기 줄도 길다. 일찌감치 가거나 아예 늦게 가는 게 상책.

Data 지도 158p-E
가는 법 MTR 침사추이역 A1번 출구에서 도보 10분. 하버 시티 게이트웨이 아케이드 L3층 **주소** Shop No.3328, Level 3, Gateway Arcade, Harbour City, Tsim Sha Tsui **전화** 2622-2699 **운영 시간** 10:00~23:00, 구정 휴무 **가격** 샤오롱바오 39HKD~, 누들 60HKD~, 봉사료 10% **홈페이지** www.crystaljade.com

진한 베트남 쌀국수 맛에 엄지 척!
나트랑 Nha Trang Vietnamese Cuisine

먹어보면 너도나도 추천하는 그 이유를 알게 된다. 홍콩의 쌀국수 집 중 단연 최고다. 고수향이 살짝 풍기는 깊은 국물 맛과 보들보들한 쌀국수, 그 위에 가득 얹은 부드러운 고기는 상상 이상의 맛으로 미각을 만족시킨다. 같이 나오는 매운 고추를 곁들이면 칼칼한 국물 맛은 배가 된다. 쌀국수와 함께 먹기 좋은 롤은 갖은 재료를 넣어 맛이 풍부하다. 부드러운 크랩이 통째로 들어간 소프트 쉘 크랩 롤Soft Shel Crab Rolls과 생선이 들어간 필렛 오브 솔 샐러드 롤Fillet of Sole Salad Rolls도 추천 메뉴! 하버 시티점은 홍콩섬의 야경까지 감상할 수 있어 눈과 입이 다 즐겁다.

Data 지도 158p-E
가는 법 MTR 침사추이역 D1번 출구에서 도보 7분. 하버 시티 오션 터미널 내 **주소** Shop G51, G/F Ocean Terminal, Harbour City 17 Canton Road, Tsim Sha Tsui **전화** 2199-7779 **운영 시간** 12:00~16:30, 18:00~23:00 **가격** 쌀국수 75HKD~, 소프트 쉘 크랩 롤 80HKD **홈페이지** www.nhatrang.com.hk

Tip 쌀국수 메뉴는 고기가 덜 익은 포 타이Pho Tai, 얇은 고기가 알맞게 익은 포 친Pho Chin, 두툼한 고기가 잘 익은 포 남Pho Nam으로 나뉜다. 취향에 따라 고를 것!

북경보다 맛있는 북경오리!
페킹 가든 Peking GaRoaden

북경오리는 베이징이 원조라며 꼭 베이징에서 먹으리라 다짐한 사람들! 이제 홍콩에서 즐겨도 좋다. 홍콩을 기반으로 한 체인점이지만 북경오리의 본고장 베이징에서 온 유명 체인점보다 인기가 높다. 밀전병에 채소와 함께 싸먹는 오리고기는 오리 특유의 누린내가 전혀 없는 것이 특징. 겉은 바삭바삭하면서 고기는 부드럽고 육즙이 가득하다. 담백하면서 특유의 향취가 있어 먹어도 먹어도 질리지 않는다. 오리 한 마리는 3인분 정도로 2명이라면 반 마리, 4명이라면 한 마리에 사이드 요리를 하나 정도 시키면 좋다.

Data 지도 158p-E
가는 법 MTR 침사추이역 L6번 출구에서 도보 5분. 스타 페리 선착장 앞 맥도널드 건물 3층
주소 3/F, Star House, 3 Salisbury Road, Tsim Sha Tsui
전화 2735-8211
운영 시간 월~토 11:30~15:00, 17:30~23:30 일·공휴일 11:00~15:00, 17:30~23:30
가격 북경오리 한 마리 440HKD, 봉사료 10%

아침 식사로 딱이야!
스위트 다이너스티 糖朝 · The Sweet Dynasty

1991년 디저트 전문점으로 오픈한 뒤 홍콩 디저트 업계를 휩쓸었으며, 지금은 인기 광둥요리 전문점으로 급부상했다. 딤섬, 콘지, 볶음밥 등의 요리와 여전히 인기 좋은 디저트 메뉴까지 약 200여 종의 메뉴가 있다. 이곳을 아침 식사로 추천하는 이유는 맛 좋은 콘지 때문. 고소하고 부드럽게 넘어가는 콘지는 상상 그 이상이다. 각종 볶음밥이나 딤섬도 인기가 좋다. 캐주얼하고 편안한 분위기라 나홀로 여성 여행자도 부담 없이 이용할 수 있다.

Data 지도 158p-F
가는 법 MTR 침사추이역 A1번 출구에서 도보 2분
주소 Basement, Hong Kong Pacific Centre, 28 Hankow Road, Tsim Sha Tsui 전화 2199-7799 운영 시간 08:00~24:00
가격 콘지 52HKD~, 누들 48HKD~, 봉사료 10%

앙증맞은 창작 딤섬
얌차 Yum Cha

깩! 소리가 절로 나온다. 귀여워서 어떻게 먹냐면서도 젓가락질을 멈출 수가 없다. 커스타드 크림을 품고 있는 노란색 귀요미, 핫 커스타드 번은 일부러 젓가락으로 구멍을 내고 머리를 쿡쿡 찔러 커스타드 크림이 흘러내리는 모습을 동영상으로 찍는 사람들도 많다. 핑크색 귀와 코가 깜찍한 돼지 모양 차슈바오도 인기 메뉴다. 창작 딤섬과 일반 딤섬을 반반 시켜 다양한 맛을 즐겨보자. 새장 안에 새 모양으로 만들어 주는 파인애플 케이크도 디저트로 인기다. 침사추이 외에도 센트럴과 코즈웨이 베이에 매장이 있다.

Data 지도 158p-B 가는 법 MTR 침사추이역 B2 출구에서 도보 3분 거리의 애티튜드 온 그랜빌 호텔 3층 주소 20-22, Soravit Hotel 3/F Granville Rd, Tsim Sha Tsui 전화 2751-1666 운영 시간 점심 11:30~16:00 저녁 18:00~22:00 가격 딤섬 49HKD~, 봉사료 10% 홈페이지 yumchahk.com

아이들이 좋아하는
슈퍼스타 시푸드 Super Star Seafood

슈퍼스타 시푸드란 이름 덕에 해산물 전문 레스토랑이냐는 오해도 받는다. 저녁에는 광둥요리를 팔지만 점심에는 세레나데 차이니즈 못지않게 깜찍한 캐릭터 딤섬을 선보이는 곳이다. 먹기 아까울 만큼 귀여운 펭귄, 금붕어, 거북이 모양에 눈이 먼저 즐겁다. 맛으로 따지자면 캐릭터 딤섬보다 하가우, 슈마이 등 일반적인 딤섬이 더 맛있는 편이니 적당히 섞어 주문해야 입도 즐겁다. 입안에서 진한 육즙이 톡 터지는 샤오룽바오도 인기 메뉴.

Data 지도 158p-B 가는 법 MTR 침사추이역 N5번 출구에서 도보 2분 주소 1/F, Tsim Sha Tsui Mansion, 83-97 Nathan Road, Tsim Sha Tsui 전화 2628-0698 운영 시간 07:30~23:00 (딤섬 10:00~16:30) 가격 딤섬 40HKD~, 봉사료 10%

〈신서유기〉 멤버들도 다녀간 맛집

성림거 星林居 · Sing Lum Khui

침사추이에서 얼큰하면서 맛있는 원난 쌀국수로 이름 좀 날리고 있다. 침사추이에만 매장이 두 개일 정도로 문전성시를 이룬다. 여행자들 사이에 알음알음 입소문이 나다가 2018년 tvN 〈신서유기〉에 소개되며 유명해졌다. 고백건대 외관이나 인테리어가 식욕을 상승시켜주는 비주얼은 아니다. 그럼에도 불구하고 이곳을 찾는 결정 적인 이유는 마치 베트남 쌀국수와 태국 똠양꿍을 섞어놓은 듯한 매혹적인 원난 쌀국수의 맛 때문이다.

성림거는 주문 법을 알고 가야 제대로 맛볼 수 있다. 1인당 1장씩 주는 주문지에 토핑을 3~4종류 고르고, 매운 정도와 신맛의 정도를 체크한 후 종업원에게 전달하면 된다. 매운 정도는 리틀 스파이시Little Spicy나 리틀 미디엄 스파이시Little Medium Spicy, 신맛은 노멀 사우어Nomal Sour나 레스 사우어less Sour가 적당하다. 고수를 꺼려한다면 스페셜 리퀘스트란에 'No Coriander' 체크를 잊지 말자. 윈난 쌀국수의 단짝, 밀크티도 곁들여 보자. 란퐁유엔 빰치게 부드럽고 달달한 맛이 일품이다.

Data 지도 158p-F
운영 시간 11:00~22:00
가격 윈난 쌀국수 24HKD~, 토핑 6HKD~
홈페이지 www.singlumkhui.com

록 로드점
가는 법 MTR 침사추이역 A1번 출구에서 도보 3분
주소 Shop A, 23 Lock Road, Tsim Sha sui
전화 2416-2424

골든 글로리 멘션점
지도 158p-B
가는 법 MTR 침사추이역 A1번 출구에서 도보 2분(엘리베이터 타고 3층으로)
주소 3F Golden Glory Mansion, 16 Carnarvon Rd, Tsim Sha Tsui
전화 2424-1686

망고가 기가 막혀~
허니문 디저트 Honeymoon Dessert

오직 허니문 디저트를 맛보기 위해 하버 시티 푸드 코트 안까지 찾아가는 마니아도 많다. 대부분의 메뉴를 모형으로 진열해놓아 보고 고르기도 쉽다. 그중 스노우 화이트 사고Snow White Sago나 얇은 망고 팬케이크Mango Pancake는 꼭 먹어봐야 하는 메뉴! 이름은 팬케이크지만 모양은 모찌를 닮았다. 얇은 팬케이크 속에는 망고 반, 생크림 반. 한 입 베어 물면 쫀득하고 시원하고 달콤한 망고와 생크림 맛이 동시에 느껴진다.

Data 지도 158p-A **가는 법** MTR 침사추이역 하버 시티 게이트웨이 방향으로 도보 5분. 또는 침사추이 스타 페리 선착장에서 도보 8분. 하버 시티 게이트웨이 아케이드 3층 시티슈퍼 내 위치
주소 Shop 3001, 3/F, City'super, Gateway Arcade, Harbour City, 17 Canton Road, Tsim Sha Tsui **전화** 2270-9857
운영 시간 13:00~23:00 **가격** 망고팬케이크 28HKD
홈페이지 www.honeymoondessert.com

망고주스의 최고봉
허류산 許留山 · Hui Lau Shan

허류산을 빼고는 홍콩의 디저트를 논할 수가 없다. 홍콩에서 가장 많은 체인점을 가진 디저트 전문점이다. 과일을 이용한 여러 가지 푸딩이나 찹쌀떡 같은 창조적인 디저트도 판매하지만 최고 인기메뉴는 망고 베이스의 다양한 과일주스. 좀 전에 먹고도 또 생각날 정도로 중독성 강한 맛. 더운 여름, 피곤한 여행길에 비타민같은 역할을 톡톡히 한다. 특히, 침사추이점은 스타 페리 선착장 바로 앞에 있어 테이크아웃해서 스타의 거리로 산책을 가거나 페리를 타기 딱 좋은 위치. 그림을 보고 주문하면 된다. 메뉴판에 사진이 있어 주문하기도 편리하다.

Data 지도 158p-E **가는 법** MTR 침사추이역 E번 출구에서 도보 9분. 스타 페리 선착장 바로 앞 건물에 위치
주소 G/F, Star House, 3salisbury Road, Tsim Sha Tsui **전화** 2377-9766 **운영 시간** 11:30~00:30
가격 망고주스 43HKD~

HONG KONG BY AREA 01
침사추이

아이스퀘어에 숨은 루프톱 바
아이바 Eyebar

침사추이 야경의 명소로 등극한 루프톱바로 아이스퀘어 30층에 있다. 레스토랑에 딸린 테라스를 루프톱바로 운영하는 터라 테이블이 많지는 않다. 사람이 많으면 서서 마실 수도 있지만, 환상적인 전망에 다리가 아픈 줄도 모르고 주위를 둘러보게 게 된다. 이왕이면 8시 전에 가서 시원한 맥주를 홀짝이며 심포니 오브 라이트를 관람해 보자. 아이바에서 맞이하는 선셋도 낭만적이다. 맥주나 칵테일 주문 시 선불로 계산해야 하는 점도 알아두자. 이곳은 흡연을 할 수 있어 흡연자와 비흡연자 사이에 희비가 갈린다.

Data 지도 158p-F
가는 법 MTR 침사추이역 H, R 출구와 연결되는 아이스퀘어로 나와 21~35층 전용 엘리베이터 타고 30층 하차
주소 ISQUARE, 30/F, 63 Nathan Rd, Tsim Sha Tsui
전화 2487-3988
운영 시간 15:00~24:00
가격 맥주 90HKD~, 칵테일 110HKD~, 봉사료 10%
홈페이지 www.elite-concepts.com

홍콩섬을 조망하며 티 타임
로비 라운지 Lobby Lounge

인터컨티넨탈 호텔 로비 라운지는 애프터눈 티의 명소. 대형 유리창 너머로 홍콩섬이 12폭 병풍처럼 펼쳐지는 환상적인 전망과 함께 애프터눈 티를 즐기다 보면 저절로 힐링이 된다. 계절에 따라 달라지는 케이크와 샌드위치, 스콘, 초콜릿을 입힌 과일 등 3단 트레이는 식사가 될 만큼 양이 푸짐하다. 창가 자리를 차지하려면 2~3일 전 예약은 필수. 단, 주말에는 예약을 받지 않는다. 애

프터눈 티가 부담스럽다면 백만불짜리 야경을 안주삼아 칵테일 타임을 즐겨도 좋다. 매일 저녁 6시 30분부터는 라이브로 재즈 공연도 열린다.

Data 지도 158p-F
가는 법 MTR 침사추이역 F번 출구와 연결된 이스트 침사추이역 J2번 출구에서 도보 2분. 인터컨티넨탈 호텔 G/F층 **주소** G/F Hotel Intercontinental Hong Kong, 18 Salisbury Road, Tsim Sha Tsui
전화 2721-1211 **운영 시간** 11:00~01:00, 애프터눈 티 월~금 14:30~18:00, 토·일·공휴일 13:30~18:00 **가격** 애프터눈 티(2인) 668HKD~, 봉사료 10%

Data 지도 158p-F
가는 법 MTR 침사추이역 E번 출구에서 도보 2분. 페닌슐라 호텔 로비에서 28층 전용 엘리베이터 이용
주소 28/F, The Peninsula, Salisbury Road, Tsim Sha Tsui **전화** 2696-6778
운영 시간 바 17:00~01:30, 레스토랑 18:00~22:30
가격 칵테일 120HKD~, 봉사료 10% **홈페이지** www.peninsula.com

아찔한 모던함
펠릭스 Felix

페닌슐라 호텔 28층의 바 겸 레스토랑이다. 사실 전망만 따지자면 더 시원스럽고 멋진 바도 많다. 펠릭스의 매력은 세계적인 디자이너 필립 스탁의 인테리어와 어우러진 멋진 전망을 감상할 수 있다는 것. 나무, 유리, 금속을 황금 비율로 적재적소에 사용한 인테리어는 공간마다 개성을 불어 넣었다. 그중에서도 특급 전망을 뽐내는 곳은 화장실. 여자 화장실에서는 통유리 너머로 반짝이는 홍콩섬의 야경이 근사하게 펼쳐진다. 남자 화장실은 아예 소변기 뒤 통유리창으로 카오룽 반도가 반짝인다. 그에 비해 바에서 바라보는 야경은 다소 갑갑하게 느껴지는 편. 그래도 아담한 바는 커플이 가도, 여럿이 가도, 심지어 혼자 가도 아늑한 아지트가 되어준다. 식사를 원한다면 예약은 필수.

기품 있는 애프터눈 티
더 로비 The Lobby

더 로비의 애프터눈 티는 수많은 여행자들이 페닌슐라 호텔을 찾는 결정적 이유다. 1928년 지어진 빅토리아풍 건물 안으로 들어서면 우아한 로비가 펼쳐진다. 애프터눈 티 문화를 널리 퍼뜨린 베드포드 공장부인이나 영국의 여왕이 차를 마시고 있을 것 같은 분위기. 차는 실버 티포트에 담아 내고, 순도 100% 실버 테이블웨어만 쓴다. 페닌슐라 호텔에서 직접 블렌딩한 홍차는 쌉싸래한 향에 바디감이 좋다. 정통 애프터눈 티에 빠지면 안 되는 오이샌드위치는 동급 최강. 빵, 오이, 크림 사이에 허브의 일종인 딜Dill을 넣어 풍미가 남다르다.

Data **지도** 158p-F **가는 법** MTR 침사추이역 E번 출구에서 도보 2분. 페닌슐라 호텔 로비 **주소** G/F, The Peninsula, Salisbury Road, Tsim Sha Tsui **전화** 2696-6772 **운영 시간** 애프터눈 티 14:00~18:00 **가격** 애프터눈 티 1인 394HKD, 2인 694HKD, 봉사료 10% **홈페이지** www.peninsula.com

침사추이

달달하게 즐기는

찰리 브라운 카페 Charlie Brown Café

우리에게는 스누피Snoopy로 더 알려져 있는 애니메이션 〈피너츠Peanuts〉를 모티브로 꾸민 카페다. 한국 여행자들의 인기에 힘입어 국내에도 분점을 냈다. 작고 허름한 입구로 올라가면 눈이 동그래질 만큼 예쁘고 다양한 애니메이션의 주인공들이 천장과 벽면은 물론 테이블, 의자까지 가득 메우고 있어 〈피너츠〉속으로 들어간 것 같은 느낌이다. 커피를 주문할 때 좋아하는 캐릭터를 이야기하면 직접 그려준다. 아침 식사로 좋은 팬케이크나 프렌치 토스트가 인기메뉴. 맛은 평범하다.

Data 지도 158p-C **가는 법** MTR 침사추이역 B2번 출구에서 도보 5분
주소 G~1/F, Fortuna House, Granville Rd, Tsim Sha Tsui
전화 2366-6315 **운영 시간** 일~목 09:30~22:00,
금·토·공휴일 전날 09:00~22:30
가격 라테, 카푸치노류 45~48HKD
홈페이지 www.charliebrowncafe.com

한국인 입맛에도 딱~

카페 드 코랄 大家樂 · Café de Coral

홍콩에서 가장 흔하게 볼 수 있는 차찬텡 체인 레스토랑. 침사추이에만 3개 지점이 있다. 쇼핑하다 지칠 때 진한 레몬티 한 잔에 가벼운 식사를 하기에도 제격이다. 가격도 착한데 로스트 덮밥부터 쌀국수, 닭꼬치, 토스트까지 메뉴도 다양하다. 특히, 빵보다 밥을 먹고 싶을 때 부담 없이 입맛대로 골라먹는 재미가 있다.

Data 지도 162A, E, F **가는 법** 하버 시티, 청킹 맨션, 차이나 홍콩 내
운영 시간 07:00~22:30 **가격** 덮밥류 30HKD~, 누들류 22HKD~,
에그 타르트 7HKD, 믹스트 커피&티 19HKD
홈페이지 www.cafedecoralfastfood.com

스타의 거리에서 커피 한 잔

스타벅스 애비뉴 오브 스타 Starbucks Avenue of Stars

아무리 생각해도 이곳만큼 환상적인 뷰를 가진 스타벅스는 없다. 눈앞에 펼쳐진 홍콩섬의 빌딩숲과 그 앞을 유유히 떠가는 배들, 밤이면 화려한 홍콩의 야경이 펼쳐져 가슴을 뛰게 하는 스타의 거리, 그 한 켠에 스타벅스가 있다. 홍콩에 머무는 사람들에게 이곳은 힐링캠프가 되어줄 것이다. 마음이 심란할 때도, 도시가 비에 촉촉하게 젖을 때도 이곳에서 마시는 따끈한 아메리카노 한 잔이 위로가 된다.

Data 지도 159p-G
가는 법 MTR 침사추이역 E번 출구에서 도보 10분,
또는 이스트 침사추이역 J번 출구에서 도보 5분
주소 Avenue of Stars, Tsim Sha Tsui **전화** 2722-5743
운영 시간 월~목 08:00~23:30, 금·토 08:00~00:30, 일·공휴일
08:00~23:00 **가격** 카페라테 30HKD, 아메리카노 26HKD

가도가도 끝이 없는 메뉴
취화 Tsui Wah Restaurant

홍콩에서 가장 성공한 차찬텡 체인점 중 하나. 여행자가 많은 길목에는 번쩍거리는 큰 간판으로 눈길을 사로잡는 취화가 꼭 있다. 이곳의 수많은 메뉴는 호기심을 자극한다. 다른 차찬텡에 비해 가격은 비싼 편이지만 대신 뭘 시켜도 맛은 보장된다. 꼬들꼬들한 에그누들을 XO소스에 비벼먹는 킹 프라운 XO 누들King Prawns in XO Sauce with Tossed Noodles은 먹을수록 중독되는 맛! 가볍게 먹는 크리스피 번, 밀크티, 커리 등 종류와 메뉴가 너무 많아서 고르기 힘들면 인기 베스트 메뉴 10에서 골라보자.

Data 지도 158p-F
가는 법 MTR 침사추이역 D2번 출구에서 도보 2분
주소 G/F 2 Carnarvon Road, Tsim Sha Tsui
전화 2306 0260
운영 시간 일~목 07:00~02:00, 금·토 07:00~03:00

홍콩 스타일 덮밥
타이힝 太興 · Tai Hing Roast Restaurant

일반 차찬텡보다는 좀 더 고급화되고 전문적인 메뉴와 깔끔한 인테리어로 사랑받는 곳. 차찬텡은 보통 가벼운 면요리나 크리스피 번이 메인 메뉴인 반면 타이힝에선 로스트 덮밥이 주인공이다. 바삭하게 구운 거위덮밥과 돼지고기덮밥은 달콤하고 쫄깃쫄깃해서 우리 입맛에도 잘 맞는다. 취향에 맞게 로스트 덮밥 하나 고르고 밀크티 한 잔 추가하면 디저트가 필요 없는 한 끼 식사가 완성된다.

Data 지도 159p-D
가는 법 MTR 침사추이역 P2번 출구에서 도보 15분, 이스트 침사추이 분수대 근처
주소 G/F, New Mandarin Plaza, 14 Science Museum Road, Tsim Sha Tsui East
전화 2722-0701
운영 시간 07:00~22:30
가격 로스트 덮밥 69HKD~
홈페이지 www.taihingroast.com.hk/

역사가 흐르는 차찬텡
란퐁유엔 蘭芳園 · Lan Fong Yuen

살아 있는 홍콩 차찬텡(홍콩식 분식점)의 역사다. 1951년 센트럴 본점에서 시작해 침사추이 청킹 맨션 지하에 분점을 냈다. 센트럴의 본점보다 쾌적한 공간에 옛 분위기는 그대로 살렸다. 벽면을 수놓은 홍콩 스타들의 정감어린 옛 모습도 볼거리. 60여 년이 넘게 란퐁유엔의 명성을 지켜온 메뉴는 홍콩식 밀크티 씨맛나이차와 홍콩식 프렌치토스트인 싸이토씨. 씨맛나이차絲襪奶茶는 스타킹 밀크티라는 뜻으로, 실제로는 스타킹이 아니라 스타킹을 닮은 실크 천으로 티를 걸러 우려낸다. 밀크티에는 파인애플 번이나 폭찹 번에 곁들여도 잘 어울린다.

Data 지도 158p-F
가는 법 MTR 침사추이역 N5번 출구 청킹 맨션 우드하우스 지하. 건물 왼쪽에 란퐁유엔으로 통하는 입구가 따로 있다
주소 Shop 26, Basement, Wood House, Chung King Masion, 26~44 Nathan Road, Tsim Sha Tsui 전화 2316-2311
운영 시간 10:30~22:30
가격 밀크티 18~20HKD, 아침 세트 메뉴 32~36HKD

서태지도 먹고 간 매운 요리
답파 페킹&스촨 쿠진 Dab-pa Peking&Szechuan Cuisine

타이완에 본점을 둔 북경, 사천요리 전문점. 엘리먼츠 내에 있지만 한국 여행자들에게는 잘 안 알려졌다. 늘 현지인들로 북적북적, 식사 때는 아예 줄을 선다. 마마Mnet Asia Music award 시즌이 되면 W호텔이나 리츠칼튼에 묵는 아티스트도 즐겨 찾는다. 이렇게 너도나도 답파를 찾는 이유는 매운맛! 혀가 얼얼하게 매운 마파두부와 취향에 따라 돼지나 채소볶음요리 하나 시켜 밥을 쓱쓱 비벼 먹으면 감탄이 절로 나온다. 가격도 저렴한 편이라 요리를 여럿 시키기에 부담이 없다.

Data 지도 158p-A
가는 법 MTR 카오룽역 C1번 출구와 연결된 엘리먼츠 워터존 내
주소 Shop 1047, Water Zone, Elements, 1 Austin Road West, Tsim Sha Tsui 전화 2196-8699
운영 시간 11:00~23:00
가격 마파두부 78HKD~, 각종 볶음 78~92HKD, 봉사료 10%

구름 위에서 즐기는 애프터눈 티
더 라운지 바 The Lounge & Bar

ICCInternational Commerce Centre 빌딩에 위치한 리츠칼튼 호텔 102층에 자리한 더 라운지 바는 눈이 황홀한 애프터눈 티 스폿이다. 일단 전망대 뺨치는 전망에 동공이 확대되고, 3단 트레이의 화려한 세팅에 하트가 뿅뿅 나올 지경이다. 전망과 애프터눈 티의 조합은 SNS 좋아요를 부르는 앵글이다. 3단 트레이에는 스콘과 핑크핑크한 케이크 종류가 주를 이룬다. 알코올이 들어간 푸딩과 돼지고기가 들어간 빵도 있어 한 끼 식사로 충분하다.

3단 트레이와 더불어 웰컴 자몽주스와 티가 나온다. 홍차 대신 커피를 주문할 수도 있다. 단 비주얼에 비해 맛은 평범한 편. 그래도 높이만 따지면 홍콩 1%라 할 수 있는 리츠칼튼 호텔에서의 애프터눈 티는 잊지 못할 추억으로 남을 듯하다. 단, 이메일 예약은 필수다. 예약 시 원하는 시간에 창가 자리를 달라고 해야 창가에 앉을 수 있다는 점도 명심할 것.

Data 지도 158p-A
가는 법 MTR 카오룽역과 연결되는 리츠칼튼 호텔 102층
주소 (ICC), 102/F, Ritz Carlton, 1, Austin Rd, West Kowloon
운영 시간 월~목 15:00~18:00, 금 14:15~16:15, 16:30~18:30, 토~일 12:00~14:00, 14:15~16:15, 16:30~18:30,
전화 2263-2270
가격 1인 428HKD, 2인 688HKD, 봉사료 10%
홈페이지 예약 restaurantreservationhk@ritzcaltion.com

Hong Kong By Area

02

센트럴&성완

中環&上環
CENTRAL&SHEUNG WAN

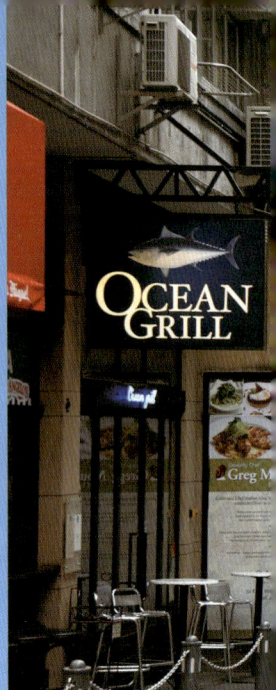

MTR로 한 정거장 차이인
센트럴과 성완. 고층 빌딩숲에
둘러싸여 빠르게 변하는 홍콩과
수십 년 전 모습 그대로인
빈티지한 홍콩이 공존한다.
빌딩숲 사이에 위치한 미드 레벨
에스컬레이터를 올라탔다가
낡아빠진 소호와 성완의 비탈길을
더듬어 내려오는 일은 너무 다른
느낌이다. 하지만 전혀 다른 두
모습이 빚어낸 자연스런 조화는
이곳을 특별하게 만든다.

HONG KONG BY AREA 02
센트럴&성완

Central&Sheung Wan
PREVIEW

갈 곳, 살 것, 먹을 것이 가장 많은 동네인 만큼 부지런히 움직여야 한다.
이틀 꼬박 채워도 못 가보는 곳 투성이다. 갈 곳을 미리 정해 놓고 움직여야 효율적이다.
이곳 역시 침사추이만큼이나 출구가 많고 복잡하다는 걸 기억하자.

PLAY

센트럴의 메인이 되는 퀸즈 로드의 화려한 디스플레이, 세상에서 가장 아름다운 빅토리아 피크의 야경, 손가락 안에 꼽는 세계 최고의 초고층 빌딩 전망대 등 볼거리가 널려 있다. 소호의 아기자기한 풍경과 란콰이퐁의 왁자지껄한 바와 노천카페 등은 센트럴에서만 경험할 수 있는 즐거움이다.

BUY

센트럴의 쇼핑 스폿은 대형 쇼핑몰, 로드숍, 디자인숍 3종류로 나뉜다. 명품이나 유명 브랜드 쇼핑을 원한다면 IFC, 트렌디한 패션 브랜드를 찾는다면 퀸즈 로드에 있는 톱숍, 코스 등 로드숍을 찾아보자. GOD, 홈리스, 소호거리 구석구석에 있는 디자인숍을 돌아보는 재미도 놓치지 말자.

EAT

레스토랑과 바가 즐비한 센트럴에는 골목마다 유명한 맛집이 하나씩 있다. 세계적인 스타 셰프 고든램지의 이름을 건 브레드 스트리트 키친&바부터 로컬들이 최고로 꼽는 딤섬집 린흥티 하우스, 양조위의 단골집 카우키 등 종류도 무궁무진하다. 미리 좋아하는 메뉴와 레스토랑을 선택해 놓는 게 현명하다.

어떻게 갈까?

센트럴은 홍콩섬의 중심부라 교통편이 아주 좋다. MTR은 물론 MTR이 닿지 않는 섬의 곳곳에서도 버스 한 번이면 갈 수 있다. 침사추이에서는 페리를 타고 오는 것도 좋은 방법이다. 코즈웨이 베이에서는 트램을 타고 가는 것을 추천한다. MTR 췬완선, 아일랜드선의 센트럴역이나 퉁청선의 홍콩역에서 하차하면 된다.

어떻게 다닐까?

센트럴과 성완 지역은 크게 소호, 란콰이퐁, 퀸즈 로드, 센트럴로 나눌 수 있다. 미드 레벨 에스컬레이터를 타고 끝까지 올라간 뒤 골목골목을 따라 소호에서 성완 지역까지 걸어 내려오면서 산책하듯 둘러보자. 퀸즈 로드를 둘러본 후 저녁시간이 되면 빅토리아 피크에서 야경을 감상한 후 란콰이퐁으로 가자.

Central & Sheung Wan
ONE FINE DAY

좁은 지역이지만 발길 닿는 곳이 모두 볼거리인 센트럴과 성완. 구석구석 누비고 다닐수록 진한 매력에 빠져들 수밖에 없다. 하루를 통째로 쏟아도 아쉽기만 하다.

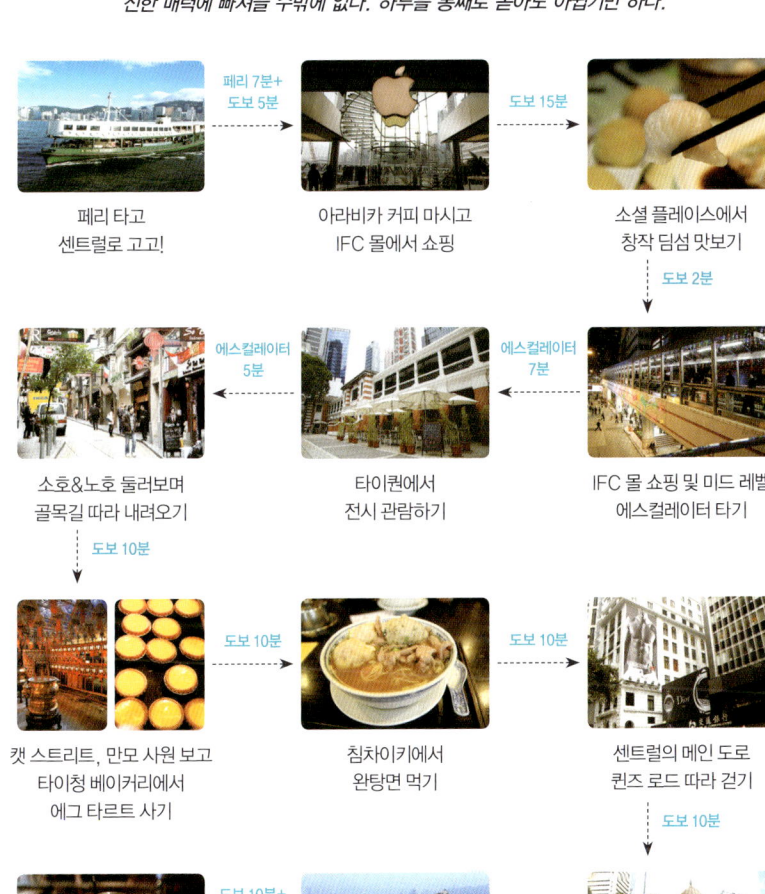

페리 타고 센트럴로 고고!

→ 페리 7분 + 도보 5분

아라비카 커피 마시고 IFC 몰에서 쇼핑

→ 도보 15분

소셜 플레이스에서 창작 딤섬 맛보기

↓ 도보 2분

IFC 몰 쇼핑 및 미드 레벨 에스컬레이터 타기

← 에스컬레이터 7분

타이쿤에서 전시 관람하기

← 에스컬레이터 5분

소호&노호 둘러보며 골목길 따라 내려오기

↓ 도보 10분

캣 스트리트, 만모 사원 보고 타이청 베이커리에서 에그 타르트 사기

→ 도보 10분

침차이키에서 완탕면 먹기

→ 도보 10분

센트럴의 메인 도로 퀸즈 로드 따라 걷기

↓ 도보 10분

황후상 광장에서 고층 빌딩 사진 찍기

← 도보 5분

트램 타고 빅토리아 피크 구경 후 소호에서 저녁 식사하기

← 도보 10분 + 트램 7분

란콰이퐁에서 칵테일 마시고 클럽으로 고고~

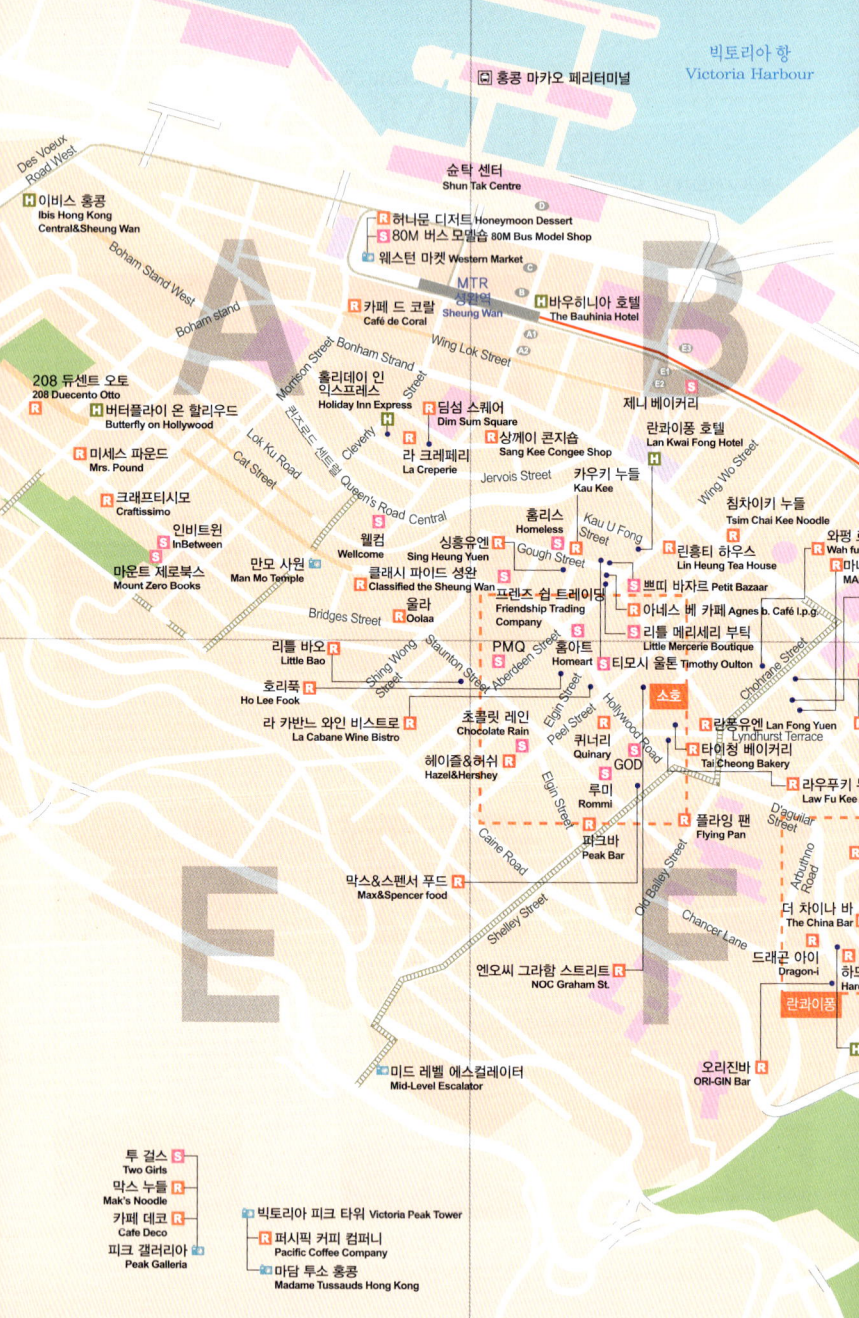

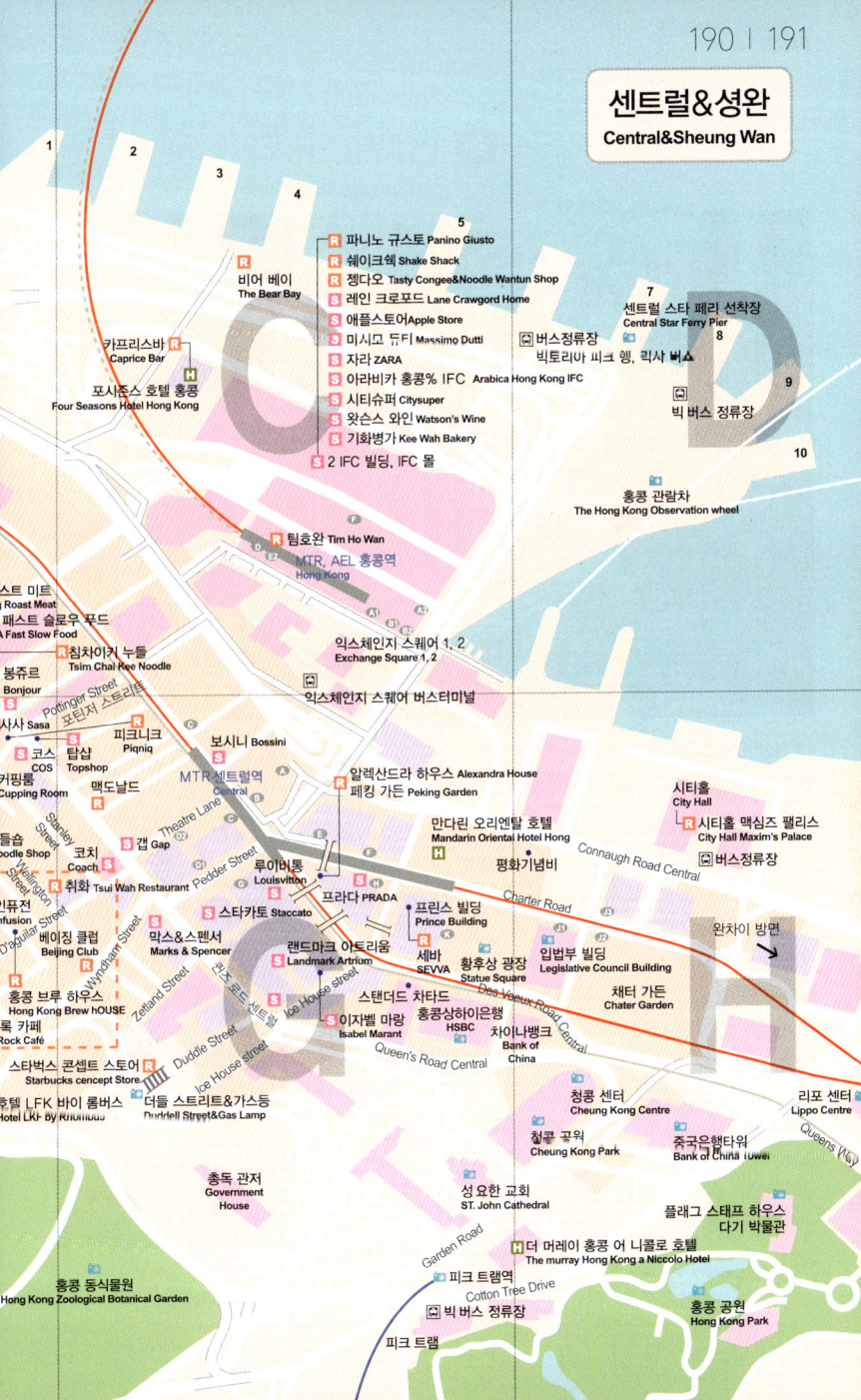

▶ PLAY

〈중경상림〉의 추억을 함께하는
미드 레벨 에스컬레이터 Mid-Level Escalator

영화 〈중경상림〉의 왕정문과 양조위를 떠오르게 하는 곳. 홍콩 영화의 성지이자 세계에서 가장 긴 에스컬레이터로 기네스북에 등재되어 있다. 홍콩 영화를 사랑하는 사람에게는 가슴 두근거리는 여행지가 되고, 주민들에게는 비탈이 심한 이 지역에서 고마운 교통수단이기도 하다. 덕분에 에스컬레이터는 늘 바쁘게 움직인다. 800m 길이의 에스컬레이터는 센트럴의 중심길인 퀸즈 로드Queen's Road부터 미드 레벨의 주택가까지 한두 블록 간격으로 끊어질 듯 연결되어 있다. 따라서 에스컬레이터를 이용하면 할리우드 로드Hollywood Road와 소호 지역을 구석구석 여행하기에 불편함이 없다. 단순히 관광이 목적이라면 할리우드 로드와 소호 지역의 스타운턴 스트리트Staunton Street, 엘진 스트리트Elgin Street에서 내리는 게 좋고, 좀 더 여유롭게 둘러보고 싶다면 에스컬레이터 맨 꼭대기에서 내려 걷는 것을 추천한다.

Data **지도** 190p-F
가는 법 MTR 센트럴역 C번 출구 또는 D1번 출구에서 도보 5분 **주소** Central-Mid-Levels Escalators, Jubilee Street, Central **운영 시간** 하행 06:00~10:00, 상행 10:00~24:00

감옥의 변신은 무죄
타이쿤 大館 · Tai Kwun Centre for Heritage and Arts ·

센트럴 핫플레이스로 떠오른 타이쿤은 2018년 5월 29일 문을 연 복합 문화 단지다. 소호와 란콰이퐁 사이 넓은 부지를 차지한 타이쿤은 원래 1864년에 지은 센트럴 경찰서 Central Police Station 였다. 경찰서 뒤편에는 죄수를 심판하고 가두는 법정과 감옥이 붙어 있었고, 높은 벽돌 담장이 16동의 건물을 에워쌌다. 이 건물들은 1995년 문화재로 지정됐고, 약 10년의 공사 끝에 갤러리와 공연장, 카페, 레스토랑이 있는 공간으로 환골탈태했다. 타이쿤이란 이름은 광둥어로 '큰 집'이란 뜻의 감옥을 일컫는 은어에서 유래했다.

지금의 타이쿤은 다양한 볼거리로 가득하다. 근대와 현대 건축이 어우러진 아름다운 모습을 감상하는 것만으로도 방문할 가치가 있다. 세계적인 건축가 헤르조그 앤 드 뫼롱이 역사적 건물은 살리면서 아트 갤러리와 공연장을 덧붙여 근현대 건축이 어우러지는 풍경을 완성했다. 타이쿤은 16개의 건물이 미로처럼 이어진다. 이 가운데 컨템퍼러리와 JC컨템퍼러리 아트갤러리 전시(무료)가 볼만하다. 군데군데 있는 노천 카페와 바 레스토랑도 눈치 있다. 여유로운 시간을 갖고 둘러보길 추천한다. 총 5개의 게이트가 있는데, 그 중 풋브리지 게이트 Footbridge Gate는 미드레벨 에스컬레이터로도 연결된다.

Data **지도** 190p-F **가는 법** 센트럴역 C번 출구 또는 D1번 출구로 나가 미드레벨 에스컬레이터를 타고 쭉 올라가면 타이쿤 풋브리지 게이트로 바로 연결 **주소** 10 Hollywood Rd, Central
운영 시간 타이쿤 10:00~23:00(전시 B홀 11:00~18:00, 타이쿤 컨템퍼러리, JC컨템퍼러리 11:00~19:00)
가격 관람료 무료 **홈페이지** www.taikwun.hk/en

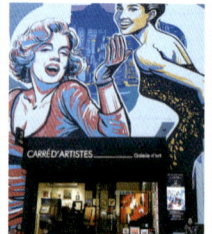

자유로운 낭만 거리
소호 Soho

할리우드 로드의 남쪽South of Hollywood Road라는 뜻에서 유래한 이름 소호는 여전히 홍콩에서 가장 트렌디한 거리다. 란콰이펑처럼 북적이지 않아 걷기 좋다. 무엇보다 미드레벨 에스컬레이터를 타고 오르내리며 양 옆으로 이어지는 벽화와 감각적인 카페, 레스토랑을 둘러보는 재미가 쏠쏠하다. 골목을 따라 산책하듯 거닐다 보면 홍콩의 과거와 현재가 공존하는 분위기에 반하게 된다. 소호의 중심 GOD를 비롯해 보물찾기 하듯 유니크한 가게를 발견하는 맛에 좀 더 머무르고 싶은 생각이 든다.

Data 지도 190p-F
가는 법 MTR 센트럴역 C번 출구 또는 D1번 출구로 나가 미드레벨 에스컬레이터 타고 엘진 스트리트 하차
주소 South of Hollywood Road, Central
홈페이지 www.ilovesoho.hk

> **Tip 소호 속속들이 둘러보기**
> 미드 레벨 에스컬레이터를 타고 끝까지 올라간 후 내려오면서 마음에 드는 바나 카페에 가보자. 특히 소호의 분위기를 물씬 느낄 수 있는 엘진 스트리트Elgin Street, 스타운턴 스트리트Staunton Street, 작은 카페와 디자인숍이 모여 있는 필 스트리트Peel Street, 고프 스트리트Gough Street 등은 꼭 한번 걸어 볼 것.

고프 스트리트 주변 멋진 거리
노호 Noho

소호는 알겠는데 노호는 또 어디냐는 질문을 받을 때면 노호는 'North of Hollywood Road'의 약자라고 알려주곤 한다. 콕 찍어 고프 스트리트Gough St.를 중심으로 PMQ 사이 신힝 스트리트Shin Hing St., 미룬 스트리트Mee Lun St.를 아우른다. 구경만 해도 미소가 지어지는 홈리스Homeless, 줄서서 먹는 국수집 카우키Kaukee, 토마토라면으로 이름난 싱흥유엔Sing Heung Yuen 등 볼거리와 먹거리가 고프 스트리트에 몰려 있다.

Data 지도 190p-B 가는 법 MTR 성완역 E2번 출구에서 도보 6분
주소 Gough Street, Central

힙스터들의 아지트
포호 Poho

소호와 노호에 비하면 한갓진 포호 거리. 포호는 'Po Hing Fong of Hollywood Road'의 줄임말로 포힝퐁Po Hing Fong St.과 타이핑산 스트리트Tai Ping St. 일대를 아우른다. 거리 중간 중간 감각적인 그래피티와 개성 있는 가게들이 힙한 분위기를 연출한다. 포호의 핫플레이스로는 민티지숍 인비트윈inBwtween, 수제맥주 보틀숍 크래프티시모Craftissimo 등이 있다. 포호를 산책할 땐 만모사원 뒤로 난 계단부터 시작해 골목골목 어슬렁거려보자.

Data 지도 190p-B
가는 법 성완역 A2번 출구에서 도보 8분
주소 Tai Ping Shan St, Sheung Wan

유서 깊은 도교 사찰
만모사원 Man Mo Temple

할리우드 로드 초입에서 이정표 역할을 톡톡히 하는 만모사원은 홍콩에서 가장 오래된 도교 사찰이다. 영국 식민지 초기 1847년에 중국 상인들이 지은 건물로 영국의 통치에 간접적으로 대항하던 장소라는 데 의미가 있다. 건물은 총 3채로 이뤄져 있으며, 학문의 신 문창제와 전쟁의 신 관우를 주신으로 모신다. 안으로 들어가면 만모사원의 대표적인 이미지 원뿔 모양의 향이 천장을 가득 메운 채 타고 있다. 향에서 떨어지는 재를 맞으면 행운이 찾아온다고.

Data 지도 190p-A
가는 법 MTR 성완역 A2번 출구에서 도보 0분. 또는 미드 레벨 에스컬레이터 쪽에서 섬와 쪽으로 할리우드 로드를 따라 걷다 보면 나온다.
주소 126 Hollywood Road, Sheung Wan
운영 시간 08:00~18:00
전화 2540-0350 **가격** 무료

영화 속 한 장면처럼
더들 스트리트&가스등 Duddell Street&Gas Lamp

더들 스트리트 끝 돌계단 위에는 홍콩 유일의 가스등 4개가 남아 있다. 무늬만 가스등이 아니라 여전히 은은한 불을 밝히는 가스등이다. 고즈넉한 분위기가 멋스러워 〈천장지구〉, 〈희극지왕〉 등 홍콩 영화에 자주 등장했다. 또한 계단 중간에는 1960년대의 빙셋을 재현한 스타벅스 콘셉트 스토어가 있어 1950년대풍 분위기를 증폭시켜 준다. 연인과 함께라면 낭만이 깃든 더들 스트리트를 꼭 한번 거닐어보자.

Data 지도 191p-G
가는 법 MTR 센트럴역 D1번 출구에서 오른쪽으로 도보 10분
주소 Duddell Street, Central

나이트라이프의 천국
란콰이퐁 Lan Kwai Fong

센트럴에 해가 지기 시작하면 약속이나 한 듯 세계 각지에서 온 여행자들이 란콰이퐁으로 모여든다. 화려한 네온사인, 심장 박동이 빨라지는 음악소리, 맥주병을 손에 들고 거리를 활보하는 외국인들이 어우러지는 풍경은 란콰이퐁의 상징. 짧은 거리 안에 바와 클럽이 많아 밤이 깊어 갈수록 활기가 넘쳐흐른다. 일단, 노천바에서 시원한 맥주 한잔 쭉 들이키며 주위를 살펴 볼 것. 그 다음은 '말을 걸어오는 외국인 친구들과 비어Beer정상회담을 나눌 것이냐, 클럽에서 홍콩의 밤을 보낼 것이냐' 행복한 고민에 빠질 차례. 북적북적 소란스러운 밤이 체질에 안 맞는다면 구경만 슬쩍 한 후 소호로 발길을 돌려도 좋다.

Data 지도 190p-F, 191p-G
가는 법 MTR 센트럴역 D2번 출구로 나와 다길라 스트리트 D'Aguilar Street, 윈드햄 스트리트Wyndham Street를 방향으로 오르막길. 도보 6분
주소 Lan Kwai Fong, Central
홈페이지 www.lankwaifong.com

Tip 거리에서 클럽 파티 정보 얻기
유명한 DJ를 초청할수록 소호, 성완 거리에 포스터가 많이 붙어 있다. 스타급 DJ가 오는 클럽이 물도 좋다는 건 불변의 진리. 오다가다 클럽 포스터를 보면 날짜와 DJ를 미리 확인해 둘 것.

숨막히는 야경이 내 발 아래
빅토리아 피크 Victoria Peak

빅토리아 피크는 국보급 야경을 감상할 수 있는 홍콩 최고의 포인트다. 피크 트램을 타고 45° 각도의 가파른 오르막을 오르는 7분은 그야말로 홍콩 관광의 피크! 가만히 앉아 있어도 롤러코스터를 탄 듯 짜릿하다. 빅토리아 피크에 도착해 피크 타워 안 '스카이 테라스 428' 전망대에 오르면 침사추이와 홍콩섬의 전망이 360°로 펼쳐진다. 야경을 좀 더 음미하고 싶다면 같은 건물 안 퍼시픽 커피 컴퍼니(231p)에서 머물거나 맞은편 갤러리아 피크 안 카페 데코(231p)등에서 로맨틱한 시간을 보내보자.

Data 지도 190p-E 가는 법 MTR 센트럴역 J2번 출구에서 도보 10분 거리의 홍콩 공원 근처 가든 로드Garden Road의 피크 트램역에서 탑승 주소 128 Peak Road, The Peak 운영 시간 피크 트램 07:00~00:00 (15분 간격으로 운행), 빅토리아 피크 전망대 07:00~23:00, 스카이 테라스 428 월~금 10:00~23:00, 토·일·공휴일 08:00~23:00 요금 피크 트램 왕복 52HKD, 편도 37HKD(옥토퍼스 카드 사용 가능), 스카이 테라스 428 입장료+피크 트램 왕복 99HKD, 편도 84HKD 홈페이지 www.thepeak.com.hk

Tip 시간도, 에너지도 아끼는 피크 트램Peak Tram 이용 팁!
피크 트램의 정원은 1회 120명. 하루에 90회, 1만 명이 넘는 여행자가 피크 트램을 이용한다. 그만큼 줄이 길다. 올라갈 땐 피크 트램, 내려올 땐 1번 미니버스를 이용해보자. 센트럴의 랜드마크 쇼핑몰이나 스타 페리 선착장 근처에 내려준다.

스타들과 놀자
마담 투소 홍콩 Madame Tussauds Hong Kong

장국영, 유덕화 등 홍콩스타는 물론 레이디 가가, 오드리 햅번, 마오쩌둥 등 세계 유명 인사를 한자리에서 만나 볼 수 있다. 실물 크기의 밀랍인형이라 더 실감난다. 영화 〈첨밀밀〉 속 여명의 자전거에 올라타거나 오바마 대통령의 책상에 앉아 함께 기념사진을 찍는 재미가 쏠쏠하다. 기왕이면 두고두고 기억에 남을 만한 기발한 포즈를 맘껏 취해보자.

Data 지도 190p-E
가는 법 빅토리아 피크 타워 내 주소 Shop P101, The Peak Tower, No. 128 Peak road, The Peak 운영 시간 10:00~22:00 가격 성인 280HKD, 3~11세 180HKD 전화 2849-6966
홈페이지 www.madametussauds.com/hongkong/ko

Theme
센트럴의 눈에 띄는 건물

센트럴에는 홍콩을 대표하는 건물들이 많다. 역사적인 교회에서 현대적인 빌딩까지 다양하다.
저마다 특색 있는 건물을 감상하거나 타워의 전망대에 올라 홍콩을 감상해보자.

중국은행타워 Bank of China Tower

368m 높이를 자랑하는 홍콩의 마천루 중 하나다. 홍콩에서 건물 높이 랭킹 4위다. 대나무처럼 거침없이 성장하라는 의미로 육각형 모형의 대나무에 칼을 꽂은 모양이다. 건물을 지을 때 풍수지리를 많이 따지는 홍콩에서 기가 센 건물로 짓기 위해 외벽을 모두 유리로 둘렀다. 무료 전망대가 있으니 놓치지 말 것!

Data 지도 191p-H **가는 법** MTR 센트럴역 K번 출구에서 도보 8분

성 요한 교회 St. John Cathedral

세인트 존 성당으로도 불린다. 작은 성당이지만 역사가 깊은 영국 성공회 성당이다. 13세기 영국 건축 양식의 이 성당은 1849년 홍콩에 주둔하던 영국군을 위해 지었다. 성당 안으로 들어가면 아름다운 빅토리아풍 장식들을 볼 수 있다. 제2차 세계대전 당시 일본의 폭격으로 건물이 파괴된 것을 1949년 재건했다.

Data 지도 191p-G **가는 법** MTR 센트럴역 J2번 출구에서 도보 5분

입법부 빌딩 Legislative Council Building

황후상 광장 옆에 자리한 2층의 빅토리아풍 건물로 1912년 홍콩 식민지 초기 시절에 세워진 법원 건물이다. 밤이면 고풍스러운 조명이 은은하게 켜지며 고층빌딩 사이에서도 강한 아우라를 뿜어낸다. 그래서 홍콩 사람들에겐 특별한 기념사진 촬영 장소로 애용되고 있다.

Data 지도 191p-H **가는 법** MTR 센트럴역 K번 출구에서 도보 2분

홍콩상하이은행 HSBC

홍콩의 대표 금융기관이자 홍콩의 화폐를 발행하고 있는 세계 3위의 기업이다. 게의 형상으로 건물을 지었다지만 사실 게의 모습을 발견하기란 조금 어렵다. 튼튼하고 강인해 보이는 건물은 상상을 초월하는 양의 철근이 사용되어 세계에서 가장 비싼 건물로 이름을 날렸다.

Data 지도 191p-G **가는 법** MTR 센트럴역 K번 출구에서 도보 5분

리포 센터 Lippo Centre

센트럴의 고층빌딩에 둘러싸여 있지만 독특한 모습으로 존재감이 확실한 빌딩이다. 마치 코알라가 건물을 안고 있는 모습이라 '코알라 빌딩'으로 불리기도 한다. 마주 선 두 개의 빌딩은 높이가 42층과 46층으로 살짝 다르다. 미국인 건축가 폴 마빈 루돌프의 작품으로 비슷한 모양의 고층빌딩 디자인을 탈피하려고 건물에 많은 변화를 줬다.

Data 지도 191p-H **가는 법** MTR 애드미럴티역 B번 출구에서 도보 4분

웨스턴 마켓 Western Market

붉은 벽돌이 인상적인 웨스턴 마켓은 홍콩에서 가장 오래된 영국식 상가건물이다. 1900년대에 영국에서 유행하던 모습으로 지어진 이 건물은 당시 실내 시장으로 이용되던 곳. 지금까지도 건축 당시의 모습이 잘 보존되고 있으며, 작은 가게들이 영업을 하고 있다. G/F층에 허니문 디저트와 미니 자동차 모형을 판매하는 80M 버스 모델숍이 있다.

Data 지도 190p-A **가는 법** MTR 성완역 C번 출구에서 도보 1분

청콩 센터 Cheong Kong Centre

전자제품 체인 포트리스, 슈퍼마켓 체인 파킨숍, 최대의 통신사 PCCW, 드럭스토어 왓슨즈 등 홍콩 주요 기업을 가지고 있는 아시아 최고의 갑부 리카싱의 청콩그룹 빌딩이다. 건물은 단순하지만 반짝거리며 화려한 외관을 자랑한다. 건물의 뒷편으로는 잠시 쉬어갈 수 있는 청콩 공원과 성 요한 교회가 이어져 있어 사람들의 발길이 끊이지 않는다.

Data 지도 191p-H **가는 법** MTR 센트럴역 J2번 출구에서 도보 2분

원&투 IFC One&Two International Finance Centre

기하학적인 발상이 돋보이는 홍콩의 랜드마크 빌딩이다. 홍콩 야경을 찍다 보면 유독 이 건물이 눈에 쏙 들어온다. 2003년에 완공된 이 건물은 단순하면서도 세련미가 넘친다.
건물 높이는 홍콩에서 랭킹 2위, 세계에서도 8위다. 음기가 강한 기운을 누르기 위해 남성의 성기 모양으로 지었다고 한다. 무료 전망대도 있으니 빠트리지 말자.

Data 지도 191p-C **가는 법** MTR 센트럴역 A번 출구에서 도보 4분 MTR 홍콩역, 스타 페리 선착장과 연결되어 있음

도심 속의 푸름
홍콩 공원 Hong Kong Park

센트럴 한복판, 새소리가 들리고 울창한 나무그늘이 여행자에게 자리를 내어주는 공원이다. 거대한 도심 한복판에 빌딩숲을 배경으로 물고기가 헤엄치는 연못과 분수대, 자그마한 폭포와 꽃들이 오밀조밀 붙어 있다. 바쁘게 돌아가는 홍콩 도심 속에 사는 현지인에게도, 여행 중 잠시 쉬고 싶은 여행자에게도 편안한 휴식처가 되어준다. 공원 안쪽엔 영국군의 저택을 개조한 다기 박물관을 무료개방 하고 있다. 중국 다도의 변천사를 볼 수 있다.

Data 지도 191p-H
가는 법 MTR 애드미럴티역 C1번 출구로 나가서 왼편의 퀸즈웨이 플라자 쓰인 에스컬레이터를 타고 올라간다. 에스컬레이터에서 내려 퍼시픽 플레이스라 쓰인 육교를 건넌 뒤 정면 오른편을 보면 에스컬레이터가 나온다. 그걸 타고 끝까지 올라가면 공원 입구
주소 19 Cotton Tree Drive, Central
운영 시간 공원 06:00~23:00, 온실·조류관 09:00~17:00
가격 무료

잠시 머무는 쉼터
황후상 광장 Statue Square

센트럴 중앙 빌딩들에 둘러싸인 작은 광장. 주말이면 홍콩에서 일하는 필리피노들의 만남의 장으로 쓰여 발 디딜 틈 없이 붐빈다. 하지만 평일에는 한적하여 잠시 앉았다 가기에 좋다. 19세기 말에 만들어진 이 광장은 입법부 빌딩부터 대법원, 시청, 홍콩상하이은행HSBC, 중국은행타워 빌딩 등의 건물로 둘러싸여 있다. 센트럴의 건물들을 기념촬영하기에도 좋다.

Data 지도 191p-G
가는 법 MTR 센트럴역 K번 출구로 나가자마자 바로 왼쪽, 또는 센트럴 스타 페리 선착장 7번 부두에서 직진하여 도보 8분
주소 Statue Square, Des Voeux Road, Central

홍콩섬의 아이콘이 된
홍콩 관람차 The Hong Kong Observation wheel

센트럴 하버 프런트에 우뚝 서 있는 높이 60m의 대관람차! 런던 아이(135m)나 싱가포르 플라이어(165m)에 비해 작다. 하지만 360°로 보이는 홍콩섬의 탁 트인 전망 하나는 끝내준다. 20분 여분 동안 세 바퀴를 돌기 때문에 빅토리아 하버와 카우롱 반도 일대의 야경을 여러 번 즐길 수 있다. 낮보다는 밤! 기왕이면 콕 찍어서 일몰 시간이나 심포니 오브 라이트 쇼 타임에 관람차에 탑승할 것. 캐빈 1대 당 탑승 인원은 8~10명. 프라이빗 곤돌라도 있다.

Data **지도** 191p-D **가는 법** 센트럴 스타 페리 선착장에서 도보 8분. 또는 MTR 센트럴역 A번 출구에서 도보 10분
주소 The Hong Kong Observation wheel, Central
운영 시간 10:00~23:00 **요금** 성인 20HKD~, 12세 이하 10HKD, 3세 이하 무료 **홈페이지** www.hkow.hk/en

100년의 역사를 간직한
센트럴 스타 페리 선착장 Central Star Ferry Pier

스타 페리와 오랜 세월을 함께 해온 건물이다. 1888년 스타 페리가 운항을 시작할 때에는 시티홀 근처에 있었으나 항구의 매립으로 인해 지금의 위치로 이동했다. 콜로니얼 양식의 외관이 이국적이다. 건축물 꼭대기에는 네델란드에서 제작된 시계탑을 올려놓았다. 센트럴에서 침사추이로 가는 스타 페리는 7번 부두에서 탑승하면 된다.

Data **지도** 191p-D
가는 법 MTR 센트럴역 A번 출구에서 도보 10분. 또는 스타 페리 타고 센트럴 스타 페리 선착장 하차
주소 Central Star Ferry Pier, Central

현지인들의 아지트, 비어베이
센트럴 페리 3번 선착장 앞에 침사추이의 야경을 안주 삼아 맥주를 마실 수 있는 곳이 있다. 의자나 테이블은 없다. 그저 계단에 걸터앉으면 거기가 바Bar다. 게다가 생맥주나 와인을 플라스틱 잔에 내준다. 가격은 저렴하지만 야경은 백만 불짜리!

BUY

센트럴의 핫이슈
IFC 몰 IFC Mall

20~30대를 겨냥한 젊은 콘셉트의 쇼핑몰이다. 홍콩에서 두 번째로 높은 IFC 빌딩과 연결된 이 몰은 규모가 커서 쾌적하게 쇼핑을 즐길 수 있다. 쇼핑몰의 구획이 잘 나누어져 있는 것도 장점이다. 반면 규모가 너무 크다 보니 동선이 길다. 원하는 것을 찾으려면 많이 걸어야 해서 쇼핑을 하다 금방 지치는 단점도 있다. IFC몰은 도심공항터미널과 연결돼 있어 홍콩 여행의 마지막 날 일찍 항공 수속을 마친 후 쇼핑을 하는 게 좋다. 2층 규모로 자리한 IFC 몰에는 최고의 인기매장인 애플 스토어와 레인 크로포드, 시티슈퍼를 비롯한 200여 개의 브랜드가 입점해 있다. 쇼핑도 쇼핑이지만 침사추이의 야경이 그림처럼 펼쳐지는 쇼핑몰의 4층 전망대는 꼭 들러보아야 할 IFC 몰의 명소!

Data **Map** 191p-C **Access** MTR 센트럴역 A번 출구에서 도보 4분. MTR 홍콩역 A1, A2, B1, B2, E1번 출구와 바로 연결 **Add** 8 Finance Street, Central **Tel** 2295-3308 **Open** 10:00~21:00 (숍마다 다름) **Web** www.ifc.com.hk

IFC몰 추천 매장

애플 스토어 Apple Store

스타 페리를 타고 빅토리아 하버를 건너 IFC 몰로 올 때 가장 먼저 눈에 띄는 매장이다. 홍콩 최대 규모 애플 스토어로 L1~3층에 자리한다. 애플 스토어의 상징 멋진 유리 계단을 오르내리며 매장을 둘러보는 재미도 쏠쏠하다. 노트북이나 스마트폰이 한국보다 약간 저렴한 편이다.

시티슈퍼 City Super

L1층 눈이 돌아갈 만큼 다양한 식자재를 갖춘 프리미엄 슈퍼마켓. 요리를 좋아하는 여행자라면 평소 구하기 힘들었던 수입 식료품이나 조리 도구를 장만할 수도 있다. 홍콩에 머무는 동안 숙소에서 가볍게 먹을 와인이나 치즈, 샐러드 등을 사기에도 그만이다.

레인 크로퍼드 lane Crawford

L3층 서편으로 거대하게 펼쳐지는 레인 크로퍼드 매장은 홍콩의 패션과 코스메틱 트렌드를 이끄는 럭셔리 백화점이다. 가격대는 높지만 화려한 신상 디스플레이를 보는 것만으로도 감각지수가 올라가는 느낌. 코스메틱 매장에서는 '샬롯 틸버리Charlotte Tilbury'를 놓치지 말자. 도톰한 입술을 만들어주는 립스틱부터 마스크팩까지 색조와 스킨케어 제품이 인기다.

쉐이크쉑 Shake Shack

지금까지 이런 햄버거 가게는 없었다. IFC몰 4층 야외 테라스와 연결된 빅토리아 하버 건너 침사추이를 바라보며 햄버거를 맛볼 수 있는 매장. 맛은 100점, 전망은 100점 만점에 200점이랄까. 한낮에 낮맥 즐기기도 좋다.

럭셔리 쇼핑몰의 위엄
랜드마크 아트리움 Landmark Atrium

IFC 몰이 등장하기 전에는 센트럴을 대표하는 럭셔리 쇼핑몰이었다. 전체적으로 중후하고 고급스러운 분위기다. 4개 층에 루이비통, 디올, 구찌, 지미추, 발렌티노, 막스마라, 폴 스미스 등 70여 개의 명품 매장이 모여 있다. 'ㅁ' 자 모양 건물의 벽면을 따라 매장이 이어져 있어 원하는 브랜드를 찾기 쉽다. 매장의 규모는 다소 작은 편이다. 대신, 다른 쇼핑몰에서는 볼 수 없는 랜드마크 아트리움만의 리미티드 에디션을 시즌마다 돌아가며 선보인다. 이 때문에 명품족에게 필수 쇼핑 코스로 각광받고 있다. 랜드마크 내 영국계 고급 백화점 하비 니콜스Harvey Nichols는 크리스토퍼 케인, 빅터&롤프, 릭 오웬스 등 신진 디자이너 브랜드가 많은 편. '카페 랜드마크', 스타 셰프 조엘 로부숑에서 운영하는 '르 살롱 드 떼', '어번 베이커리' 등에서 쇼핑하다 쉬어가기도 좋다.

Data 지도 191p-G
가는 법 MTR 센트럴역 G번 출구와 연결
주소 12-16 Des Voeux Road, Central
전화 2500-0555
운영 시간 10:00~20:00, 구정 휴무
홈페이지 www.landmark.hk

특별한 홍콩 찾기
GOD Goods of Desire

1996년 홍콩 출신 인테리어 디자이너 더글라스 영Douglas Young이 홍콩 문화의 특별함을 알리기 위해 오픈했다. 홍콩의 감성을 그대로 담은 디자인은 전통과 현대가 절묘하게 어우러져 실용적이면서 세련된 감각이 물씬 풍긴다. 오밀조밀하게 배열된 인테리어 용품과 멋스럽게 걸린 패브릭, 중국 특유의 느낌이 묻어나는 식기까지, 국내에서는 구하기 힘든 제품들이다.

Data 지도 190p-F
가는 법 MTR 센트럴역 D1번 출구에서 도보 8분. 미드 레벨 에스컬레이터를 타고 할리우드 로드로 나감
주소 48 Hollywood Road, Central **전화** 2805-1876
운영 시간 11:00~21:00

영국의 톱 패스트패션
톱숍 Topshop

영국 대표 SPA 브랜드의 아시아 1호점. 20~30대 취향의 트렌디한 영 캐주얼 패션을 속전속결로 선보인다. 시즌별로 케이트 모스, 알렉산더 맥퀸 등 유명 디자이너 또는 셀러브리티와 컬래버레이션 한 디자인을 내놓기로 유명하다. 일상에서 입을만한 베이직한 디자인의 옷부터 피디웨어, 신발, 가방, 액세서리, 코스메틱까지 폭 넓은 아이템을 합리적인 가격에 선보인다. 현재 한국에 입점이 안 된 브랜드라는 점에서 한번쯤 둘러볼만하다. 단, 고급스러운 소재를 기대했다가는 실망할 수도.

Data 지도 190p-F
가는 법 MTR 센트럴역 D1번 또는 D2번 출구로 나와 우회전하면 만나는 퀸즈 로드를 따라 4분쯤 걸어가면 오른편에 위치. 코스 맞은편
주소 Asia Standard Tower, 59 Queen's Road, Central
전화 2118-5353
운영 시간 10:30~22:00

스타일 살려주는 스웨덴 패션
코스 COS

'Collection Of Style'을 모토로 한 브랜드 네임처럼 모던하고 실용적이면서도 제대로 만든 옷을 추구한다. H&M 등 SPA 브랜드에 비하면 다소 가격이 높은 편이나 그만큼 소재가 고급스럽다. 게다가 우리나라보다 홍콩이 30% 이상 저렴하다. 세일 기간에는 더 착한 가격에 득템 할 수 있어 한국 여행자들 사이에서 인기다. 홍콩 3개의 매장 중 센트럴점은 단독 로드숍으로 코스만 집중해서 공략하기 좋다. 오피스웨어로 입기 좋은 클래식한 디자인의 여성용 니트, 블라우스는 물론 남성용 니트도 추천 아이템.

Data 지도 190p-F
가는 법 MTR 센트럴역 D1번 또는 D2번 출구로 나와 우회전하면 만나는 퀸즈 로드를 따라 4분쯤 걸어가면 왼편에 위치. 탑숍 맞은편
주소 The Pottinger Hong Kong, 74 Queen's Road, Central **전화** 3580-7938
운영 시간 월~토 11:00~22:00, 일 11:00~21:00

한 가지도 버릴 게 없는
홈리스 Homeless

센트럴의 고프 스트리트Gough Street를 장악해 버린 홈리스! 감각적인 생활 소품부터 가구, 기념품으로도 좋은 소소한 디자인 제품이 마치 전시장을 보듯이 숍 안을 꽉 채우고 있다. 어느 것 하나 맘에 안 드는 게 없을 정도여서, 그곳만 가면 괜히 가슴이 두근거린다는 사람들이 많다. 로컬 디자이너부터 덜튼Dulton, 모마Moma, +d, 프로게티Progetti, 탐 딕슨Tom Dixon 등 세계적인 인테리어 디자인 회사들의 보기 힘든 제품들을 만날 수 있다. 진짜 특별한 기념품을 사고 싶다면 홈리스가 제격! 코즈웨이 베이와 침사추이 더 원 쇼핑몰에도 매장이 있다.

Data 지도 190p-B
가는 법 성완역 A2번 출구에서 도보 7분. 미드 레벨 에스컬레이터를 타고 게이지 스트리트Gage Street로 나가서 도보 5분
주소 28-29 Gough Street, Central
전화 2851-1160
운영 시간 월~토 11:30~21:30, 일·공휴일 12:00~18:00
홈페이지 www.homeless.hk

고급스러움을 듬뿍 담아
티모시 울튼 Timothy Oulton

고급 가구와 라이프 스타일 시장의 세계적인 선두업체인 런던 브랜드 티모시 울톤 매장. 발랄하고 밝은 느낌의 가구를 선호하는 사람이라도, 이곳의 아우라에 압도되어 취향마저 바꿔버릴지 모른다. 이태리와 아르헨티나 산 가죽을 쓰고, 모든 공정을 100% 수작업으로 만든다. 매장은 작지만 제품들의 존재감은 대단하다. 디자인 경연대회에서 상을 휩쓴 가구도 볼 수 있다. 남자들을 위한 세련되고 유니크한 가방과 지갑 등도 인기가 많다.

Data 지도 190p-B
가는 법 성완역 A2번 출구에서 도보 7분. 미드 레벨 에스컬레이터 타고 게이지 스트리트Gage Street로 나가서 도보 5분 주소 G/F, 15 Gough Street, Central
전화 2161-1742
운영 시간 10:00~21:00
홈페이지 www.timothyoulton.com

엄마들에겐 보석 같은 숍
쁘띠 바자르 Petit Bazaar

아이가 없는 사람이라도 보자마자 반해버릴 만큼 탐나는 유아용품 편집숍이다. 아이가 있는 엄마라면 누구나 열광할 만한 제품들로 가득 차 있다. 이미 홍콩에서는 소문이 자자하다. 프랑스나 미국에서 건너온 톡톡 튀는 소품들과 고급스러운 장난감, 독특한 의류까지 눈길 끄는 아이템들이 한두 가지가 아니다. 직원들도 친절해서 아이와 함께 방문하면 아이가 쉬며 시간을 보내기에도 좋다.

Data 지도 100p-B
가는 법 성완역 A2번 출구에서 도보 7분. 미드 레벨 에스컬레이터 타고 게이지 스트리트Gage Street로 나가서 도보 5분
주소 9 Gough Street, Central
전화 2544-2255
운영 시간 11:00~21:00

중국의 아름다움을 담은
프렌즈십 트레이딩 컴퍼니 Friendship Trading Company

센트럴의 골동품 거리로 유명한 할리우드 로드에 있는 도자기숍이다. 이곳은 들어서면 학~ 소리가 절로 난다. 정교한 솜씨로 빚은 도자기에 넋을 빼앗기고, 상상을 초월하는 가격이 뒤통수를 친다. 숍에는 몇 천만 원에서 몇 억을 호가하는 도자기들이 진열되어 있다. 이곳의 도자기들은 중국 특유의 문양에 색감이 더해져 신비롭다. 집에 놓아두면 기분이 좋아질 화병부터 성인 키만큼 커다랗고 웅장한 도자기까지 종류나 모양도 다양하다. 일반인이 구입하기에는 부담스러운 아이템들이지만 눈으로 보는 호사는 누릴 수 있다.

Data 지도 190p-B
가는 법 MTR 센트럴역 D1번 출구에서 도보 8분. 미드 레벨 에스컬레이터를 타고 할리우드 로드로 나가서 도보 5분
주소 15-17, Hollywood Road, Central
전화 2548-383
운영 시간 월~토 09:30~18:30

디자이너의 빈티지숍
인비트윈 inBetween

골목 안 시선을 끄는 파란색 빈티지숍. 그래픽 스튜디오를 운영하는 디자이너 킨 웡이 운영하는 가게로 빈티지 소품과 아티스트들이 만든 물건이 뒤섞여 있다. 모자, 가방, 영화 포스터, 엽서, 액세서리 등 독특한 디자인이 많아 구경만 해도 동공이 확대된다. 매장은 작지만 보물찾기 하듯 둘러보는 재미가 있다. 일요일마다 다른 테마로 마켓도 열리며, 비정기적으로 아티스트와 함께 하는 워크숍도 연다. 바로 옆에 서점도 있다.

Data 지도 190p-A
가는 법 만모사원에서 도보 4분
주소 6B, Tai Ping Shan St, Sheung Wan
전화 6097-1817
운영 시간 12:00~19:00
홈페이지 inbetweenshop.com

빌딩 숲 사이 종이 숲
마운트 제로북스 見山書店 · Mount Zero Books

탈렌시아 플로럴 아트 꽃집이 있던 자리에 문을 연 2층 서점. 아담한 코너 매장을 서점 겸 카페로 꾸몄다. 1층에서 커피를 주문해 2층 창가에 앉아 책도 고르고 차도 마실 수 있는 아늑한 분위기다. 소설, 시와 홍콩 독립서적 일부 영어서적도 판매한다. 홍콩 아티스트가 만든 엽서나 일본에서 공수한 문구도 소장각이다. 무엇보다 친절한 주인장과 서점에서 조용히 책을 고르는 손님들에 흐뭇해진다. 작은 서점을 좋아하는 여행자라면 포호를 걷다가 한번쯤 들러보시길.

Data 지도 190p-A
가는 법 만모사원에서 도보 4분
주소 6 Tai Ping Shan St, Tai Ping Shan
전화 6097-1817
운영 시간 월~금 11:00~18:00, 토~일 12:00~18:30

예술을 품은 쇼핑 공간
PMQ 元創方

골목골목 아기자기한 숍을 찾아다니는 것도 좋지만 이색적인 쇼핑을 한 번에 해결하고 싶다면 소호의 끝자락에 있는 PMQ가 답이다. 구름다리로 연결된 2개의 건물은 원래 1889년 홍콩 최초의 공립학교로 지어져 1951년 기혼 경찰과 가족을 위한 사택으로 쓰였던 공간이다.

대대적인 리뉴얼을 거쳐 '창조적인 라이프스타일'을 콘셉트로 한 거대한 아트 스튜디오이자 개성만점 쇼핑몰로 변신했다. 자그마치 130개의 스튜디오와 전시장에는 아이디어 넘치는 디자인 소품, 의류, 도자기, 잡화 등이 가득하다. 서울로 치면 초창기 쌈지길에 견줄만한 신선한 분위기를 풍긴다. 특징 숍을 찾아가기보다는 발길 닿는 대로 둘러보는 재미를 만끽해보자. 복도식 아파트처럼 긴 복도를 따라 숍이 이어지는 구조여서 천천히 거닐며 마음에 드는 공간에 들릭날릭할 수 있다. 중간 중간 위치한 카페나 펍들도 저마다의 개성을 뽐낸다.

Data **지도** 190p-F
가는 법 MTR 센트럴역 D2번 출구에서 도보 15분. 또는 미드레벨 에스컬레이터를 타고 Staunton St. 내려 오른편으로 도보 5분. 할리우드 로드에서 싱 웡 스트리트Shing Wong St.로 진입, 계단을 오르면 입구
주소 35 Aberdeen Street, Central
전화 2870-2335 **운영 시간** 09:00~23:00(숍에 따라 다름), 구정 휴무 **홈페이지** www.pmq.org.hk

중독성 강한 마약쿠키
제니 베이커리 Jenny Bakery

부드럽고 진한 버터의 쿠키 맛이 중독성이 강해설까. 경쟁 쿠키 브랜드의 등장에도 인기가 식지 않는 제니 쿠키의 성황점. 서울에도 진출했지만 홍콩에서 사는 게 저렴하다. 홍콩에는 매장이 센트럴과 침사추이 두 곳 있는데 센트럴 점이 줄이 짧은 편. 현금 결제만 가능하며 쇼핑백은 별도로 사야한다. 크리마스 시즌에는 산타 옷을 입은 곰이 그려진 패키지에 담아 선물용으로 제격이다.

Data 지도 190p-B 가는 법 MTR 성완역 E2번 출구에서 도보 3분
주소 Ground Floor Unit15, 15 Wing Wo St, Sheung Wan
전화 2524-1988
운영 시간 10:00~19:00
가격 4가지 맛 쿠키 140HKD
홈페이지 www.jennybakerry.com

소호 한가운데 위치한 식료품점
막스&스펜서 푸드 Max&Spencer food

소호 한가운데 들어선 마트 겸 카페로 간식거리나 소소한 선물을 장만하기 제격이다. 특히 와인, 치즈, 쿠키 코너가 알차다. 영국에서 물 건너온 쿠키는 선물용으로 좋다. 와인 코너 옆 조그만 카페는 커피 값도 싸고, 창가에 앉으면 미드 레벨 에스컬레이터가 한눈에 쏙 들어온다. 커피에 머핀, 도넛 등 빵 하나 곁들이면 간단한 아침 식사나 간식으로 딱 좋다. 와이파이도 빵빵하니 쉬어갈 맛이 난다.

Data 지도 190p-F
가는 법 MTR 센트럴역 D1번 출구에서 도보 10분. 미드 레벨 에스컬레이터를 타고 할리우드 로드 지나자마자 오른편에 보임
주소 Kinwick Centre 32 Hollywood Road, Central
전화 2921-8552
운영 시간 월~금 07:30~22:00, 토·일·공휴일 08:00~22:00
홈페이지 global.marksnspencer.com/hk

EAT

홍콩의 옛 낭만을 즐기는
스타벅스 콘셉트 스토어 Starbucks Concept Store

스타벅스라고 해서 세련되고 모던한 아메리칸 스타일을 상상하면 곤란하다. 카페가 있는 더들 스트리트Duddell Street는 화강암으로 된 계단과 100년째 자리를 지키고 있는 전기 가로등이 있어 법정기념물로 지정된 곳. 이 거리의 분위기에 맞춰 카페를 '홍콩의 60년대 전통다방', '빙셧Bing Sutt' 콘셉트로 꾸몄다. 붓으로 쓴 메뉴판, 빛바랜 영화 포스터, 구슬이 총총 박힌 플라스틱 발, 100년도 더 된 벽걸이 선풍기 등은 드라마 세트장을 연상케 한다. 메뉴도 두꺼운 버터 조각을 끼운 파인애플 번과 에그 타르트, 단팥 푸딩 등 빙셧의 느낌을 살렸다. 맛보다는 빈티지한 분위기에 반할 터. 1960년대의 홍콩으로 시간여행을 떠난다는 기분으로 찾아가 보길 추천한다.

Data 지도 191p-G
가는 법 MTR 센트럴역과 연결된 랜드마크 아트리움의 구찌 매장 건너편 골목안 계단 중간에 있음
주소 Shop M2, Mezzanine Floor, Baskerville House, 13 Duddell Street, Central
전화 2523-5685 **운영 시간** 월~목 07:00~21:00, 금 07:00~22:00, 토 08:00~22:00, 일·공휴일 09:00~20:00 **가격** 아메리카노 31HKD

홍콩 바리스타 챔피언의 카페
커핑룸 Cupping Room

홍콩 바리스타 챔피언십 4년 연속 우승, 세계 바리스타 대회 2위 기록을 자랑하는 카페. 워낙 커피 맛이 좋아 많아 센트럴 성완의 매장이 3곳이 다 인기다. 그 중 미드레벨 옆 커핑룸이 여행자들이 가장 들리기 좋은 지점이다. 미드레벨 에스컬레이터를 타고 가다 카페인이 당길 때 들러보자. 맞은편에는 침차이키, 옆에는 막스 누득이 있어 완탕면 한 그릇 한 후 커피 한 잔 하기도 좋다. 매장은 좁지만 너른 창이 있어 오가는 사람 구경하며 커피 마시는 재미도 있다.

Data 지도 190p-F **가는 법** MTR 센트럴역 D1번 출구에서 도보 6분, 미드레벨 에스컬레이터 초입에 위치 **주소** G/F, 18 Cochrane St, Central **전화** 2511-3518 **운영 시간** 월~금 08:00~17:00, 토~일 08:00~18:00 **가격** 아이스 라테 45HKD
홈페이지 cuppingroom.hk

〈짠내투어〉 박나래의 선택
소셜 플레이스 Social Place

고기, 버섯, 트러플로 속을 채운 버섯 모양 딤섬 트러플 시타케 번 Truffle Sitake Bun, 사과 잼이 들어간 사과 딤섬 Steamed apple buns 등 반전 매력 넘치는 창작 딤섬으로 인기몰이 중인 곳. 파란 탁구대나 오픈 키친 앞 바 테이블 등 인테리어도 재미있다. 〈짠내투어〉, 〈원나잇 푸드트립〉 TV 프로그램에 소개되며 더욱 유명해졌다. 연잎밥이나 탄탄면 등 베이직한 메뉴를 곁들여도 좋고, 소셜 플레이스에서만 맛볼 수 있는 비둘기구이 Signature Roasted White Piegeon나 불타는 파인애플 속 소갈비찜 Flamin-ple 등을 맛봐도 좋겠다.

Data 지도 190p-B
가는 법 MTR 센트럴역 K번 출구에서 도보 5분
주소 2/F, The L. Place, 139 Queen's Road Central, Central
전화 3568-9666 **운영 시간** 11:30~15:00, 18:00~22:00
가격 딤섬 49HKD~, 차 20HKD **홈페이지** www.socialplace.hk

미슐랭도 인정한 딤섬
팀호완 Tim Ho Wan

미슐랭 가이드에서 별 하나를 받고 난 후 홍콩 최고의 딤섬집이 됐다. 본점보다 홍콩역 분점의 접근성이 좋다. 이곳 역시 줄을 서야 맛볼 수 있지만 입맛 까다롭기로 유명한 광둥 사람들이 줄을 설 때는 그만한 이유가 있는 법. 요리는 주문 즉시 시작하고 메뉴는 주기적으로 교체하며, 가격까지 저렴하다. 딤섬을 입에 넣는 순간, 모든 수고를 보상받을 수 있다. 이게 다 미슐랭 3스타를 받은 포시즌스 호텔 '룽킹힌'에서 딤섬을 총괄하던 맥 콰이 푸이 오너 셰프가 대중적인 식재료로 고급스러운 딤섬을 선보이기 때문. 셰프 추천 메뉴는 번 속에 돼지 바비큐가 들어간 '꼭차시우바오', 통 새우가 들어간 라이스롤 '가오웡씬하추엠'.

Data 지도 191p-C
가는 법 MTR 센트럴역 A번 출구에서 도보 6분. MTR 홍콩역 B1번 출구 방향의 스타 페리 선착장과 연결되어 있음
주소 Level 1, Shop 12A, Hong Kong Station, Central
전화 2332-3078
운영 시간 09:00~21:00
가격 딤섬 17~33HKD~
홈페이지 www.timhowan.com

Tip 옆 사람 팔꿈치에 찔릴 듯 다닥다닥 붙어있는 테이블 위의 식사가 갑갑하다면 테이크아웃 해서 IFC 몰 야외 옥상에서 즐기는 편을 추천한다.

새우완탕면에 콘지
젱다오 正斗 · Tasty Congee&Noodle Wantun Shop

젱다오는 홍콩말로 '매우 좋다'는 뜻. 2년 연속 미슐랭 추천을 받을 만큼 평가도 매우 좋다. 주종목은 완탕면과 콘지. 내공 있는 주방장이 뽑아내는 탱글탱글한 면발과 속이 꽉 찬 새우완탕면은 너도나도 찾는 메뉴다. 다양한 고명을 넣어먹는 광동 스타일의 콘지 맛도 일품. 담백한 맛에 숟가락을 놓을 수가 없다. 모더하고 고급스러운 인테리어에 비해 착한 가격도 만족스럽다. 다 좋은데 점심, 저녁 식사 시간마다 줄이 길다. 도착하면 번호표부터 받을 것. 홍콩역과 바로 연결되는 도심공항터미널과도 가까우니 홍콩에 도착한 기쁨을 완탕면 한 그릇으로 누리고 싶을 때 추천한다. 홍콩을 떠나기 전 마지막 식사를 위해 들러도 좋겠다.

Data **지도** 191p-C
가는 법 MTR 센트럴역 A번 출구에서 도보 5분. MTR 홍콩역 A1, A2번 출구 IFC 몰 3층. AEL 출구로 나와 엘리베이터 탑승
주소 Shop 3016-3018, Podium Level 3, IFC Mall, Harbour View Street, Central
전화 2295-0101
운영 시간 11:30~23:00
가격 완탕면 45~68HKD, 콘지 65HKD~, 봉사료 10%
홈페이지 www.tasty.com.hk

딤섬과 사랑에 빠지게 한
시티홀 맥심즈 팰리스 City Hall Maxim's Palace

별 기대 없이 찾았더라도 곧장 딤섬과 사랑에 빠지게 되는 레스토랑이다. 딤섬 잘하는 집이 한두 집도 아니고, 딤섬은 기본적으로 맛있지 않냐고 따질 수도 있다. 하지만 이 곳의 딤섬은 달라도 너무 다르다. 특히 보들보들한 빵에 돼지고기가 들어간 차슈빠오는 환상적. 달콤하면서도 짭조름한 그 맛은 다른 딤섬 집의 차슈빠오와는 비교불가다. 이 레스토랑은 김이 모락모락 나는 딤섬을 실은 수레가 넓은 홀 안을 계속 오간다. 이 수레 덕분에 원하는 딤섬을 눈으로 보고 바로 골라 먹을 수 있어 쉽고 빠르게 주문이 가능하다. 오전 12시 이전에 가야 기다리는 시간이 없다. 저녁시간에는 광동요리 전문점으로 변신한다.

Data **지도** 191p-H **가는 법** MTR 센트럴역 K번 출구에서 도보 5분
주소 2/F Lower Block, City Hall, Central **전화** 2521-1303
운영 시간 월~토 11:00~15:00, 17:30~23:30, 일·공휴일 09:00~15:00, 17:30~23:30. **가격** 딤섬 40HKD~, 봉사료 10%
홈페이지 www.maxims.com.hk

노련한 바리스타가 내리는 커피
아라비카 홍콩 IFC % Arabica Hong Kong IFC

IFC몰에서 스타페리 타러 가다보면 어디선가 향긋한 커피향이 난다. 커피향의 진원지는 매장에서 직접 로스팅 하는 아라비카 커피 매장이다. 군더더기 없는 인테리어와 응커피로 통하는 로고만 봐도 마음이 산뜻해진다. 줄이 길다고 지레 겁먹지 말자. 노련한 바리스타가 잽싸게 커피를 만들어준다. 아메리카노도 맛있지만, 더운 날에는 진한 커피와 고소한 우유가 환상의 조화를 이루는 아이스 라테를 추천한다. 원두는 물론 텀블러, 에코백 등 탐나는 디자인의 굿즈도 판다.

Data 지도 191p-C 가는 법 IFC몰 1층 시티수퍼 옆 주소 1050, IFC Mall, 1 Harbour View St, Central 전화 2319-0389 운영 시간 08:10~21:00 가격 아메리카노 40HKD, 라테 45HKD 홈페이지 www.arabica.coffee

밀라노에서 온 파니니
파니노 규스토 Panino Giusto

유러피언이 많은 홍콩에는 유럽에서 물 건너온 맛집도 많다. 밀라노에서 온 전설의 파니니 파니노 규스토도 그중 한 곳. 맛의 비결은 7의 법칙The Rule of 7. 70g의 빵 사이에 70g의 슬라이스 햄, 치즈, 채소를 넣어 만든다. 여러 종류의 파니니 중 뭘 주문할지 망설여질 땐 대표 메뉴 '규스토'를 맛보자. 1979년 밀라노에 문을 열 때부터 전해져 내려온 레시피대로 훈제햄에 토마토, 모차렐라, 안초비, 머스터드를 넣어 만든다. 안초비의 짭조름함과 싱싱한 토마토, 치즈가 씹히는 맛이 조화를 이룬다. 여름에는 시원한 맥주, 겨울에는 글라스 와인을 한잔 곁들여보자. 의외로 궁합이 잘 맞는다. 저녁 무렵 창가 자리에 앉으면 침사추이의 멋진 야경이 펼쳐져 로맨틱한 분위기를 선사한다.

Data 지도 191p-C 가는 법 MTR 센트럴역 A번 출구에서 도보 5분. MTR 홍콩역 A1, A2번 출구 IFC 몰 3층 주소 Shop 3077, Podium Level 3, IFC Mall, 8 Finance Street, Central 전화 2564-7000 운영 시간 10:00~22:00 가격 규스토 78HKD, 글라스 와인 55~72HKD 홈페이지 www.paninogiusto.hk

바다 바라보며 버맥!

쉐이크쉑 Shake Shack

2004년 뉴욕 메디슨 스퀘어에서 시작해 런던, 파리 등 세계 각국에 진출한 햄버거의 홍콩 센트럴점. 서울에도 청담, 강남 등에 매장이 있지만 홍콩 센트럴점은 전망이 좋아도 너무 좋다. IFC몰 4층 야외 테라스와 연결된 매장 덕이다. 이왕이면 야외 테이블에 앉아 버거를 먹으며 바다 건너 침사추이 전망을 음미해보자. 버거에 맥주를 즐기는 타입이라면 쉐이크쉑 홍콩에서만 맛볼 수 있는 쉑마스터에일 맥주를 맛보자. 음료파라면 버거에 밀크쉐이크를 추천한다.

Data 지도 191p-C
가는 법 MRT 홍콩역 A1, A2번 출구로 나와 엘리베이터 타고 IFC몰 4층 야외 정원
주소 4018, IFC, 1 Harbour View St, Central
전화 2522-5611
운영 시간 11:00~23:00
가격 쉑버거 50HKD~, 치즈프라이 35HKD, 쉑마스터에일 68HKD
홈페이지 shakeshack.com.hk

뱅크뷰와 하버뷰 야경을 동시에

세바 SEVVA

하늘을 향해 쭉 뻗은 마천루에 둘러싸인 프린스 빌딩 25층에 자리한 루프톱 바&레스토랑. 밤하늘이 푸른색에서 군청색으로 변해갈 무렵에 세바로 가보자. 은행들의 위엄찬 모습이 빛나는 뱅크뷰Bank view와 하버뷰의 눈부신 야경이 선물처럼 다가온다. 하루 일을 마친 유러피언들이 삼삼오오 몰려와 바닷바람에 머리를 식히며 시원한 맥주를 들이킨다. 바쁜 일상을 벗어나 휴가 중이라면 불을 환히 밝힌 채 야근하는 사람들을 바라보며 마시는 맥주 맛은 더욱 꿀맛. 단, 2~3명은 스탠딩 테이블에 서서 마셔야 하므로 오래 있기엔 다리가 아프다. 4명부터는 테이블에 앉아서 마실 수 있다. 바다에서 불어오는 바람이 차니 겨울에는 두툼한 겉옷과 스카프는 필수. 낮에는 애프터눈 티 장소로 인기다.

Data 지도 191p-G
가는 법 MTR 센트럴역 K번 출구로 나가자마자 오른편 프린스 빌딩 25층. 1층에서 세바 전용 엘리베이터 탑승
주소 25F, Prince's Building, 10 Chater Road, Central
전화 2537-1464
운영 시간 월~목 12:00~24:00, 금·토·공휴일 12:00~02:00
가격 맥주·칵테일 110~150HKD, 봉사료 10%
홈페이지 www.sevvahk.com

란콰이펑 루프톱 바
세라비 CÉ LA VI

캘리포니아 타워 25층에 위치한 캐주얼한 루프톱 바다. 막힌 곳이 없어 360도 파노라마 전망을 즐길 수 있다. 한마디로 이곳에서는 센트럴의 내로라하는 마천루가 한눈에 들어온다. 란콰이펑 초입에 있어 찾아가기도 쉽다. 드레스 코드가 있는 것은 아니지만, 다들 드레스 업하고 오는 분위기다. 이왕이면 멋지게 차려입고 루프톱바의 낭만을 만끽해보자. 해 질 무렵이 피크 타임이다. 술이 약하다면 가볍게 마시기 좋은 하우스 와인 화이트 쇼비뇽 블랑 Sauvignon Blanc, Auntsfield Single Vineyard 2017을 권한다.

Data 지도 190p-F
가는 법 MTR 센트럴역 D2 출구에서 도보 5분
주소 25/F California Tower, 30-32 D'Aguilar St, Central
전화 3700-2300
운영 시간 12:00~14:30, 18:00~22:30
가격 칵테일 128HKD~, 하우스 와인 108HKD~
홈페이지 hk.celavi.com

신상 루프톱 바
피크니크 Piqniq

세라비에 비해 아기자기하고 아늑한 분위기의 루프톱 바. 센트럴 Guinguette 빌딩 최상층에 자리했다. 엘리베이터에서 내려 바로 들어가는 입구부터 사랑스럽다. 일본 설치 미술가 쿠사마 야오이의 작품과 빅토리아 피크와 센트럴 빌딩숲이 어우러지는 뷰도 이색적이다. 별빛 쏟아지는 밤도 아름답지만 화창한 오후의 분위기도 좋은 루프톱 바다. 알록달록한 쿠션이 놓인 의자도 편안한 편. 탭에서 바로 따라주는 생맥주와 병맥주도 다양하게 구비하고 있다. 사뜻한 맛을 좋아하면 병맥주 중 라즈베리 맛이 나는 아디스트 라즈베리Arict Racborry를 주문해보자.

Data 지도 190p-F
가는 법 MTR 센트럴역 C번 출구에서 도보 5분
주소 R/F 80 Queen's Road Central, Central 전화 5200-1683
운영 시간 일~목요일 11:00~24:00, 금~토 11:00~04:00
가격 아티스트 하프 파인트 58HKD, 아티스트 라즈베리 98HKD
홈페이지 http://www.lecomptoir.hk/piqniq

완탕면으로 진검 승부
침차이키 누들 Tsim Chai Kee Noodle

60여간 3대째 가업을 이어서 완탕면으로만 승부하는 레스토랑. 완탕의 크기에 눈이 휘둥그레질 만큼 양이 푸짐하다. 가격도 착하다. 메뉴는 완탕면과 어묵이 올라간 피시볼 누들, 야들야들한 쇠고기가 올라간 비프 누들, 굴소스가 뿌려져서 나오는 중국 채소 초이삼이 전부다. 완탕, 피시볼, 쇠고기가 모두 올라가 대표메뉴를 한 그릇에 맛볼 수 있는 쓰리 토핑 누들Three Toppings Noodle을 추천한다. 야들야들한 소고기와 새우가 알알이 터지는 완탕의 맛에 입이 즐겁다. 담백한 맛에 먹는 호흥키나 젱다오의 완탕에 비하면 국물이 살짝 달다. 면은 실처럼 가는 쌀국수 '미분'과 납작하게 퍼진 모양의 '하분', 꼬들꼬들한 달걀면 '면분' 3가지 중 하나 선택 가능. 일반적으로 면분을 많이 먹는다.

Data 지도 190p-F
가는 법 MTR 센트럴역 D1번 출구에서 도보 6분. 미드 레벨 에스컬레이터 초입에 위치
주소 98 Wellington Street, Central **전화** 2850-6471 **운영 시간** 09:00~22:00 **가격** 쓰리 토핑 누들 41HKD

마녀사냥도 반한 진짜 딤섬!
린흥 티 하우스 蓮香樓 · Lin Heung Tea House

딱 홍콩 사람들만을 위한 로컬 레스토랑이다. 접시나 계산서를 던져주는 것은 기본이고 영어도 잘 안 통한다. 빈자리가 있으면 알아서 합석한 후 스스로 딤섬 수레에서 딤섬을 가져다 먹어야 한다. 그럼에도 이곳을 소개하는 이유는 '레알 홍콩'을 느낄 수 있기 때문. 이곳은 90년간 처음 모습 그대로 딤섬을 만들고 있다. 마녀사냥 홍콩특집에서 입맛 까다로운 허지웅도, 홍콩에서 딤섬 먹는게 소원이던 신동엽도 여기서 딤섬을 즐기고 갔다. '리얼 로컬'에 오픈 마인드를 가졌다면 강력 추천한다.

Data 지도 190p-B
가는 법 MTR 성완역 A2번 출구에서 도보 5분. 란콰이퐁 호텔 건너편
주소 G/F, 160-164 Wellington Street, Central
전화 2544-4556
운영 시간 06:00~23:00 (딤섬 06:00~16:00)
가격 딤섬 18~30HKD

Tip 아무리 기다려도 오지 않는 딤섬 수레! 계산서를 들고 딤섬 수레를 직접 찾아가서 도장을 찍은 후 원하는 음식을 가져오자.

역사가 흐르는 차찬텡

란퐁유엔 蘭芳園 · Lan Fong Yuen

센트럴에서 50년간 자리를 지키고 있는 차찬텡의 원조격. 지금은 명소가 되어 관광객들로 문턱이 닳고 있다. 소호의 여느 레스토랑처럼 브레이크타임도 없다. 하루 종일 활기가 넘친다. 오랫동안 란퐁유엔을 지켜준 메뉴는 홍콩에서 가장 부드럽다고 소문난 밀크티 '씨맛나이차絲襪奶茶'. 한자를 번역하면 스타킹 밀크티라는 뜻으로, 실크 천에 차를 걸러내는데 찻물이 밴 모습이 스타킹처럼 보여 붙여진 이름이다. 부드러운 밀크티에 설탕을 듬뿍 넣어주어 달달하다. 밀크티와 토스트, 햄버거, 샌드위치, 누들 등을 묶어 세트메뉴로도 판매한다. 인기메뉴인 파인애플 번이나 폭찹 번은 저렴한 가격 대비 맛이 훌륭하다. 하루쯤은 홍콩 사람들의 소박한 일상을 고스란히 담고 있는 란퐁유엔에서 아침 식사를 해보면 어떨까.

Data **지도** 190p-F
가는 법 MTR 센트럴역 D1번 출구에서 도보 6분. 미드 레벨 에스컬레이터 타고 올라가면 오른편에 위치
주소 2 Gage Street, Central **전화** 2544-3895 **운영 시간** 07:30~18:00
가격 밀크티 18~20HKD, 아침 세트메뉴 32~36HKD

한국인 입맛을 사로잡은

라우푸키 누들숍 Law Fu Kee Noodle Shop

죽과 누들을 함께 파는 레스토랑이다. 아무리 입맛 까다로운 사람이라도 금새 단골이 되어버릴 것이다. 언제 찾아가도 배신하지 않는 맛. 그래서 여행자보다 로컬 사람들이 더 많이 찾는다. 간판조차 한문으로만 되어 있을 만큼 중국향이 물씬 풍긴다. 하지만 음식 맛은 한국인의 입에 잘 맞는다. 완탕면을 비롯한 여러 가지 면 요리는 물론, 기다랗고 탱탱한 피시볼이 들어간 콘지는 가장 유명한 아침 메뉴다. 센트럴에 가는 날이라면 꼭 한 번 맛볼 것!

Data **지도** 190p-F
가는 법 MTR 센트럴역 D1번 출구에서 도보 7분. 미드 레벨 에스컬레이터 타고 힐리우드 로드로 나가서 도보 2분 **주소** 50 Lynthurst Terrace, Central **전화** 2850-6756 **운영 시간** 07:00~23:00
가격 완탕면 36HKD~

홍콩 스타일 에그 타르트
타이청 베이커리 Tai Cheong Bakery

홍콩 디저트에서 빼놓을 수 없는 메뉴 에그 타르트! 간단한 먹거리를 파는 차찬텡 같은 곳에서 쉽게 찾아볼 수 있다. 가장 유명한 에그 타르트는 할리우드 로드에 위치한 타이청 베이커리 본점이다. 1954년에 개업한 유서 깊은 곳으로 최근 국내 유명 버라이어티 프로그램에서 소개되면서 한국 여행자들의 단골집이 됐다. 에그 타르트 굽기가 무섭게 팔려나간다. 테이크아웃 전문점이라 앉아서 먹을 수 있는 테이블도 따로 없다. 바삭한 쿠키 속에 보들보들한 달걀이 들어있는 에그 타르트는 커피와 함께 먹으면 좋은 홍콩의 대표간식. 마카오식 에그 타르트와 비교해보면 그 맛이 확연히 다르다.

Data 지도 190p-F
가는 법 MTR 센트럴역 D1번 출구에서 도보 12분.
미드 레벨 에스컬레이터 타고 할리우드 로드 하차, 도보 2분
주소 35 Lynthurst Terrace, Central
전화 8300-8301
운영 시간 08:00~21:00
가격 에그 타르트 9HKD

건강과 스피드 두 마리 토끼를 잡는
마나 패스트 슬로우 푸드 MANA! Fast Slow Food

기름진 중식이나 면 요리에 살짝 질렸다거나, 색다른 메뉴를 찾는 여행자에게 추천하는 건강한 패스트푸드. 미리 조리해놓은 토핑을 4가지 골라 플랫Flat에 랩처럼 싸준다. 테이크아웃 해 가는 현지인들이 많다. 토핑은 모두 채소다. 후추, 오일, 소금만 살짝 뿌려 재료 본연의 맛을 느낄 수 있다. 주문 방법도 간단하다. 플랫 하프와 풀 중에 고르고 토핑을 고르면 바로 랩으로 싸준다. 토핑을 더 원하면 추가 비용을 내고 주문하면 된다. 토핑 한 가지에 12~15HKD. 실내에 좌석 조금 있어 앉아서 먹을 수도 있다.

Data 지도 190p-F
가는 법 MTR 센트럴역 D2번 출구에서 도보 5분
주소 92 Wellington St, Central
전화 2851-1611
운영 시간 10:00~22:00
가격 하프 50HKD, 풀 95HKD

감각을 깨워주는 분자 칵테일
퀴너리 Quinary

소호를 찾는 외국인들과 트렌드세터들의 까다로운 입맛을 사로잡은 분자 칵테일바. 마시멜로우 듀오, 와사비 블러드 메리, 우롱티 콜린스 등 호기심을 자극하는 이름의 칵테일이 눈길을 끈다. 그중에서도 얼그레이 캐비아 마티니는 믹솔로지스트 안토니오 레이Antonio Lai가 각종 대회에서 상을 휩쓴 메뉴. 캐비어 젤리 위에 얼그레이를 우린 마티니를 붓고, 그 위는 풍성한 거품으로 장식해 매혹적인 비주얼의 칵테일을 만들어 냈다. 칵테일계의 과학자라 불리는 안토니오 레이는 이탈리아에서 과학적인 칵테일 제조법의 분자 칵테일을 처음 접한 후 상상력 넘치는 칵테일을 무궁무진하게 선보이고 있다. 앙증맞은 칵테일과 마시멜로가 세트로 서브되는 마시멜로우 듀오는 맛도 모양도 이색적이다.

Data 지도 190p-F
가는 법 MTR 센트럴역 D2번 출구에서 도보 13분
주소 G/F 56-58 Hollywood road, Central
전화 2851-3223
운영 시간 월~토 17:00~01:00, 일 휴무
가격 마시멜로우 듀오 100HKD, 얼그레이 캐비어 마티니 140HKD, 봉사료 10%
홈페이지 www.quinary.hk

Tip 분자 칵테일이란?
'마법의 술'이라고도 불리는 분자 칵테일은 물리적인 알코올의 비율뿐만 아니라 화학적인 성분을 이용해 칵테일을 만드는 과학적인 제조법이다. 솜사탕, 젤리 등 다양한 모양과 재질로 표현 가능한 것이 특징.

양조위의 단골집
카우키 Kau Kee

영화배우 양조위의 단골집으로 소문이 자자하다. 이 집의 누들을 먹어보면 왜 손님이 줄줄이 서 있는지, 왜 양조위가 모자를 푹 눌러 쓴 채 자주 왔는지 그 이유를 충분히 알고도 남는다. 진한 고기육수에 살살 녹는 소고기 안심, 도가니가 올라간 누들은 먹어봐야만 그 맛을 알 수 있다. 맑은 국물의 누들도 맛있지만 카레 소고기 안심 및 도가니 쌀국수는 다른 누들과는 비교를 불허한다. 이 집 앞을 지날 때면 항상 궁금하다. 오늘은 양조위가 누들을 먹으러 왔을까? 단, 같은 골목에 비슷한 이름의 다른 누들집이 있으니 간판을 확인하고 들어갈 것.

Data 지도 190p-B
가는 법 MTR 성완역 A2번 출구에서 도보 7분. 싱흥유엔 맞은편
주소 21 Gough Street, Central
전화 2815-0123
운영 시간 월~토 12:30~22:30, 일·공휴일 휴무
가격 비프 커리 누들 60HKD

카페 그 이상을 만나다
아네스 베 카페 Agnes b. Café l.p.g

홍콩 사람들이 사랑하는 프랑스 디자이너 아네스 베. 그녀의 감성을 고스란히 담은 아네스 베 카페는 많지만 고프 스트리트에 있는 아네스 베 카페는 조금 더 특별하다. 로드숍이라 파리의 노천카페를 홍콩으로 옮겨온 느낌이 든다. 쇼핑몰 안에 입점한 카페처럼 갑갑하지도 않다. 카우키나 싱흥유엔 등 로컬 맛집에서 국수 한 그릇 한 후 디저트는 아네스 베 카페에서 우아하게 즐겨보자. 명품으로 이름을 날리고 있는 초콜릿이나 사랑스러운 케이크 한 조각에 장미 꽃잎을 살포시 올린 로즈라테 한잔이면 홍콩의 오후가 한결 더 달콤해진다.

Data 지도 190p-B 가는 법 MTR 성완역 A2번 출구에서 도보 7분. 카우키 맞은 편 주소 8-10 Gough Street, Central
전화 2563-9393 운영 시간 11:00~23:00
가격 커피 30HKD~, 케이크 34HKD~, 봉사료 10%

홍콩식 포장마차
싱흥유엔 Sing Heung Yuen

홍콩의 명물로 꼽히는 옛날식 포장마차 다이파이동Dai Pai Dong이다. 1990년대만 해도 일반적인 식당이었지만, 현재는 홍콩 전역에 20여 개 밖에 안 남았다. 아침부터 밤까지 왁자지껄, 합석은 기본, 영어도 거의 안 통한다. 자리에 앉자마자 영어 메뉴판부터 달라고 하자. 간판 메뉴는 시뻘건 비주얼이 다소 충격적인 토마토 누들. 스팸, 소시지, 달걀 등 토핑으로 뭘 올리느냐에 따라 가격이 달라진다. 면 대신 마카로니를 넣어 먹을 수도 있다. 주문은 생각보다 어렵지 않다. 메뉴판에서 마음에 드는 토마토 누들 번호를 골라 손가락으로 가리키면 끝. 토마토 누들은 새콤한 토마토 수프에 빠진 인스턴트라면 맛인데 묘한 중독성이 있다. 맵지 않고, 해장용으로도 좋다. 고소한 땅콩버터를 바른 바삭한 토스트나 돼지고기를 끼워먹는 크리스피 번은 아침 식사 메뉴로 제격이다.

Data **지도** 190p-B **가는 법** MTR 성완역 A2번 출구에서 왼쪽으로 도보 7분, 카우키 맞은편 **주소** 2 Mee Lun Street, Central **전화** 2544-8368 **운영 시간** 월~토 08:00~17:00 **가격** 토마토 누들 50HKD, 현금만 가능

커피 맛이 예술
엔오씨 그라함 스트리트점 NOC Graham St.

2011년 '그랜드 바리스타 챔피언십' 라테 아트 부문 우승을 거머쥔 두 친구가 의기투합해서 만든 카페다. 화려한 라테 아트와 균형 잡힌 풍부한 맛의 커피를 선보인다. 센트럴&성완에 매장이 2개(그라함 스트리트와 고프 스트피트) 있다. 둘 다 소호나 노호를 돌아보다가 들르기 좋은 위치다. 그라함 스트리트점이 조금 더 호젓하다. 순백의 외관에 눈에 띄어 찾기도 쉽다. 내부도 군더더기 없이 깔끔한 분위기. 커피 외에 브런치도 다양하다.

Data **지도** 190p-F **가는 법** MTR 센트럴역 D2 출구에서 도보 9분 **주소** G/F, 18 Cochrane St, Central /34 Graham St, Central, 홍콩 **전화** 2511-3518 **운영 시간** 월~금 08:00~17:00, 토~일 08:00~18:00 **가격** 더티 40HKD, 콜드브루 55HKD **홈페이지** noccoffeeco.com

그녀가 있는 유기농 와인 바

라 카반느 와인 비스트로 La Cabane Wine Bistro

5년이 넘게 할리우드 로드에 자리해 있지만 한국 여행자들에게는 잘 알려지지 않았다. 산지의 특성을 온전히 담은 아르티잔 와인을 모토로 하는 유기농 와인 바. 아르티잔 와인이라고 해서 문턱 높은 와인 바라 생각하면 오해다. 소호를 오가다 가볍게 한잔하기 좋은 분위기. 와인리스트에도 라이트나 미디엄 바디 와인이 대부분이다. 150, 500, 750ml 단위로 주문할 수 있어 여러 종류를 맛보기에 부담이 없다. 나무로 꾸민 내부는 아담하고 캐주얼하다. 특히 창가에 매달린 나무 그네는 로맨틱한 분위기를 자아낸다. 세심한 선곡의 음악도, 처음 온 손님에게도 말을 잘 거는 유쾌한 바텐더들도 와인 맛을 상승시키는 요인.

Data 지도 190p-F
가는 법 MTR 센트럴역 D1번 출구에서 도보 10분. 할리우드 로드와 필 스트리트 교차점
주소 62 Hollywood road, Central
전화 2776-6070
운영 시간 월~토 12:00~01:00, 일 16:00~23:00
가격 와인(1병) 300HKD~, 봉사료 10%
홈페이지 www.lacabane.hk

커피향 가득한 로스팅 카페

헤이즐&허쉬 Hazel&Hershey

언뜻 보면 산뜻한 민트 컬러의 디저트 카페를 연상케 한다. 하지만 이곳은 홍콩에서 가장 맛있는 로스팅 커피를 마실 수 있는 곳이다. 커피는 쓰고 맛이 없다고 생각하는 홍콩 사람들의 편견을 깨기 위해 일부러 민트 컬러를 선택한 것. 한쪽 벽면에 켜켜이 쌓인 생원두와 로스팅 기계가 이 카페의 정체성을 말해준다. 여행자보다는 입맛 까다로운 로컬 커피 마니아, 주변에 거주하는 외국인들이 즐겨 찾는다. 모카 포트를 비롯한 작고 예쁜 커피 머신도 많이 팔고 있으니 커피 마니아라면 놓치지 말 것! 칼리타Kalita, 보나비타Bonavita, 하리오Hario, 디팅Ditting 등 커피 마니아라면 알만한 브랜드를 고루 갖추고 있다.

Data 지도 190p-F 가는 법 MTR 센트럴역 D1번 출구에서 도보 15분. 미드 레벨 에스컬레이터 타고 엔진 스트리트로 나감 주소 69-71A, Peel Street, Central 전화 6888-8928
운영 시간 10:00~22:00 가격 커피 40HKD~ 홈페이지 www.hershey.hk

느긋하게 즐기는 브런치
클래시 파이드 성완 Classified the Sheung Wan

할리우드 로드를 향해 열린 노천카페 클래시 파이드는 존재만으로도 거리의 풍경을 한층 여유롭게 만들어 준다. 특히, 높은 퀄리티의 치즈, 방대한 와인리스트, 갓 구운 빵, 맛있는 커피와 스무디는 홍콩 거주 외국인의 사랑 을 듬뿍 받는 비결. 치즈는 프랑스 보르도의 장 달로스와 영국의 닐스야드 에서 공수해온다. 칼로리 높은 브런치가 아닌 에그 베네딕트나 에그 플로틴 등 가벼운 브런치를 즐기기도 그만이다. 에그 베네딕트에는 풍미가 좋은 통후추를 즉석에서 갈아 솔솔 뿌리면 그 맛이 화룡점정. 커피 말고 다른 음료를 찾는다면 스무디를 마셔보길. 건강한 재료로 만들어 맛이 신선하다.

Data 지도 190p-A
가는 법 MTR 성완역 A1번 출구에서 도보 10분
주소 108 Hollywood Road, Sheung Wan
운영 시간 월~목, 토·일 08:00~24:00, 금 10:00~24:00
전화 2525-3454
가격 에그베네딕트 115HKD, 봉사료 10%
홈페이지 classifiedfood.com

햇살 좋은 창가의 여유
울라 Oolaa

소호에서도 가장 소호스러운 브런치 카페다. 와이파이가 빵빵 터지는 넓은 카페에서, 햇살이 비추는 창가 테이블에 앉아 거리를 오가는 사람들을 구경할 수 있다. 여자끼리 수다를 떨어도 좋고, 혼자 노트북을 꺼내 놓고 식사를 해도 좋다. 비좁고 번잡한 홍콩의 여느 레스토랑과는 분명히 다르다. 외국인에게 인기 있는 메뉴는 버거나 샐러드바를 이용할 수 있는 리소토 등이다.

Data 지도 190p-A
가는 법 MTR 성완역 A1번 출구에서 도보 12분
주소 G/F Centre Stage, 1-9 Bridges Street, Central
전화 2803-2051
운영 시간 07:00~24:00 (브런치 07:00~17:00)
가격 브런치 110~160HKD, 스무디 65HKD~, 봉사료 10%

소호 인싸들이 좋아하는
호리푹 Ho Lee Fook

입구를 가득 채운 황금색 고양이와 오픈 키친부터 예사롭지 않다. 명랑하고 쾌활한 스텝을 따라 지하로 내려가면, 여기가 바야 레스토랑이야 고개가 갸우뚱 거려진다. 차찬텡과 1960년대 차이나타운 중식당에서 영감을 받아 만든 펑키 캐주얼 광둥 레스토랑인 까닭이다. 호리푹의 음식은 타이완 출신 조윗 유 셰프가 책임진다. 클래식한 중국 요리에 유머 한 스푼, 현대적 조리법을 가미해 기발한 메뉴를 선보인다. 거위 구이를 시킬 땐 OO한 프렌치 토스트와 샐러드류를 곁들여 먹어볼 것. 워낙 인기가 많으니 예약하고 가는 것을 추천.

Data 지도 190p-F
가는 법 MTR 성완역 E2 출구에서 도보 8분
주소 G/F 1-5 Elgin St, Central **전화** 2810-0860
운영 시간 일~목 18:00~23:00, 금~토 18:00~24:00
가격 프렌치 토스트 38HKD, 거위 구이 238HKD~, 봉사료 10%
홈페이지 holeefook.com.hk

바오를 아시나요?
리틀 바오 Little Bao

멀리서도 민트색 산뜻한 외관이 눈에 띄는 리틀 바오. 중국식 번에 동파육이나 치친을 넣은 햄버거 바오를 선보인다. 작은 매장이 늘 바오를 맛보러 온 손님으로 북적북적거린다. 머스트 잇 메뉴는 포크 벨리 바오와 바오 아이스크림! 워낙 반응이 좋아 이곳에서 시작해 코즈웨이 베이까지 진출했다. PMQ 오가는 길에 들러 식사하기 좋은 위치다. 단, 주중에는 저녁에만 문을 열고 주말에는 브레이크 타임이 있다.

Data 지도 190p-E
가는 법 PMQ 뒤편 Staunton Street
주소 66 Staunton St, Central
전화 2194-0202
운영 시간 월~금 18:00~23:00, 토~일 12:00~16:00, 18:00~23:00
가격 포크 벨리 바오 78HKD, 아이스크림 바오 38HKD
홈페이지 www.little-bao.com

골목 안 분위기 있는 보틀 숍
크래프티시모 CRAFTISSIMO Sheung Wan

홍콩 최초의 맥주 보틀 숍. 영국, 호주, 미국 등 세계 각국에서 공수한 280여 종 이상의 병맥주와 캔맥주가 가게 한쪽 벽면을 가득 채우고 있다. 인기 맥주는 냉장고에 차게 보관돼 있다. 4~5가지 맥주는 탭Tap으로 시원하게 마실 수 있다. 홍콩 맥덕들의 아지트 같은 분위기로 가게에서 맥주를 사서 가게 앞 의자에 앉아 마시면 된다. 이태원 우리수퍼와 비슷한 분위기다. 쾌활한 주인장 말에 따르면 〈원나잇 푸드트립〉에 소개된 후 한국 여행자들이 꾸준히 찾아온다. 참고로, 탭 비어는 스텐리스 그롤러에 담아 판매했는데, 이제는 갈색 유리병에 담아 판매한다.

Data 지도 190p-A
가는 법 MTR 성완역 A2 출구에서 도보 10분
주소 Tai Ping Building, Shop D, G/F, Sheung Wan, 22-24A Tai Ping Shan St, Sheung Wan
전화 6274-3130
운영 시간 13:00~22:00
가격 탭 비어 68HKD~
홈페이지 www.craftissimo.hk

열쇠 가게 뒤에 숨은 바
미세스 파운드 Mrs. Pound

어머, 여기 잘못 온 거 아냐? 밖에서는 열쇠 가게로 보이지만 스피크이지 바Speakeasy Bar다. 수많은 열쇠와 자물쇠 중 하나를 찾아 파인 홈에 끼워 넣어야 문을 열 수 있다. 시간은 좀 걸려도 문이 열릴 때 쾌감이 짜릿하다. 안은 비비드한 컬러의 1950년대 분위기가 펼쳐진다. 레드와 그린의 보색 대비와 화려한 조명이 촌스러운 듯 경쾌하게 다가온다. 메뉴는 맥주나 칵테일은 물론 중국, 태국 등 다양한 아시안 요리가 준비되어 있다. 주말에는 브런치도 판다. 식사보다 간단한 안주를 원한다면 겉은 바삭하고 속은 부드럽게 튀겨 낸 아보카도 프라이Avocado Fries를 추천한다.

Data 지도 190p-A
가는 법 MTR 성완역 A2 출구에서 도보 9분
주소 6 Pound Ln, Sheung Wan
전화 3426-3949
운영 시간 12:00~14:30, 17:00~24:00
가격 칵테일 120HKD~, 아보카도 프라이 49HKD
홈페이지 www.mrspound.com

성완역 근처 뜨는 딤섬집
딤섬 스퀘어 Dim Sum Square

가성비 높은 딤섬 전문점으로 주머니가 가벼운 현지인과 여행자 사이에서 인기다. 저비스 스트리트 코너에 있어서 찾기도 쉽다. 창가에 앉으면 거리 풍경을 바라보며 딤섬을 맛 볼 수 있다. 주문법도 간편하다. 테이블에 비치된 주문서에 먹고 싶은 메뉴를 체크해서 전달하면 주문 완료! 추천 메뉴는 속에 큼직한 새우를 채워 탄력 있는 식감이 일품인 하가우, 찹쌀 전병 안에 고기와 산뜻한 파슬리향이 솔솔 올라오는 장편, 아무리 배가 불러도 겉은 소보로처럼 바삭하고, 속은 양념된 돼지고기로 채운 크리스피 바비큐 포크 번은 꼭 맛보자.

Data 지도 190p-A 가는 법 MRT 성완역 2번 출구로 나와 스타벅스 골목으로 직진 후 저비스 스트리트 방향으로 우회전 주소 88 Jervois Street, Sheung wan 전화 2851-8088 운영 시간 월~토 10:00~22:00, 일 08:00~22:00 가격 딤섬 19~32HKD~

투박해도 맛있는 죽
상께이 콘지 숍 Sang Kee Congee Shop

힐러 스트리트는 상께이 콘지 숍이 점령했다고 해도 과언이 아니다. 좁은 골목 안에 상께이 죽집만 무려 3곳. 3대째 콘지 하나로 대를 이어온 뚝심 있는 식당이다.

담백한 맛으로 현지인의 입맛을 사로잡은 콘지 메뉴는 무려 40가지. 그중에서 한국인의 입맛에 잘 맞는 메뉴는 소고기 안심죽. 소고기는 파와 생강을 넣은 특제 간장 소스에 찍어먹으면 더 맛있다. 여기에 튀긴 빵 유조를 곁들이면 속이 더 든든하다.

뜨거운 콘지를 덜어 먹을 접시를 따로 주지 않으니 후후 불면서 먹자. 영어 메뉴판도 따로 없고, 영어는 통하지도 않는다. 손짓 발짓 그리고 미소 발사를 할 마음의 준비를 하고 찾아갈 것.

Data 지도 190p-B 가는 법 MRT 성완역 A2번 출구로 나와 오른쪽으로 직진, 편의점 써클K와 세븐일레븐이 나오면 그 사이 힐러 스트리트Hiller Street를 따라 직진 주소 88 Jervois Street, Sheung wan 전화 2851-8088 운영 시간 월~토 07:00~21:00, 공휴일 08:00~18:00, 일 · 4/5 · 5/5 · 9/9 추석 다음날 휴무 가격 콘지 42HKD~

Tip 콘지에 유조를 넣어 먹는 까닭은?
콘지의 단짝, 유조는 밀가루를 발효시켜 기름에 튀긴 빵이다. 짭조름한 맛이 있어 죽과 잘 어울린다. 현지인들처럼 죽에 담가 먹어보자.

정통 프렌치 디저트
라 크레페리 La Creperie

프렌치 셰프가 직접 크레이프를 만들어주는 곳. 고향의 맛이 그리워 찾아오는 프랑스인이 반, 소문을 듣고 찾아오는 여행객이 반이다. 식사용부터 디저트까지 다채로운 크레이프 세계를 경험할 수 있다. 과일, 아이스크림 등을 올려주는 달콤한 디저트용 크레이프는 천상의 맛! 양도 적지 않다. 크레이프에 프랑스식 과실주, 애플 사이다Apple Cider를 곁들이면 환상의 궁합을 자랑한다. 와인을 곁들여도 제법 잘 어울린다. 낫노 맛이지만 디정다감하게 챙겨주는 적워들을 보면 미소가 지어진다. 멋부리지 않고 편안한 인테리어도 굿.

Data 지도 190p-A 가는 법 MTR 성완역 A2번 출구에서 도보 5분
주소 G/F, 69 Jervois Street, Sheung Wan
전화 2679-4666
운영 시간 11:30~02:30
가격 크레이프 108HKD~, 봉사료 10%

로스팅 덕과 탕수육
와펑 로스트 미트 Wah fung Roast Meat

1941년 오픈한 이래 한 자리에서 70년이 넘도록 로컬들의 사랑을 받아온 소호의 터줏대감. 3대째 대를 이어 오는 동안 가게는 넓어졌으며 맛은 그대로다. 주력 메뉴는 로스트 미트, 로스트 덕, 탕수육. 특히 기름기 쏙 뺀 오리에 소스가 잘 배어있는 로스팅 덕은 보기만 해도 군침이 돈다. 탱글탱글한 살을 씹는 맛이 일품이다. 새콤달콤한 양념맛과 쫀득한 식감이 환상의 궁합을 이루는 홍콩식 탕수육 '스위트&사우어 포크Sweet&Sour pork'도 별미. 여기에 푸짐한 연잎밥을 곁들이면 맛이 배가 된다. 볶음밥과 찐밥의 중간쯤 되는 연잎밥에는 새우, 버섯, 고기 등 갖은 재료가 들어 있어 먹고 나면 몸보신 한 기분. 아침 메뉴로는 파인애플 번도 인기다. 영어도 잘 통하고 친절해 홍콩에 갈 때 마다 들르게 되는 곳이다.

Data 지도 190p-F
가는 법 MTR 센트럴역 D1번 출구에서 도보 8분. 또는 성완역 E2번 출구에서 도보 10분
주소 Shop B, C, D, 112-114 Wellington Street, Central
전화 2544-3466
운영 시간 월~토 07:00~22:00, 일 09:00~21:00, 공휴일 08:00~22:00
가격 로스트 미트 98HKD~

가볍게 한잔 하고플 때
208 듀센트 오토 208 Duecento Otto

택시와 사람들이 오가는 거리를 바라보며 가볍게 한잔하기 좋은 분위기의 바&레스토랑. 1층은 바, 2층은 이탈리안 레스토랑. 미국의 고기 저장고에서 영감을 받은 2층 구조가 눈길을 끈다. 내부는 벽화와 강철, 어두운 나무로 골자를 이룬 인테리어가 묘한 조화를 이룬다. 무엇보다 밖을 향해 문을 활짝 열어놔 노천바 분위기가 물씬 난다. 바텐더의 추천 칵테일은 '홍콩 스타일'. 버번위스키 베이스에 달지 않고 드라이한 맛. 레몬과 진저가 들어가 상큼하면서도 알싸한 여운이 남는 맛이 매력적이다.

Data 지도 190p-A
가는 법 MRT 성완역 A2번 출구에서 도보 10분
주소 208 Hollywood Road, Sheung Wan
전화 2549-0208
운영 시간 바 월~토 12:00~24:00, 일 10:00~22:00, 레스토랑 월~목 12:00~22:30, 금·토 12:00~23:00, 일 10:00~16:00
가격 시그니처 칵테일 110HKD, 봉사료 10%
홈페이지 www.208.com.hk

55년 전통의 완탕 전문점
막스 누들 Mak's Noodle

1960년 오픈 이래 현재까지 명성을 이어오는 홍콩 완탕계의 선조급 맛집이다. 미슐랭 가이드에서 2009년부터 2012년까지 4년 연속 맛집으로 선정되기도 했다. 기대가 크면 실망도 큰 법. 최고의 완탕 레스토랑이라는 입소문이 퍼지며 가격이 오른 탓에 가격 대비 양이 적다. 배가 고플 땐 단품보다 세트메뉴를 먹으면 든든하다. 막스 누들 찾아 빅토리아 피크까지 갈 필요는 없고, 빅토리아 피크에서 식사할 만한 곳이 마땅치 않을 때 추천한다. 단 규모가 작아 합석은 기본.

Data 지도 190p-E
가는 법 빅토리아 피크 타워 건너편 피크 갤러리아 1층에 위치
주소 Shop No 1c, G/F, The Peak Galleria, 118 Peak Road, The Peak
전화 2854-3871
운영 시간 10:00~22:00
가격 새우완탕면 40HKD

탁월한 전망에 커피 맛이 업
퍼시픽 커피 컴퍼니 Pacific Coffee Company

홍콩의 흔한 로컬 커피 전문점 퍼시픽 커피 컴퍼니이지만 빅토리아 피크점은 다르다. 같은 값으로 탁월한 전망까지 즐길 수 있어 일거양득. 단, 규모가 작아서 주말 밤에는 자리 쟁탈전을 벌여야 할 수도. 겨울이라면 따뜻한 커피 한잔과 황홀한 야경을 음미해보자. 여름이라면 모카 러스트 Moca Lust, 초콜릿 파라다이스 Chocolate Paradise 등 이름만 들어도 달콤한 음료와 함께 달달한 시간을 보내도 좋겠다. 야외 테라스도 있다.

Data 지도 190p-E
가는 법 빅토리아 피크 타워 G층
주소 G/F, Shop G08-10, Peak Tower, 128 Peak Road, The Peak 전화 2849-6608
운영 시간 일~목 07:30~22:00, 금·토·공휴일 07:30~23:00
가격 모카 러스트 39HKD~, 초콜릿 파라다이스 36HKD~
홈페이지 www.pacificcoffee.com

빅토리아 피크 최고의 전망
카페 데코 Cafe Deco

빅토리아 피크에서 분위기와 전망, 그 둘 중 어느 하나도 포기할 수 없다면 카페 데코가 답이다. 백만 불짜리 야경 덕에 <금지옥엽> 등 홍콩 영화 속 배경으로도 자주 등장했다. 영화 주인공처럼 전망 좋은 자리에서 디너를 즐기려면 최소 5일 전 예약은 필수. 솔직히, 예약한 보람이 있는 음식 맛은 아니다. 식사는 다른 곳에서 하고 칵테일이나 와인 한잔 하러 가면 실속 있는 로맨틱 코스가 될 것이다. 9시 이후에 가면 예약 없이도 창가자리를 차지하는 행운이 따를 수도!

Data 지도 190p-E
가는 법 빅토리아 피크 타워 건너편 피크 갤러리아 L2층
주소 L1~2, Peak Galleria, 118 Peak Road, The Peak
전화 2849-5111
운영 시간 일~목 11:00~23:00, 금·토 11:00~23:30
가격 칵테일 188HKD~, 봉사료 10% 홈페이지 www.cafedecogroup.com

Hong Kong By Area
03

완차이 &
애드미럴티

灣仔&金鐘
WAN CHAI&ADMIRALTY

센트럴과 코즈웨이베이 사이에 있는 완차이&애드미럴티는 로컬들이 많은 지역이다. 홍콩을 좀 알거나 로컬의 삶 속으로 끼어들고 싶은 욕심이 있다면 꼭 들러보자. 이곳에는 유명 관광지 대신 소박한 로컬의 멋이 있다. 세련된 쇼핑가 리퉁 애비뉴와 오래된 차찬텡이 공존하고, 힙한 카페와 레스토랑이 속속 들어서고 있다. 보물찾기를 하듯 골목을 걷다보면 어느새 현지인들의 삶 속으로 깊숙이 들어간 느낌이 든다.

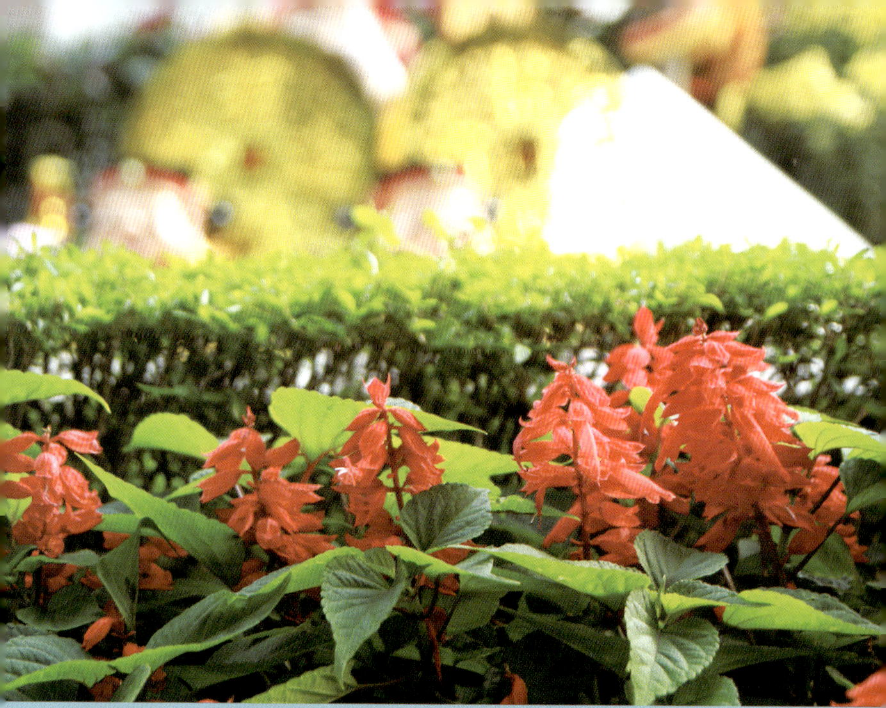

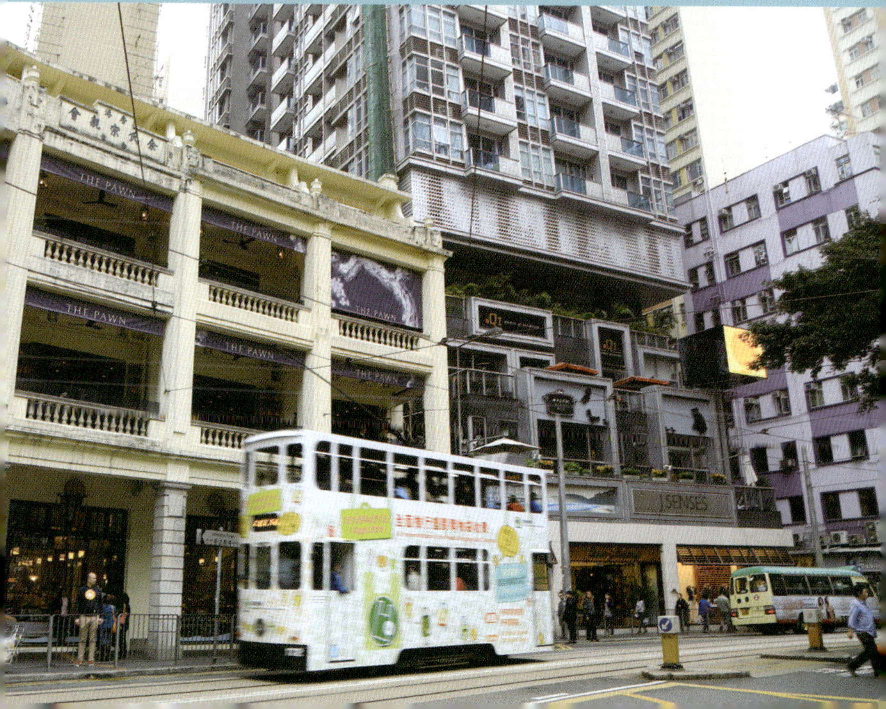
THE PAWN
J.SENSES

HONG KONG BY AREA 03
완차이&애드미럴티

Wan Chai&Admiralty Bay
PREVIEW

시간이 촉박다면 늦은 오후에 센트럴 플라자로 가자. 전망대에서 홍콩 전망을 보고
엑스포 프로머네이드에서 저녁 노을과 야경으로 마무리하자. 그것만으로도 핵심은 보고 가는 것!

PLAY

리퉁 애비뉴와 타이윤 스트리트 마켓, 스타 스트리트가 완차이의 색을 보여주는 거리다. 관광용이 아닌 홍콩의 진짜 거리를 구경하기에는 이만한 곳이 없다. 트램이 다니는 번화가와 재래시장, 요즘 뜨는 거리가 어깨를 나란히 하고 있다. 직접 걸어 다니며 생생한 로컬의 모습을 카메라에 담아보자.

BUY

애드미럴티의 럭셔리한 쇼핑몰 퍼시픽 플레이스는 최상의 쇼핑 공간이다. 전 연령대의 인기 브랜드들이 포진해 있지만 여행자가 많지 않아 붐비지 않는다. 때문에 느긋하게 쇼핑할 수 있는 게 장점이다. 퍼시픽 플레이스에서 고층으로 올라가며 유명 디자이너 브랜드, 셀렉트 숍, 명품숍을 만나보자.

EAT

로컬들이 찾는 식당이 대부분이던 완차이에 십 스트리트, 스타 스트리트를 중심으로 레스토랑과 바가 속속 들어섰다. 호놀룰루 커피 케이크숍에서 현지식 아침이나 플라잉 팬에서 느긋한 브런치를 즐겨도 좋다. 점심에는 스페인 레스토랑 22 십스의 파타스나 라 크레페리의 정통 프렌치 크레페를 추천한다.

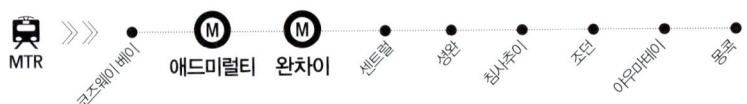

어떻게 갈까?

완차이와 애드미럴티는 센트럴과 코즈웨이 베이 사이에 있다. MTR로도 갈 수 있지만 여행지가 많은 지역이 아니므로 트램을 타고 센트럴에서 코즈웨이 베이로 가는 길에 맘에 드는 곳이 보이면 잠시 내려 들러보는 것도 좋은 방법이다. 침사추이에서 완차이로 갈 때는 페리가 가장 편한 교통수단이다. MTR 아일랜드선의 완차이역, 애드미럴티역 하차.

어떻게 다닐까?

여행자에겐 특별히 눈에 띄는 볼거리는 없지만 헤네시 로드Hennessy Road를 중심으로 현지인들의 소박한 문화를 느낄 수 있는 곳이다. 트램을 타고 지나는 길에 마음에 드는 풍경이 나타나면 주저 없이 내려서 걸어보는 것도 좋다. 헤네시 로드, 존스톤 로드Johnston Road, 록하트 로드LockHart Road 등 큰길 위주로 다니게 되어 있어 길 찾기가 쉽다.

Wan Chai & Admiralty Bay
ONE FINE DAY

시간이 넉넉하다면 메인 도로인 헤네시 로드를 따라 걷자. 골목골목 구경하는 재미가 특별하다. 짧은 일정이라면 저녁 식사와 야경을 보는 것만으로 만족할 것.

쇼퍼홀릭을 홀린 뒷골목
스타 스트리트 Star Street

스타 스트리트, 문 스트리트, 선 스트리트, 세인트 프란시스 스트리트를 통틀어 '스타 스트리트'라 칭한다. 오래선 홍공전력회사외 발전소가 있어 별, 달, 해의 거리라 이름 붙여진 이곳은 원래 조용한 주택가였다. 몇 해 전 젊은 디자이너들이 하나둘 개인 부티크를 열자 하롱을 피는 와인숍, 타파스바 등의 바와 레스토랑이 속속 둥지를 틀며 뜨는 거리로 등극했다. 'WDSG 아트&크래프트 디파트먼트WDSG Art&Craft Department', '더 멘스 숍 바이 클럽 모나코The Men's Shop by Club Monaco', '티모시 울튼Timothy Oulton' 등 개성 있는 매장도 곳곳에 포진해 있다. 소호보다 한갓지게 걷고, 마시고, 즐길 수 있는 거리를 찾는다면 스타 스트리트로 발길을 돌려보자. 새로운 홍콩을 발견하게 될 것이다.

Data 지도 236p-C
가는 법 MTR 완차이역 B2번 출구에서 도보 10분. 존스턴 로드에서 우회전 후 십 스트리트를 지나 우회전, 세인트 프란시스 스트리트까지 직진. 세인트 프란시스 스트리트 언덕길을 올라 오른쪽으로 접어들면 스타 스트리트, 문 스트리트, 선 스트리트
주소 Star Street, Moon Street, Sun Street, Saint Francis Street Wan Chai

여기가 유럽이야? 홍콩이야?
리퉁 애비뉴 Lee Tung Avenue

완차이의 고급스러운 쇼핑가. 약 150m 거리에 비비안 탐, 르크루제, 몰스킨 등 브랜드 매장과 노천 카페 레스토랑이 어깨를 맞대고 있다. 거리 초입의 프렌치 베이커리 르 팽 코티디앵Le Pain Quotidien에서 브런치를, 오모테산도 커피에선 커피 한잔하기 좋다. 그저 산책만 해도 상쾌해지는 거리라 tvN 〈주말 사용 설명서〉에서 장윤주가 설계한 당일치기 홍콩 여행 코스로 등장하기도 했다. 중간중간 마주치는 벽화와 조형물은 포토존 역할을 톡톡히 한다. 거리의 끝자락에 기화병가도 있다. 리퉁 애비뉴는 MTR 완차이역과 지하도로 연결될 예정이다.

Data 지도 236p-D
가는 법 MTR 완차이역 A3출구로 나와 대로 건너 오른쪽 길로 도보 3분
주소 Queen's Rd E, Wan Chai
운영 시간 10:00~22:00
(가게 마다 다름)
홈페이지 leetungavenue.com.hk

완차이의 랜드마크
홍콩 컨벤션&엑시비션 센터 Hong Kong Convention&Exhibition Centre

아시아에서 두 번째로 큰 박람회장이다. 날아오르는 갈매기의 형상을 한 곡선 형태의 지붕이 인상적이다. 홍콩 컨벤션 센터는 1988년 구관, 1997년 신관이 세워졌으며, 1997년에 세워진 신관은 홍콩이 영국에서 중국으로 반환되는 것을 기념해 영국 여왕이 홍콩에 선물한 건축물이다. 신관은 바다를 매립해 4년 간의 공사 끝에 완공됐으며 건축비만 6,200억HKD가 들었다. 지금도 세계 최대 박람회장을 목표로 계속해서 증축 중이다. 이곳은 완차이에서 침사추이를 오가는 스타 페리 위에서 보면 가장 멋지다.

Data 지도 236p-B
가는 법 MTR 완차이역 A1번 출구에서 도보 10분. 스타 페리 선착장에서 도보 7분
주소 1 Expo Drive, Wan Chai 운영 시간 09:00~17:00

프라모델 마니아라면
타이윤 스트리트 마켓 Tai Yuen Street Market

카오롱 반도의 여러 시장에 비하면 작은 시장이지만 홍콩섬에서는 그나마 큰 재래시장으로 로컬의 모습이 그대로 담겨 있다. 이곳이 유명한 이유는 여기서만 살 수 있는 일본 장난감이나 프라모델 전문숍이 많기 때문. 가격도 우리나라에 비해 약 20% 정도 저렴하다. 캐릭터나 프라모델에 관심이 있다면 들러보자. 그저 산책 삼아 둘러보기도 부담없는 규모다.

Data 지도 236p-D
가는 법 MTR 완차이역 A3번 출구에서 도보 2분. A3번 출구로 나와 건널목을 건넌 후 KFC 골목으로 접어들면 타이윤 스트리트 마켓 주소 26 Tai Yuen Street, Wan Chai

비밀스러운 야경
엑스포 프로머네이드 Expo Promenade

완차이의 홍콩 컨벤션 센터 앞쪽으로 이어진 해안산책로. 다른 곳의 야경과는 사뭇 다른 풍경을 선사하는 곳이다. 해질 무렵이면 달콤한 석양과 함께 센트럴과 침사추이의 야경을 볼 수 있다. 삐죽하게 솟아오른 마천루에 하나둘씩 불이 켜지고, 그 뒤로 낮게 깔리는 보랏빛 석양은 가히 환상적이다. 이곳의 야경은 아직까지 다른 명소만큼 알려지지 않아서 조금은 한가롭다. 아주 특별한 나만의 비밀 명소로 간직할 수 있는 곳이다.

Data 지도 236p-B 주소 Expo Promenade, Expo Dr E, Wan Chai

가장 화려한 옷을 입은
센트럴 플라자 Central Plaza

꼭대기가 뾰족하게 솟은 모양이 인상적인 빌딩이다. 1992년 준공 당시에는 아시아 최고층 빌딩이었다. 지금은 홍콩의 높은 건물 랭킹 3위다. 풍수지리 사상에 바탕을 두고 디자인하였고, 건물 모서리의 각진 부분을 없앤 것은 나쁜 기운을 발산하지 않도록 하기 위함이다. 어둠이 찾아오면 건물 전체에 화려한 네온이 켜지며 컬러가 시시각각 바뀐다. 낮에는 홍콩의 멋진 풍경을 볼 수 있는 전망대를 무료로 개방한다.

Data 지도 236p B 가는 법 MTR 완차이역 A5번 출구 육교 따라 도보 10분. 스타 페리 선착장에서 도보 5분 주소 18 Harbour Road, Wan Chai 운영 시간 월~금 07:00~21:00

홍콩 반환 기념식이 열리는
골든 보히니아 광장
Golden Bauhinia Square

홍콩 컨벤션 센터의 앞쪽에 있는 광장. 1997년 홍콩의 반환을 기념해 조성된 광장이다. 광장 가운데는 커다랗고 화려하게 조각된 순금의 성화가 있다. 이 성화는 홍콩의 시화인 자형화를 모티브로 만든 조형물이다. 이곳에서는 매일 오전 0시에 국기 게양식을, 오후 6시에는 국기 하강식을 한다. 매년 7월 1일에는 홍콩 반환 기념식이 열리기도 한다.

Data 지도 236p-D 가는 법 스타 페리 선착장에서 도보 5분. MTR 완차이역 A5번 출구 육교를 따라 도보 10분. 홍콩 컨벤션&엑시비션 센터 바로 앞 주소 Golden Bauhinia Square, Wan Chai

럭셔리의 진수
퍼시픽 플레이스 Pacific Place

애드미럴티의 유일한 대형 쇼핑몰. 그래서 존재감이 더욱 크다. 규모로 보자면 침사추이의 하버 시티에 비할 바는 아니지만 전 연령대의 인기 브랜드가 밀집돼 있는 것이 장점. 무엇보다 침사추이나 코즈웨이 베이처럼 여행자로 바글바글하지 않아 한적하게 쇼핑을 즐길 수 있다. JW 메리어트, 어퍼 하우스, 콘래드 등 주변의 호텔 투숙객이나 현지인이 많이 찾는 편. LG층(로비 층)부터 L4층까지 5개 층으로 이루어져 있다. 고층으로 올라갈수록 럭셔리 브랜드숍의 비중이 높은 것이 특징이다. L1층에는 자라Zara, 조말론Jo Malone, 마크 바이 마크 제이콥스Marc by Marc Jacob 등 L2층에는 띠어리theory, 발망Balmain, 장폴 고티에Jean Pual Gaultier 등과 디자이너 브랜드와 셀렉트숍 I.T가 입점해 있다. L3층은 보테가 베네타Bottega Veneta, 샤넬Chanel, 프라다Prada 등 명품숍이 주를 이룬다. L1, L2층에는 하비 니콜스Harvey Nichols가 L1층에는 레인 크로포드Lane Crawford Home가 입점해 있다. LG층에는 유기농 슈퍼마켓 그레이트 푸드홀Great Food Hall과 북경오리 전문점, 페킹 가든 등 고급 레스토랑이 여럿이다.

Data 지도 236p-C
가는 법 MTR 애드미럴티역 F번 출구로 나가면 퍼시픽 플레이스의 LG층과 연결
주소 Pacific Place, 88 Queensway, Admiralty
전화 2844-8988
운영 시간 10:00~20:00 (숍마다 다름), 구정 휴무
홈페이지 www.pacificplace.com.hk

아~ 홍콩에 살고 싶어!
레인 크로포드 홈 Lane Crawford Home

누구나 한번쯤은 그런 상상을 한다. 그냥 홍콩에 살고 싶다는 생각! 레인 크로포드 홈을 처음 가게 되면 그런 생각이 특히 용솟음친다. 그곳에 있는 물건들을 한국으로 다 가져갈 수는 없으니 그냥 홍콩에 살면서 하나씩 사다 모으며 살고 싶다는 마음이 든다. 퍼시픽 플레이스 쇼핑몰에 위치한 레인 크로포드 홈은 2007년 런칭된 브랜드로 명품 백화점인 레인 크로포드의 홈&기프트 라인이다. 세계 최고의 아이템들만 선별하여 가져다 놓은 제품들로 가구, 식기, 침구나 집의 장식용품 등으로 구성되어 있다. 숍을 둘러보면 아름답게 꾸며놓은 집을 구경하는 듯한 느낌을 받는다. 미래 자신이 살고 싶은 집의 인테리어를 상상하게 하는 마법 같은 곳!

Data 지도 236p-C
가는 법 퍼시픽 플레이스 L1, L2층에 위치. MTR 애드미럴티역 F번 출구로 나가면 퍼시픽 플레이스의 LG층과 연결
주소 L1, L2 Pacific Place, 88 Queensway, Admiralty
전화 2118-3652
운영 시간 10:00~20:00, 구정 휴무

80년 전통 베이커리
기화병가 奇華餅家 · Kee Wah Bakery

1938년에 문을 연 홍콩 베이커리의 완차이점. IFC몰이나 침사추이 등 곳곳에 지점이 있지만 완차이점이 매장이 크고 제품 종류도 다양하다. tvN 〈주말 사용 설명서〉에서 김숙 일행이 쇼핑하느라 한참을 머물다 간 곳이 바로 여기다. 기화병가에서 꼭 사야 할 제품은 사각 틴 케이스에 담긴 팬더와 펭귄 모양 쿠키. 먹기 아까울 만큼 귀여운 모양이지만, 한 번 맛보면 순삭할 만큼 맛있다. 크리스마스에는 스페셜 패키지에 담아 판다. 완차이점에는 다른 매장에서 찾아보기 힘든 코알라 모양 쿠키도 파니 눈여겨볼 것. 팬더 모양 쿠키 다음으로 인기 있는 제품은 파인애플 케이크, 와이프 케이크와 틴에 담긴 보이차다. 와이프 케이크는 시식도 할 수 있다.

Data 지도 236p-D
가는 법 MTR 완차이역 A3출구로 나와 대로 건너 오른쪽 길로 도보 3분
주소 186-190 Queen's Rd E, Wan Chai Wan Chai
운영 시간 09:00~21:30
전화 2898-3662
홈페이지 keewah.com

후추 커피의 맛이 궁금해?
커피 아카데믹스 The Coffee Academics

여러 매체에 홍콩 최고의 커피로 선정된 로스터리 카페. 코즈웨이 베이점에서 시작해 완차이, 침사추이 리펄스 베이까지 매장을 4곳으로 확장했다. 이 가운데 트램이 오가는 풍경과 커피를 즐길 수 있는 완차이점이 가장 분위기 있다. 취향에 따라 드립 기구와 원두를 골라 핸드 드립 커피를 즐길 수 있다. 가장 독특한 메뉴는 라테류다. 다크 브라운 슈거를 솔솔 뿌린 오키나와 커피나 뉴질랜드 마누카 꿀을 올린 마누카 커피 등 다른 카페에선 찾아보기 힘든 메뉴가 많다. 그 중 일명 '후추커피'가 인기다. 멕시코산 아가베 꿀을 넣은 라테 위에 블랙페퍼를 솔솔 뿌렸다. 후추가 이에 닿아 톡 터지면 입안에 매운맛이 퍼지며 은은한 단맛과 절묘하게 어우러진다. 후추 커피의 정식 이름은 아가베 라테 Agave Latte.

Data 지도 236p-D
가는 법 MTR 완차이역 A3번 출구에서 도보 5분
주소 35-35 Johnston Road, Wan Chai
전화 2154-1180 운영 시간 월~금 08:00~22:00, 토~일 09:00~22:00 가격 아가베 라테 58HKD
홈페이지 www.the-academics.com

달걀 샌드위치가 유명한
오모테산도 커피 Omotesando Koffee

일본 오모테산도 커피의 홍콩 지점으로 완차이에만 매장이 2곳(리퉁 애비뉴 입구와 홍콩 위워크가 입주한 매스뮤추얼 타워 Massmutual Tower 1층) 있다. 접근성은 리퉁 애비뉴점이 좋고, 분위기는 매스뮤추얼 타워점이 좋다. 나른한 오후라면 오모테산도 커피의 시그니처 메뉴 아이스 카푸치노를, 아침이라면 달걀 샌드위치에 아메리카노 커피를 추천한다. 단, 달걀 샌드위치는 10시 이후부터 판매한다는 걸 기억할 것.

Data 리퉁 애비뉴점
지도 236p-D
가는 법 완차이역 A3출구에서 도보 5분 주소 22-34 Lee Tung St, Wan Chai
운영 시간 월~금 08:00~20:00, 토~일 09:00~21:00

매스뮤추얼 타워점
지도 236p-C
가는 법 완차이역 C출구에서 도보 5분 주소 33 Lockhart Rd, Wan Chai 운영 시간 월~금 08:00~18:00, 토~일 08:00~18:00, 일요일 휴무
전화 2601-3323
가격 아이스 커피 45HKD, 에그 샌드위치 58HKD(10:00부터 주문 가능) 홈페이지 www.ooo-koffee.com

파이브가이스 아시아 최초 매장
파이브가이스 Fiveguys

2018 미국의 한 여론조사에서 미국인이 가장 좋아하는 햄버거로 꼽힌 파이브가이스가 완차이에 상륙했다. 이 햄버거는 땅콩기름에 구운 촉촉한 패티와 직접 고르는 15가지 토핑이 인기 비결. 버거는 육즙 가득한 패티가 2장 들어가는 버거와 1장 들어가는 미니 버거로 나뉘며, 둘 다 치즈 버거, 베이컨 비기, 베이컨 치즈 버거를 선택할 수 있다. 패티 다음은 토핑을 고를 차례. 전부 다 넣으려면 올 더 웨이All The Way라고 하면 된다. 한편, 주문하는 곳 앞에는 땅콩을 수북이 쌓아 놓은 포대가 놓여 있다. 이는 직접 짠 건강한 땅콩기름을 쓴다는 걸 보여주기 위한 전략이다. 땅콩은 마음껏 먹어도 된다. 미국 최대 감자 생산지 아이다호에서 공수한 감자를 땅콩기름에 튀긴 프렌치 프라이 맛도 끝내준다. 파이브가이즈 스타일(소금)과 케이준 스타일 2가지 중 선택할 수 있다.

Data 지도 236p-D
가는 법 완차이역 A3출구에서 도보 4분
주소 60 Johnston Rd, Wan Chai
전화 3618-9122
운영 시간 11:00~22:00
가격 햄버거 75HKD~, 프라이 35HKD~
홈페이지 fiveguys.com.hk

홍콩 바리스타 챔피언의 카페
커핑룸 Cupping Room

커피 맛 좀 아는 사람들이 찾는 커핑룸. 비결이 뭔가 했더니, 홍콩 바리스타 챔피언십 4년 연속 우승, 세계 바리스타 대회 2위라는 빛나는 기록을 보유하고 있다. 완차이 매장은 리퉁 애비뉴와 가까워 접근성도 좋은 편. 커피는 다 맛있지만 플랫 화이트가 화제다. 에그 베네딕트를 올린 아보카도 온 토스트 위드 포치드 에그Avocado On Taost W/Poached Egg 등 브런치 메뉴노 인기다. 여기에 얼음이 녹아도 맛있는 진한 아이스 아메리카노 한 잔을 곁들이면 화룡점정!

Data 지도 236p-D 가는 법 완차이역 A3출구에서 도보 3분
주소 32 Swatow St, Wan Chai 전화 2371-2338
운영 시간 08:00~17:00 가격 아이스 라테 45HKD, 아보카도 온 토스트 위드 포치드 에그 118HKD 홈페이지 cuppingroom.hk

십 스트리트의 선두주자
22 십스 22 ships

십 스트리트의 레스토랑 역사는 22 십스 등장 전후로 나뉜다. 스페인 스타일 타파스바 '22 십스'가 들어선 후 레스토랑과 바들이 줄줄이 오픈했고 거리가 밝아졌다. 이름도 주소를 따 22 십스. 바에 앉으면 바라볼 수밖에 없는 오픈 키친도 입맛을 돋운다. 세심한 손길로 요리하는 셰프를 보노라면 한편의 쇼를 보는 듯 흥미진진. 고든 램지와 함께 일했던 영국인 셰프 제이슨 에스턴이 오픈 메뉴를 세팅했다. 뭘 주문해도 맛있는 타파스는 파라 피카Para Picar, 해산물Seefood, 채소Vegatable, 달걀Egg, 육류Meat 5종류. 재료 이름이 메뉴명으로 쓰이기 때문에 어떤 음식인지 유추가 가능하다. 전체적으로 양에 비해 가격은 다소 높은 편. 점심시간에는 주변 직장인들로 북새통이다. 줄서지 않으려면 예약을 하거나 느지막이 찾아가자.

Data 지도 236p-C
가는 법 MRT 완차이역 A3번 출구에서 도보 5분 **주소** 22 Ship Street, Wan Chai
전화 2555-0722 **운영 시간** 월~토 12:00~15:00, 18:00~23:00, 일 12:00~14:30, 18:00~22:00
가격 페스토 샐러드 채소 88~98HKD, 해산물 타파스 118~148HKD **홈페이지** www.22ships.hk

뉴요커에게 더 유명한
아모 Ammo

아모는 아시아Asia, 모던Modern, 뮤지엄&오리지널Museum and Original의 초성을 따서 이름을 지은 레스토랑이다. 19세기 중반까지 영국군의 화약고였던 건물을 뉴욕 출신의 건축가 토드 윌리엄스 앤 빌리Tod Williams and Billie가 아시아 소사이어티 홍콩 센터Asia Society Hong kong Center로 리노베이션 했다. 그 후 홍콩 출신 미국 인테리어 디자이너 조이스 왕Joyce Wang이 내부 인테리어를 했다. 한적한 골목 안쪽, 사각 통유리 안에 화려하게 꾸민 내부 인테리어는 차가운 듯 반짝거리며, 덤불로 이루어진 조경과 함께 신비로움을 자아낸다. 허브티 등 드링크 메뉴부터 런치, 애프터눈 티까지 메뉴도 다양하다.

Data 지도 236p-C 가는 법 MTR 애드미럴티역 F번 출구 퍼시픽 플레이스 정문으로 나와 쇼핑몰의 우측으로 돌아올라 갈 것
주소 9 Justice Drive, Adviralty **전화** 2537-9888
운영 시간 월~목 런치 11:30~15:00, 디너 17:00~24:00, 금 런치 11:30~15:00, 디너 17:00~01:00, 토·일 11:30~01:00
가격 티 50HKD~, 봉사료 10% **홈페이지** www.ammo.com.hk

밤 12시까지 딤섬을 팔아요
딤딤섬 DimDimSum

고급 딤섬집은 아니지만 저렴한 가격에 아침부터 자정까지 딤섬을 맛볼 수 있는 기특한 가게. 도시여행 전문잡지 〈타임아웃 홍콩〉이 딤딤섬을 베스트 딤섬집으로 꼽으며 입소문을 탔다. 그렇다고 팀호완처럼 미슐랭 스타급 맛을 기대했다가는 실망할 수도. 하가우, 쇼마이 등 베이직한 메뉴가 맛있는 편이다. 특히, 괴육이 씹히는 파인애플 번은 〈타임아웃 홍콩〉이 꼽은 딤딤섬 베스트 메뉴! 요것저것 배불리 먹고 싶을 때는 물론 쇼핑하느라 점심시간을 놓쳤을 때 딱이다. 단, 주말에는 줄이 긴 경우가 많다.

Data 지도 236p-D, 지도 밖
가는 법 MTR 완차이역 A4번 출구에서 헤네시 로드 Hennessy Road를 따라 직진하다 모리슨힐 로드Morrison Hill Road에서 도보 10분
주소 7 Tin Lok Lane, Wan Chai
전화 2891-7677
운영 시간 10:00~24:00
가격 딤섬 19~34HKD
홈페이지 www.dimdimsum.hk

분위기 그윽한 딤섬 바
딤섬 라이브러리 Dim Sum Library

퍼시픽 플레이스 L1층에 자리한 딤섬 라이브러리는 창작 딤섬을 선보이는 레스토랑이다. 얌차나 소셜 플레이스처럼 캐릭터에 집중하기보다는 트러플을 가미한 하가우, 마라 소스를 곁들인 창펀 등 새로운 맛의 시도에 방점을 둔다. 점심시간부터 밤까지 아무 때나 가도 딤섬을 주문할 수 있어 쇼핑하다 출출할 때 들르기 제격이다. 레스토랑 한쪽에는 바가 있어 칵테일을 주문하면 바텐더가 즉석에서 만들어 준다. 딤섬과 프로세코, 딤섬과 칵테일의 새로운 마리아주를 경험해 보시길.

Data 지도 236p-C
가는 법 MTR 애드미럴티역 F출구로 연결되는 퍼시픽 플레이스 L1층에 위치
주소 124/Level 1, Pacific Place, Admiralty
전화 3643-0088
운영 시간 월~금요일 11:30~22:00, 토~일 · 공휴일 10:30~22:00
가격 딤섬 58HKD~, 프로세코 78HKD~
홈페이지 dimsumlibrary.com.hk

탕웨이가 앉아 있을 것만 같은
호놀룰루 커피 케이크숍 Honolulu Coffee Cake Shop

탕웨이가 출연한 영화 〈크로싱 헤네시Crossing Hennessy〉 촬영지로 유명하다. 아직도 가게 벽에는 빛 바랜 영화 포스터가 붙어 있고, 나이 지긋한 어르신이 서빙을 한다. 파인애플 번이 대표 메뉴이지만 플레인 번과 프렌치토스트의 맛도 훌륭하다. 플레인 번은 특급 호텔 베이커리 부럽지 않은 진한 버터 맛과 쫀득쫀득한 식감을 자랑한다. 진득한 시럽을 뿌려 먹는 두툼함 프렌치 토스트는 눈이 번쩍 뜨이는 맛이다. 단골이 되고 싶어질 정도. 홍차와 커피를 반반 섞은 믹스드 커피&티Mixed Coffee&Tea와 에그 타르트의 조합도 만족스럽다. 여럿이라면 이것 저것 시켜 후회 없이 맛볼 것.

Data 지도 236p-D
가는 법 MTR 완차이역 A4번 출구에서 도보 1분
주소 176-178 Hennessy Road, Wan Chai
전화 2575-1823
운영 시간 06:00~24:00
가격 프렌치 토스트 37HKD, 믹스드 커피&티 22HKD~

파인애플 번과 치킨 파이가 유명한
캄풍 카페 Kam Fung Cafe

갓 구운 파인애플 번과 카스텔라 냄새가 발길을 붙드는 작고 유서 깊은 차찬텡. 완차이 후미진 골목에 자리한 차찬텡이었지만 바로 옆에 리퉁 애비뉴가 들어서며 접근성이 좋아졌다. 주말 오전에는 현지인들이 줄을 서서 입장할 정도로 인기다. 캄풍 카페의 양대 인기 아침 식사 메뉴는 치킨 파이와 파인애플 번이다. 에그타르트와 카스텔라 등 각종 빵도 싸고 맛있다. 파인애플 번이나 에그타르트를 먹을 때는 달콤쌉쌀한 밀크티를 곁들여야 맛이 배가된다. 영어 메뉴도 있고, 밀크 티와 함께 세트 메뉴로 주문할 수 있어 편리하다.

Data 지도 236p-D
가는 법 MTR 완차이역 A3출구에서 도보 3분
주소 Spring Garden Ln, Wan Chai
전화 2572-0526
운영 시간 07:00~19:00
가격 밀크티&파인애플 번(버터 포함) 29HKD, 밀크티&치킨파이 31HKD

그래 이 맛이야!
언더 브리지 스파이시 크랩 Under Bridge Spicy Crab

1940년대에 탄생한 위대한 메뉴, '타이푼 쉘터 스파이시 크랩' 전문점이다. 당시 홍콩에는 어부들이 태풍을 피해 닻을 내리고 머물던 쉘터가 있었는데, 그 배 위에서 만들어 팔던 해산물 요리 중 하나가 바로 타이푼 쉘터 스파이시 크랩이다. 기름에 튀기듯 달달 볶아 바삭바삭한 홍게에 마늘과 매운 고추 토핑을 듬뿍 얹은 요리로 그 치명적인 맛을 자랑한다.

타이푼 쉘터 스파이시 크랩 주문 시 맵기를 고를 수 있다. 덜 매운 맛을 택해도 약간 맵고 후추 향이 진하게 느껴진다. 토핑은 오이, 계란 흰자, 볶음밥을 시켜 쓱쓱 비벼 먹으면 매운 양념과 심심한 밥이 환상의 조화를 이룬다. 당면과 다진 마늘을 얹은 가리비찜과 검은콩 소스를 뿌린 키조개 요리도 꿀맛이다. 단, 가격은 시가다. 테이블에 놓인 땅콩과 차도 다 돈을 내야 한다. 한편, 언더 브리지라는 이름은 고가 도로 아래 타이푼 쉘터에서 해산물 요리를 팔기 시작한 데서 유래했다.

Data **지도** 236p-B
가는 법 코즈웨이 베이역 B번 출구에서 왼쪽 고가도로 아래까지 도보 4분(위치는 완차이지만 완차이역 보다 코즈웨이 베이역에서 더 가깝다)
주소 Wan Chai, Lockhart Rd, 421-425
전화 2834-6268
운영 시간 11:00~03:00
홈페이지 www.underbridgespicycrab.com

모닝 토스트와 밀크티의 만남
크리슬리 카페 華星冰室 · Chrisly Café

80년대 홍콩 차찬텡 스타일을 재현한 크리슬리 카페 역시 줄 서서 입장하는 맛집이다. 워낙 손님이 많다 보니 합석은 기본이고, 자리에 앉자마자 주문을 받으러 온다. 이 카페의 인기 메뉴는 에그 스크램블과 햄을 올린 두툼한 버터 토스트에 밀크티를 곁들인 세트 메뉴. 여기에 밀크티 한 잔 곁들이면 아침 식사로 든든하다. 최근에는 토스트 위에 스크램블을 잔뜩 올린 후 블랙 트러플을 솔솔 뿌린 트러플 토스트도 인기다.

Data 지도 236p-D
가는 법 MTR 완차이 역 A4번 출구에서 도보 6분
주소 Kwong Sang Hong Building, 6 Heard St, Wan Chai
전화 2666-7766 운영 시간 07:00~23:00
가격 블랙 트러플 에그 스크램블 토스트 42HKD
홈페이지 chrislycafe.com.hk

이런 식감 처음이야
콩 사오 스타 디저트 Cong Sao Star Desert

홍콩 디저트계에 해성처럼 나타난 콩 사오 스타 디저트. 몽콕의 좁은 가게에서 시작해 코즈웨이베이, 완차이에도 지점을 열었다. 완차이점이 넓고 쾌적한 편. 이 집만의 스페셜 메뉴는 열대과일 용안을 갈아 만든 소르베에 알갱이가 톡톡 씹히는 코코넛 젤리를 듬뿍 올려주는 룽간 소르베 위드 나타 드 코코Longan Sorbet with Nata de Coco다. 혀에 닿는 순간부터 씹어 넘길 때까지 다른 식감을 즐길 수 있다. 이 밖에 망고나 딸기를 베이스로 한 디저트 메뉴도 준비돼 있다. 다양한 메뉴 덕에 낮부터 밤 늦도록 인기다.

Data 지도 236p-D
가는 법 MTR 완차이 역 A3번 출구에서 도보 4분
주소 23 Tai Wong St E, Wan Chai
전화 2520-6363
운영 시간 12:00~24:00
가격 룽간 소르베 위드 나타 드 코코 48HKD

빌딩 숲 속 은밀한 루프톱 바
울루물루 스테이크하우스 Wooloomooloo Steakhouse

완차이에도 이런 핫플레이스가 있었어? 하며 회심의 미소를 짓게 될 루프톱바다. 완차이 헤네시 빌딩 31층에 울루물루 스테이크하우스가 있고, 그 위에 전망이 환상적인 루프톱바가 있다. 센트럴에 있는 루프톱 바에 비해 탁 트인 정만을 선사하는 데다, 앉을 수 있는 좌석도 많은 편이나. 해 질 무렵에 기서 어두운 밤을 수놓는 빅토리아 하버와 코즈웨이 베이 야경을 음미해보자. 빌딩 숲 너머로 바다와 그 위를 유유히 오가는 페리도 보인다. 하루의 마무리를 아름다운 전망을 보며 시원한 한잔으로 마무리하기를 원하는 여행자에게는 이보다 좋을 수 없다. 홍콩에 머무는 내내 출석 도장 찍고 싶을 정도다.

Data 지도 236p-D
가는 법 완차이역 A3번 출구에서 Johnnston Road를 따라 왼쪽으로 도보 5분
주소 Hennessy, 31/F & Rooftop, 256 Hennessy Rd, Wan Chai
전화 2893-6960
운영 시간 11:30~14:30, 18:00~23:00
가격 맥주 90HKD~
홈페이지 woo-steakhouse.com

Hong Kong By Area

04

코즈웨이 베이

銅鑼灣
CAUSEWAY BAY

홍콩에서 가장 핫한 거리를 꼽자면 당연히 코즈웨이 베이다. 갈 때마다 흥분된 기분을 가라앉히기 힘들 정도. 트렌디한 숍부터 명품 브랜드 쇼핑몰까지 조금의 틈도 없이 숍으로 들어찬 미로 같은 곳이다. 온갖 브랜드로 화려하게 치장한 하버 시티보다 더 거대하고 복잡하다. 센트럴처럼 여행자를 불러들이는 여행 스폿은 아니지만, 패션피플들을 열광하게 하는 거대한 쇼핑몰이자 만남의 장이다. 사람 구경, 거리 구경, 탐나는 물건 구경까지, 쇼핑을 좋아하는 여행자를 위한 모든 것들을 품고 있다.

GARMIN
Sasa
Sasa
BONJOUR
BONJOUR

150
62
日本北海道元貝
North Point
JCB
62
150

Causeway Bay
PREVIEW

코즈웨이 베이는 돌아다니다가 잠시 지도에서 눈을 떼면 바로 길을 잃을 만큼 복잡하다.
중심길인 헤네시 로드를 기점으로 움직이면 크게 헤매지 않는다.

PLAY

코즈웨이 베이는 홍콩섬에서 가장 화려한 상업지구이며 즐길 것들이 대부분 쇼핑과 관련되어 있다. 세계적으로도 유명한 쇼핑 지역이다 보니 이곳에서만 볼 수 있는 특별한 물건을 찾아내는 즐거움이 있다. 쇼핑을 좋아하지 않는 사람이라도 이곳에서는 신이 날 것이다. 거리를 뒤덮은 간판도 특별한 볼거리. 특히 밤거리가 매력 넘친다.

BUY

침사추이와 더불어 홍콩 쇼핑의 메카로 꼽히는 코즈웨이 베이. 대형 쇼핑몰의 격전지라고 불릴 만큼 타임스 스퀘어, 하이산 플레이스, 소고, 리 가든스 원&투 등의 쇼핑몰이 많다. 몰이 답답할 땐 홍콩의 패션 트렌드를 한눈에 보여주는 거리 패션 워크 산책에 나서보자. 명품 가방 하나 득템하고 싶다면 트위스트, 이사 아웃렛도 반드시 들러볼 것.

EAT

코즈웨이 베이의 맛집 대부분 쇼핑몰 안에 둥지를 틀고 있다. 하이산 플레이스에 간다면 완탕의 지존 호흥키와 망고 디저트 천국 허니문 디저트를, 타임스 스퀘어에 간다면 모던 차이나, 크리스탈 제이드, 슈퍼스타 시푸드를 기억해두자. 쇼핑몰 밖 가장 핫한 레스토랑은 제이미스 이탈리안! 가벼운 점심 식사용으로는 남키 롤 누들, 매치박스 등을 추천한다.

MTR ≫ Ⓜ 코즈웨이 베이 — 애드미럴티 — 완차이 — 센트럴 — 성완 — 침사추이 — 조던 — 야우마테이 — 몽콕

어떻게 갈까?

가장 편하고 빠른 교통수단은 MTR이다. 하지만 추천하고 싶은 교통편은 성완부터 출발하는 트램이다. 100년이 넘는 시간을 홍콩과 함께 느릿느릿 달리고 있는 트램은 홍콩에서 꼭 한 번은 타봐야 하는 필수 여행코스이다. MTR은 아일랜드 선의 코즈웨이 베이역. 트램은 소고 백화점 앞에서 하차하면 된다.

어떻게 다닐까?

코즈웨이 베이는 미로처럼 복잡하다. 거리의 모습에 잠깐 취해 걷다 보면 금새 길을 잃을 정도다. 이런 복잡함이 매력이기는 하지만 현재 내가 있는 곳의 위치를 지속적으로 파악할 필요가 있다. 혹시라도 길을 잃었다면 타임스 스퀘어나 애플 스토어, 소고 백화점 등 랜드마크가 되는 곳을 기점으로 길을 찾아가자.

Causeway Bay
ONE FINE DAY

쇼핑만으로 하루 일정이 꽉 차는 곳. 코즈웨이 베이의 가장 뜨는 스폿인
하이산 플레이스를 시작으로 패션 워크, 없는 게 없는 타임스 스퀘어까지,
쇼핑광이라면 단 일 초도 한눈 팔 수 없는 스케줄이 될 것이다.

이순 밀크 컴퍼니 생강 푸딩 맛보기 → 도보 3분 → 소고 백화점 구찌 코스메틱 쇼핑 → 도보 1분 → 감각적인 패션워크 산책 → 도보 10분 → 리틀 바오에서 점심 식사 → 도보 1분 → 프랑프랑 구경 → 도보 3분 → 샤오미 둘러보기 → 도보 3분 → 타임스 스퀘어 구경하기 → 도보 10분 → 하이산 플레이스 쇼핑 즐기기 → 도보 7분 → 호흥키에서 완탕면 맛보기

PLAY

매일 정오에 울려 퍼지는 대포소리
눈 데이 건 Noon Day Gun

1840년부터 160여 년간 하루도 거르지 않고 정오가 되면 이곳에서 군인들이 대포를 쏜다. 이 전통은 자딘 매드슨사가 자신들이 소유한 선박이 입항할 때 대포를 쏘던 것에서 유래했다. 1924년 영국의 유명 가수인 노엘 카워드Noel Coward가 이곳을 주제로 만든 곡 '매드 독&잉글리시맨Mad Dogs and Englishmen'이 히트를 치면서 유명해졌다.

Data 지도 254p-A
가는 법 MTR 코즈웨이 베이역 D1번 출구에서 월드 트레이드 센터 뒤편 윌슨 파킹 지하주차장으로 내려가는 입구를 통해 건너간다
주소 Gloucester Road, Causeway Bay
운영 시간 07:00~24:00

호화 요트와 수상 가옥이 있는
코즈웨이 베이 타이푼 쉘터
Causeway Bay Typhoon Shelter

코즈웨이 베이 해변에 위치한 요트징과 수상 가옥. 태풍을 대비해 만든 수상 피난소였다. 지금은 요트계류장으로 사용한다. 다른 한쪽은 허름한 수상 가옥이 있어 홍콩의 상반된 모습을 느낄 수 있다.

Data 지도 254p-B **가는 법** 눈 데이 건 바로 옆 **주소** Gloucester Road, Causeway Bay

바다에서 공원이 된
빅토리아 공원 Victoria Park

1957년 간척사업 덕분에 바다였던 곳이 공원으로 탈바꿈했다. 공원이 부족한 홍콩이다 보니 주민들의 사랑을 받고 있다. 이른 아침이면 태극권을 하거나 산책을 즐기는 현지인들을 볼 수 있다.

Data 지도 254p-B **가는 법** MTR 코즈웨이 베이역 E번 출구에서 도보 4분 **주소** Victoria Park, Causeway Bay **전화** 2890-5824

BUY

걸으며 즐기는 쇼핑거리

패션 워크 Fashion Walk

세계에서 땅 값이 뉴욕 5번가 다음으로 비싸다는 코즈웨이 베이. 그 중에서도 패터슨 스트리트Paterson Street부터 킹스톤 스트리트Kingston Street까지 90여 개의 브랜드숍이 모여 있는 거리를 패션 워크라 부른다. 패션 워크에서 살아남는 브랜드가 홍콩 패션을 주도한다고 할 정도로 내놓으라는 디자이너 브랜드가 이곳에서 격전을 벌인다. 그래서 LTE급으로 변화하는 홍콩 패션계의 테스트 마켓으로 통한다. 메종 키츠네Masion Kitsne, 아페쎄A.P.C, 이자벨 마랑Isabel Marant 등 프랑스 브랜드와 I.T, D-mop 등 편집 매장이 강세다. 페션 워크 한켠에 푸드 스트리트Food Street가 있어 쇼핑 후 다이닝을 즐기기도 그만이다. 발 디딜 틈 없이 번잡한 코즈웨이 베이에서 한적하게 쇼핑을 즐길 수 있는 야외 공간인 셈. 침사추이나 센트럴과도 사뭇 다른 분위기를 느낄 수 있다. 멋스러운 디스플레이와 감각 있는 홍콩의 패션 피플 구경도 패션 워크에서 누릴 수 있는 재미! 프랑프랑Fanc, 샤오미Xiaomi 매장도 이 거리에 있다.

Data 지도 254p-B
가는 법 MTR 코즈웨이 베이역 E번 출구로 나와 왼편으로 도보 1분
주소 Great George Street, Paterson Street, Cleveland Street, Kingston Street, Gloucester Street Causeway Bay
운영 시간 11:00~23:00 (숍마다 다름)
홈페이지 www.fashionwalk.com.hk

패션 워크에서 주목할 매장

프렌치 감성 뿜뿜
매종 키츠네 Maison Kitsune

프랑스에서 건너온 패션 브랜드 메종 키츠네의 홍콩 플래그십 스토어. 여우 로고가 특징인 '시그니처 라인'과 파리 감성의 시즌리스 로고 아이템인 '파리지앵 라인', 트렌디한 제안을 선보이는 '시즈널, 콜라보레이션, 캡슐 컬렉션 라인' 등을 만날 수 있다. 단, 서울의 가로수길 매장처럼 카페가 함께 있지는 않다. 가격은 서울보다 약간 저렴한 편이다.

Data 지도 254p-B 주소 Cleveland Mansion, 5-7 Cleveland St, Causeway Bay
전화 2764-4933 운영 시간 12:00~22:00
홈페이지 kitsune.fr

스웨덴에서 온 SPA브랜드
몽키 Monki

컬러풀한 색감과 톡톡 튀는 디자인이 돋보이는 스웨덴 패스트 패션 브랜드 몽키. 재킷이나 원피스 등 의류뿐 아니라 아보카도, 도넛 등 패턴이 그려진 양말부터 유머러스한 디자인의 모자 등 소품도 눈여겨보자. 가격도 저렴하다. 참고로 몽콕 랭함 플레이스에도 매장이 있다.

Data 지도 254p-B
주소 Shop G21, 23&25, 311 Gloucester Rd, Causeway Bay
전화 2894-8380 운영 시간 11:00~23:00
홈페이지 www.monki.com

여자의 마음을 알아주는 쇼핑몰
하이산 플레이스 Hysan Place

코즈웨이 베이의 새로운 랜드마크로 부상하고 있는 대형 쇼핑몰. 17개 층을 패션, 뷰티 라이프스타일 브랜드로 꽉 채웠다. 명품만 나열하기보다는 층별 콘셉트에 따라 매장을 구성한 것이 특징이다. 6층의 '에덴동산'은 여성 전용 쇼핑 공간으로 유기농 화장품, 란제리 등을 판매한다.

Data 지도 254p-C
주소 500 Hennessy Road, Causeway Bay
전화 2886-7222
운영 시간 일·목 10:00~22:00, 금·토·공휴일 전날 10:00~23:00
홈페이지 hp.leegardens.com.hk

넌 너무 매력적이야!
애플 스토어 Apple Store

미국에 이어 중화권 나라는 애플사의 가장 큰 고객이다. 해마다 홍콩, 대만, 중국의 매출은 상상을 초월할 만큼 증가하고 있다. 2015년 현재 홍콩에만 3곳(센트럴, 코즈웨이 베이, 페스티벌 워크)의 애플 스토어가 있다. 하이산 플레이스 뒤편에 위치한 애플 스토어 코즈웨이 베이점은 1층부터 3층까지 그 규모가 대단하다. 초현실적인 분위기의 투명한 건물은 기계를 좋아하지 않는 사람까지도 단번에 매료시킨다. 매장 안으로 들어가면 애플의 신상품을 무료 체험할 수 있고, 무료 와이파이나 인터넷을 사용할 수 있다. 애플 스토어는 항상 어마어마한 인파로 가득하다. 가격은 한국보다 조금 더 저렴한 편. 다양한 애플 액세서리도 살 수 있다.

Data 지도 254p-C
가는 법 MTR 코즈웨이 베이역 F번 출구. 하이산 플레이스 뒤편이 입구
주소 Hysan Place 500 Hennessy Road, Causeway Bay
전화 3979-3100
운영 시간 일~목 10:00~22:00, 금·토·공휴일 전날 10:00~23:00
홈페이지 www.apple.com/hk/causewaybay

구찌 코스메틱 사러 가요
소고 Sogo

코즈웨이 베이역 D번 출구에서 바로 연결되는 일본계 백화점. 지하 2층부터 16층까지 18층 규모로 구조는 한국 백화점과 비슷하다. 다만, 코스메틱 브랜드가 많이 입점해 있다는 게 강점이다. 특히, 여행자들이 자석에 끌리듯 향하는 매장은 1층의 구찌 코스메틱Gucci Cosmetic. 아시아 최초 구찌 코스 메틱 매장으로 구찌 로고가 콕 박힌 립스틱이 인기 아이템이다. 세일 기간에는 매대에서 의류 브랜드를 판매하니 득템의 기회를 노려보자. 지하에는 베이커리, 식료품점 등 식당가도 있다. 단, 코즈웨이 베이의 타 쇼핑몰보다 매장 간격이 좁은 편.

Data 지도 254p-A **가는 법** MTR 코즈웨이 베이역 D번 출구와 바로 연결
주소 555 Hennessy Road, Causeway Bay **전화** 2833-8338
운영 시간 일~목 10:00~22:00, 토~일 10:00~22:30

홍콩 사람들의 명품 쇼핑몰
리 가든스 원&투 Lee Gardens 1&2

VVIP들이 드나드는 곳은 어디나 북적임이 덜한 법. 홍콩 최상류층이 즐겨 찾는다는 명품 쇼핑몰인 이곳은 사람들의 발길이 뜸하다. 명품 쇼핑의 계획이 있다면 여기저기 발품 팔지 말고, 쾌적한 분위기의 리 가든스로 가보자. 사람들에 치이지 않고 한갓지게 거의 모든 명품을 둘러볼 수 있다. 꼭 물건을 사지 않더라도 명품에 관심이 있다면 아이쇼핑 장소로도 최고다. 1관의 B층에서 7층까지 7개층 대부분이 샤넬, 크리스챤 디올, 루이비통, 불가리, 에르메스 등의 명품 매장들로 이루어져 있으며, 2관은 우리나라에서 보기 힘든 키즈 명품 브랜드로 채워져 있다.

Data 지도 254p-D
가는 법 MTR 코즈웨이 베이역 F번 출구에서 도보 5분
주소 33 Hysan Avenue, Causeway Bay
전화 2907-5227
운영 시간 10:30 -20:30 (숍마다 다름)
홈페이지 www.leegardens.com.hk

홍콩에서도 인기 있는 일본 브랜드
프랑프랑 Francfranc

쇼윈도만 들여다봐도 마음이 밝아지는 라이프 스타일 숍. 일본 브랜드지만 한국에 매장이 없어 한국 여행자들 사이에도 인기다. 인테리어나 그릇 마니아라면 물 만난 물고기 마냥 돌아다니기 좋은 2층 규모의 매장이다. 아무리 좋아도 가구를 사 들고 오긴 힘드니, 패턴이 예쁜 테이블 웨어나 쿠션 커버 보들보들한 파자마를 공략해보자. 핸드크림이나 바디워시 등도 선물용으로 좋다. 연말에는 크리스마스 장식품과 선물 쇼핑하기에도 부족함이 없다. 가격은 일본 현지와 비슷하다.

Data 지도 254p-B
가는 법 MTR 코즈웨이 베이역 E번 출구로 나와 Paterson St.를 지나 Kingston St.를 따라 도보 4분. 주소 Kingston St, 8 Causeway Bay
전화 3583-2528
운영 시간 일~목 11:00~22:00, 금~토 11:00~22:30
홈페이지 www.francfranc.com.hk

저녁 약속장소의 대명사
타임스 스퀘어 Times Square

퇴근 무렵이면 타임스 스퀘어 앞은 더욱 혼잡해진다. 지하 2층부터 지상 13층까지 16개 층으로 이루어진 이곳은 패션 용품부터 액세서리, 영화관, 레스토랑은 물론, 달마다 바뀌는 공연 전시장까지 있어 일년 내내 가장 바쁜 쇼핑몰이다. 인기 슈퍼마켓 시티슈퍼를 비롯해 젊은층이 선호하는 최신 브랜드는 물론 명품몰 레인 크로포드Lane Crawford까지 있다. 현지인과 여행자 모두가 좋아하는 인기 캐주얼 브랜드 대부분이 입점해 있다. 10~11층에 위치한 유명 레스토랑들은 저녁시간이면 1시간 이상 기다려야 한다.

Data 지도 254p-C
가는 법 MTR 코즈웨이 베이역 A번 출구에서 연결
주소 1 Matheson Street, Causeway Bay
전화 2118-8900
운영 시간 10:00~22:00, 연중무휴
홈페이지 www.timessquare.com.hk

타임스 스퀘어에서 주목할 만한 매장

레인 크로퍼드
Lane Crawford

G~1층에 있다. 패션보다는 뷰티 매장이 강세다. 선물용 홍차와 쿠키를 사기 좋은 포트넘 앤 메이슨 매장도 있다.

타임스 스퀘어 바자 Times Square Bazar

아는 사람들만 아는 18층 아웃렛 매장. 2층에서 전용 엘리베이터를 타고 올라가면 백화점 행사장같은 매장이 모습을 드러낸다. 그때 그때 다른 브랜드를 최대 90%까지 세일 한다.

저렴한 가격에 동공 확대
샤오미(미홈) Xiaomi(Mi Home)

대륙의 실수라는 수식어로 메이드 인 차이나에 대한 인식을 확 바꿔준 가전제품 샤오미. 매장이 코즈웨이 베이에도 있다. 샤오미 항룽 빌딩에 숨어 있다. 구글맵으로 찾아도 대체 입구가 어디인지 헷갈리는데, 항룽 빌딩 H&M 옆 항룽 센터Hang Lung Center라고 적인 입구로 들어가 엘리베이터를 타고 8층에 내리면 거기가 매장이다. 규모는 작아도 우리나라 보다 저렴하다. 국내에 미수입된 제품 구경하다 보면 시간이 훌쩍 간다.

Data 지도 254p-D
가는 법 항룽 빌딩 H&M 옆 항룽 센터 8층
주소 803-06, Hang Lung Building, 2-20 Paterson St, Causeway Bay
전화 3596-7365
운영 시간 10:30~20:30
홈페이지 Mi-home

24시간 문 활짝!
웰컴 Wellcome

홍콩 최대 슈퍼마켓이다. 홍콩에만 매장이 280여 개나 된다. 이 가운데 코즈웨이 베이점을 추천하는 이유는? 웰컴 매장 가운데 여기가 홍콩에서 유일하게 24시간 오픈하기 때문이다. 패션 워크에서 나를 위한 쇼핑 후, 웰컴에서 지인들에게 뿌릴 선물을 알뜰하게 장만하기 그만이다. 숙소에서 한잔할 생각이라면 웰컴의 와인과 맥주 코너도 그냥 지나치지 말자. 눈이 돌아갈 만큼 종류도 다양하고 가격도 저렴하다.

Data 지도 254p-B 가는 법 코즈웨이 베이역 E번 출구에서 도보 1분 주소 25 Great George St, Causeway Bay 전화 2574-6437 운영 시간 24시간 홈페이지 www.wellcome.com.hk

신상이 많아서 좋은 아울렛
트위스트 Twist

샤넬, 프라다, 미우미우, 구찌, 버버리, 토즈, 에르메스, 클로에, 마크 제이콥스 등 이름만 대면 누구나 아는 명품 브랜드로 가득 찬 멀티숍! 이곳은 아울렛 매장이라고 하기엔 미안할 정도로 제품 대부분이 신상품 혹은 각 원산 국가에서 직접 공수해온 것들이다. 다른 아울렛 매장보다 핫한 아이템이 진열되어 있다. 일반 매장보다 10~20% 정도 더 할인받을 수 있다. 신상품을 찾는 명품쇼핑족에게는 이처럼 고마운 곳이 또 있으랴! 첫 구매 5,000HKD 이상이면 멤버십 카드를 발급해주며, 멤버십 카드가 있으면 5% 더 할인 받을 수 있다. 명품 쇼핑을 원한다면 필수 코스!

Data 지도 254p-A
가는 법 MTR 코즈웨이 베이역 D1번 출구 월드 트레이드 센터 내
주소 Shop P112-113 WTC More, 280 Gloucester Road, Causeway Bay
전화 2970-2231
운영 시간 12:00~22:00
홈페이지 www.twist.hk

베이직한 명품을 득템하는
이사 Isa

신상품보다는 이월상품이 주를 이룬다. 그만큼 저렴한 가격에 득템할 확률이 높다. 반면 디자인이 마음에 들면 원하는 컬러가 없을 가능성도 있다. 프라다, 구찌, 지방시, 입생로랑, 발렌티노, 마이클 코어스 등 국내 유통되는 명품 브랜드는 대부분 갖추고 있다. 아이템은 가방, 지갑, 시계 등 잡화류가 대부분이다. 시즌별로 제품의 구성에 많은 차이가 있으니 갯벌의 진주를 발견한다는 마음으로 눈을 크게 뜰 것. 제품 회전율이 빨라 마음에 드는 아이템을 발견했다면 바로 구입하는 것이 상책이다. 멤버십 카드를 만들면 추가 할인도 받을 수 있다.

Data 지도 254p-A
가는 법 MTR 코즈웨이 베이역 C번 출구
주소 G/F-2F, 487 Lockhart Road, Causeway Bay
전화 2366-5801
운영 시간 10:00~21:30
홈페이지 www.isaboutique.com

느낌 있는 기념품 쇼핑을 원한다면
GOD Goods of Desire

'더 나은 삶을 위하여'를 모토로 한 홍콩 대표 라이프 스타일 브랜드다. 홍콩 특유의 문화를 재기발랄한 디자인으로 승화시킨 컵, 옷까지 다양한 아이템을 발견할 수 있다. 소호, PMQ, 스탠리 플라자에도 매장이 있지만, 코즈웨이 베이점은 브랜드 타임스 스퀘어 광장 뒤편에 있어 타임스 스퀘어에 간 김에 들리기 좋다. 안으로 들어갈수록 다양한 제품을 구경할 수 있는 길쭉한 가게 구조도 흥미롭다.

Data **지도** 254p-C **가는 법** MTR 코즈웨이 베이역 A번 출구로 나와 타임스 스퀘어 광장 뒤편 **주소** 9 Sharp St E, Causeway Bay **전화** 2890-5555 **운영 시간** 12:00~22:00 **홈페이지** god.com.hk

홍콩에서 느끼는 핀란드 감성
마리메코 Marimekko

비비드한 컬러와 과감한 패턴이 사랑스러운 핀란드 대표 디자인 브랜드. 서울에도 매장이 여러 군데 있지만, 서울에 없는 패턴의 의류나 패브릭 제품을 만날 수 있다. 가격은 서울의 매장과 비슷한 편이다. 타이쿠 시티 플라자에도 매장이 있지만 이곳이 접근성이 가장 좋다.

Data **지도** 254p-C **가는 법** MTR 코즈웨이 베이역 A번 출구와 연결된 타임스 스퀘어로 나와 도보 5분 **주소** 42 Leighton Rd, Causeway Bay **전화** 2203-4218 **운영 시간** 일~목 11:30~20:30

덮밥이 생각날 땐
타이힝 太興 · Tai Hing Roast Restaurant

홍콩 차찬텡 중에서 로스트 덮밥하면 타이힝이다. 겉은 바삭, 속은 촉촉한 로스트거위덮밥과 돼지고기덮밥은 달콤하고 쫄깃쫄깃해서 한국인의 입맛에도 잘 맞는다. 거위, 돼지고기, 닭고기 어느 종류를 시켜도 맛이 좋은 편! 어떤 고기를 먹을까 고민될 땐 짬짜면처럼 반반씩 섞인 메뉴를 선택해보자. 더블 초이스 포 로스트 아이템Dubble choice for roast item 세트가 바로 그 메뉴. 음료까지 따라 나와 경제적이다. 덮밥 외에는 춘장향이 짙게 밴 소고기 볶음면도 먹을 만하다. 홍콩 스타일로 즐기려면 덮밥에 아이스 밀크티는 기본, 입가심으로는 아이스크림을 추천한다.

Data 지도 254p-A, C
가는 법 MTR 코즈웨이베이역 C번 출구에서 도보 3분
주소 G/F, Cigna Tower, 470-484 Jaffe Road, Causeway Bay
전화 2577-7038
운영 시간 07:30~24:00
가격 로스트 덮밥 69HKD~
홈페이지 www.taihingroast.com.hk

백년 전통 완탕면
막스 누들 Mak's Noodle

1920년 창업 이래 100년 가까이 사랑을 받아온 막스 누들. 호홍키처럼 미슐랭 레스토랑으로 선정되며 더욱 유명해진 완탕면 전문점이다. 짙은 초록색과 화이트를 주 컬러로 매장을 리뉴얼해 분위기가 싹 달라졌다. 꼬들꼬들한 면발과 담백한 국물 속이 꽉 찬 새우 완탕면의 맛은 여전하다. 완탕면과 함께 굴소스에 찍어 먹는 케일 한 접시 곁들이면 금상첨화. 막스 누들은 체인점으로 홍콩에 5개 지점이 있다. 코즈웨이 베이점은 타임스 스퀘어와 가까운 편이다.

Data 지도 254p-C
가는 법 MTR 코즈웨이 베이역 A번 출구와 연결된 타임스 스퀘어로 나와 도보 5분
주소 37 Leighton Rd, Causeway Bay, 홍콩
전화 2893-0006
운영 시간 09:00~23:00
가격 완탕면 60HKD

국물맛이 끝내주는 완탕면
호흥키 콘지&누들 Ho Hung Kee Congee&Noodle

막스 누들의 창시자 막운치의 수제자 호윙퐁이 1946년에 문을 연 호흥키 콘지&누들이 하이산 플레이스로 옮겨왔다. 공간은 쾌적해졌으며 맛은 그대로다. 속이 꽉 찬 완탕과 담백하고 개운한 국물은 폭풍 흡입을 부른다. 누들과 더불어 아침 식사 대용으로 좋은 콘지도 대표메뉴디. 땅콩을 올려주는 게 특징이데 풍미가 좋은 콘지와 고소한 땅콩의 하모니가 환상이다. 맛있다고 급히 먹으면 뜨거우니 함께 내주는 작은 그릇에 덜어 먹을 것. 두세 명이 가면 완탕면, 콘지, 튀긴 완탕을 탕수육 소스와 비슷한 소스에 찍어먹는 자완탕을 시켜보자. 이 정도면 인기 메뉴는 두루 섭렵한 셈.

Data 지도 254p-C
가는 법 MTR 코즈웨이 베이역 F2번 출구와 연결된 하이산 플레이스 12층
주소 Shop No.1204-1205, 12/F Hysan Place, 500 Hennessy Road, Causeway Bay
전화 2577-6028
운영 시간 11:30~23:30
가격 완탕면 60HKD, 티 5HKD

떠오르는 샤오롱바오 맛집
금만정 金滿庭 · Modern China Restaurant

딘타이펑과 쌍벽을 이루는 샤오롱바오 맛집. 여행자보다 현지인의 사랑을 듬뿍 받고 있다. 이름처럼 모던한 인테리어, 정갈한 음식, 저렴한 가격이 인기 비결. 맛으로 따지면 딘타이펑의 샤오롱바오보다 좀 더 달짝지근하면서 담백하다. 탄탄면이나 볶음면, 마파두부 등의 매운 스촨 요리도 즐길 수 있다. 모던 차이나는 손으로 뽑는 수타면을 원칙으로 한다. 메뉴판에 인기 메뉴 사진이 붙어 있어 있으니 주문할 때 참고할 것. 타임스 스퀘어 내에 있어 쇼핑가 식사를 함께 즐기기 편리하다. 단, 식사 시간에는 1~2시간 정도 기다려야 할 정도. 줄은 딱 질색이라면 서둘러 가거나 느지막이 찾아보자.

Data 지도 254p-C 가는 법 MTR 코즈웨이 베이역 A번 출구와 연결되는 타임스 스퀘어 13층 주소 13/F 1 Matheson Street, Causeway Bay 전화 2506-2525 운영 시간 점심 11:45~15:00, 저녁 17:45~23:00, 연중 무휴 가격 티 10HKD, 샤오롱바오 58HKD~, 탄탄면 39HKD~, 봉사료 10% 홈페이지 www.modernchinarestaurant.com

제이미 올리버의 명성
제이미스 이탈리안 Jamie's Italian

세계적인 스타 셰프 제이미 올리버의 레스토랑이 홍콩에 상륙했다. 2008년 캐주얼 이탈리안 레스토랑 콘셉트로 영국 옥스퍼드에 문을 연 이래 세계 30개국에 지점을 낼 정도로 인기몰이 중이다. 2014년 여름에 오픈한 홍콩지점 역시 반응이 뜨겁다. 홍콩의 느낌을 살린 화사한 인테리어도 화제다. 기대가 크면 실망도 큰 법. 먹고 난 후 '기다릴 만한 가치가 있다'와 '이 정도 먹으려고 너무 오래 기다렸다'로 호불호가 갈린다. 그날그날 바로 만든 생면으로 요리한 12가지 파스타와 버거 이탈리아노가 베스트셀러. 키즈 메뉴도 6가지나 준비돼 있다.

Data 지도 254p-C
가는 법 MTR 코즈웨이 베이역 A번 출구에서 도보 3분
주소 2/F, Soundwill Plaza II- Midtown, 1 Tang Lung Street, Causeway Bay
전화 3958-2222
운영 시간 11:00~23:00
가격 파스타 78HKD~, 버거 이탈리아노 135HKD, 봉사료 10%
홈페이지 www.jamieoliver.com/italian/hongkong

매일 로스팅하는 카페
커피 아카데믹스 플래그십 The Coffee Academics Flagship

매일 오후 커피 볶는 향이 카페를 가득 채운다. 미국과 유럽 스페셜티 협회 SCAA와 SCAE의 승인을 받은 로스팅 전문가 벤 람이 로스팅을 전담한다. 다크브라운 슈거를 솔솔 뿌린 오키나와 커피와 뉴질랜드 마누카 꿀을 올린 마누카 커피는 시그니처 메뉴! 라테류보다 블랙커피를 선호한다면 커피계의 위스키라 이름난 아이스 드립 커피를 마셔보자. 이곳 플래그십 스토어에서만 즐길 수 있는 애프터눈 티 세트도 인기.

Data 지도 254p-C 가는 법 MTR 코즈웨이 베이역 A번 출구에서 도보 3분 주소 G/F, 38 Yiu Wa Street, Causeway Bay
전화 2156-0313
운영 시간 월~목 10:00~23:00, 금·토 10:00~02:00, 일 12:00~21:00 가격 아가베 라테 58HKD 홈페이지 www.the-academics.com

중국식 버거의 반전 매력
리틀 바오 다이너 Little Bao Diner

소호에서 중국식 햄버거로 이름 좀 날린 리틀 바오가 코즈웨이 베이 패션 워크에 리틀 바오 다이너를 열었다. 테라스가 있는 넓은 매장은 인테리어도 산뜻하고, 메뉴도 다양하다. 인기 메뉴는 번 사이에 동파육 같은 돼지고기 패티를 끼운 포크 밸리 바오와 바삭바삭한 치킨을 끼운 치킨 바오. 여자 여행자 둘이라면 바오 하나씩 시키고 샐러드 하나 곁들이면 양이 적당하다. 화룡정점은 달콤한 디저트! 따끈하게 튀긴 빵 사이에 아이스크림을 쏙 끼운 미니 바오로 뜨찬뜨찬의 신세계를 맛보게 될 테니 주문을 망설이지 말자. 쾌활한 스텝들도 친절하다.

Data 지도 254p-B
가는 법 MTR 코즈웨이 베이역 A번 출구에서 도보 6분
주소 42 Leighton Rd, Causeway Bay
전화 2203-4218
운영 시간 일·목 11:00~21:00, 금~토 11:00~22:00
가격 포크 밸리 바오 78HKD, 아이스크림 바오 38HKD

청순하고 부드러운 우유 푸딩의 맛
이순 밀크 컴퍼니 Yee Shun Milk Company

〈스트리트 푸드파이터〉에 소개되며 주목 받은 카페. 현지인들에게 오랫동안 사랑 받은 우유 푸딩을 파는 곳이다. 조던, 아우마테이 등 여러 군데 매장이 있다. 그 중 코즈웨이 베이점이 접근성이 가장 좋다. 젤라틴을 첨가하지 않고 오직 우유와 생강즙으로 만든 생강 푸딩이 시그니처 메뉴. 차가운 푸딩과 뜨거운 푸딩 2가지 중 선택할 수 있는데, 따끈한 푸딩이 더 인기다. 한 입 떠 먹으면 입 안에 생강향이 번지며, 먹을수록 고소한 뒷맛이 입 안에 남는다. 스르르 녹아 없어지는 게 아쉬울 지경.

Data 지도 254p-A
가는 법 MTR 코즈웨이 베이역 B번 출구에서 도보 2분
주소 506 Lockhart Rd, Causeway Bay
전화 2591-1837
운영 시간 12:00~24:00
가격 생강 푸딩 37HKD

Hong Kong By Area

05

몽콕

旺角 · **Mong Kok**

어딜 가나 사람들로 항상 붐비는 홍콩이지만 몽콕은 해도해도 너무 한다. 사진이라도 찍을라치면 사람들의 물결이 끝없이 밀려와 틈을 주지 않는다. 알고 보니 몽콕이 '사람이 많다'는 뜻이라고. 몽콕은 지역 전체가 하나의 길거리 시장을 이루고 있다. 하버 시티나 퍼시픽 플레이스 같은 고급 쇼핑몰을 다니며 눈높이가 63빌딩보다 더 높아진 여행자들은 시장판 같은 이곳의 분위기가 거슬릴 수도 있다. 하지만 현지인들로 북적거리는 이곳에서 진정한 홍콩을 볼 수 있다. 몽콕이야말로 홍콩의 별미다.

Mong Kok
PREVIEW

다채로운 거리 구경의 재미가 있는 몽콕은 시장을 좋아하는 사람에겐 하루가 모자랄 정도.
각각의 특색 있는 시장들을 걸으며 기념사진을 남기고 골목골목 자리잡은
길거리 음식을 맛보며 하루를 보내보자. 레이디스 마켓만 돌아본다면
침사추이에서 심포니 오브 라이트가 끝난 후 잠시 들러도 되겠다.

PLAY
몽콕은 많은 사람들이 모여드는 만큼 사람 구경, 시장 구경, 거리 구경 등 볼거리가 다양하다. 레이디스 마켓에서 기념품을 고르거나 샤오미 매장에서 제품 구경만 해도 시간이 훌쩍 간다.

BUY
몽콕의 쇼핑 센터는 랭 함 플레이스 단 한 곳. 로컬 중저가 브랜드가 많아 현지 젊은 층의 강력한 지지를 받는 곳이다. 낮에는 랭 함 플레이스 쇼핑, 저녁에는 레이디스 마켓 야시장에서 흥정하는 재미가 쏠쏠하다.

EAT
몽콕에서는 길거리 음식에 도전해보자! 사람들이 바글바글 몰리는 곳에서 맛보는 꼬치나 달걀빵, 타이완식 프라이드 치킨, 만두 등 저렴하면서도 맛있는 길거리 간식이 가장 특별한 먹거리!

MTR 》 코즈웨이 베이 — 애드미럴티 — 완차이 — 센트럴 — 성완 — 침사추이 — 조단 — 야우마테이 — Ⓜ 몽콕

 **어떻게 갈까?**
침사추이에서 네이던 로드를 따라가면 몽콕을 만나게 된다. 침사추이에서 몽콕으로 갈 때는 네이던 로드를 가로지르는 2층 버스를 타고 거리 구경을 해 볼 것을 추천한다. 약 15분 거리지만 네이던 로드의 많은 것을 볼 수 있는 기회. 침사추이에서 몽콕까지 걸어가면 약 30분 거리다.

 어떻게 다닐까?
몽콕은 일자로 뻗은 골목마다 각기 다른 특성을 가진 시장을 형성하고 있다. 각각의 스트리트를 따라 걸어 다니면 되기 때문에 길 찾기가 수월하다. 지도를 들고 원하는 시장을 골라 돌아다니자.

80m 버스 모델숍 방향	80m Bus Model Shop
프린스 에드워드역 방면	
금붕어 시장	Goldfish Market
로얄 플라자 호텔 방향	Royal Plaza Hotel
파윤 스트리트 마켓	Fa Yuen Street Market
MTR 몽콕역	MTR Mong Kok
MTR 몽콕 이스트역	MTR Mong Kok East
랭 함 플레이스	Lang Ham Place
랭 함 플레이스 푸드 코트	Lang Ham Place Food Court
허니문 디저트	Honeymoon Dessert
초콜릿	Chocolate
G 2000	G 2000
B+ab	B+ab
바우하우스	Bauhouse
기와 베이커리	Kew Wah Bakery
스타카토	Staccato
팀호완	Tim Ho Wan
코디스 홍콩	Cordis Hong Kong
취화	Tsui Wah Restaurant
에스프리트	Esprit
그랜드 타워	Grand Tower
빅 버스 정류장	
타이힝	Tai Hing Roast Restaurant
부기 레스토랑	Fu Kee Restaurant
딤딤섬	Dim Dim Sum
취화	Tsui Wah Restaurant
스타벅스	Starbucks
카페 드 코랄	Café de Coral
스니커즈 마켓	Sneakers Market
레이디스 마켓	Ladies Market
사이영초이 스트리트	Sai Yeung Choi Street
이타메 스시	Itamae sushi
핫스타 라지 프라이드치킨	Hot-Star Large Fried Chicken
샤오미	Xiaomi (Mi Home)
환전소	
힐튼 가든 인	Hilton Garden Inn

몽콕 Mong kok

Streets: Bute Street, Canton Road, Mong Kok Road, Fife Street, Tung Choi Street, Fa Yuen Street, Argyle Street, Yim Po Fong Street, ShanTung Street, Peace Avenue, Waterloo Road, Nathan Road, Portland Street, Shanghai Street, Reclamation Street, Soy Street, Yin Chong Street, Kwong Wa Street, Dundas Street

Mong Kok
ONE FINE DAY

다채로운 거리 구경의 재미가 있는 몽콕은 시장을 좋아하는 사람에겐 하루가 모자랄 정도.
각각의 특색 있는 시장들을 걸으며 기념사진을 남기고 골목골목 자리잡은 길거리 음식을
맛보며 하루를 보내보자. 레이디스 마켓만 돌아본다면 침사추이에서
심포니 오브 라이트가 끝난 후 잠시 들러도 되겠다.

여행전문지 〈타임아웃〉 추천 딤딤섬에서 딤섬 타임!

도보 5분

스니커즈 마켓에서 특이한 스니커즈 장만하기

도보 3분

파윤 스트리트 마켓에서 소소한 시장 구경하기

도보 1분

길거리 간식 먹기

도보 1분

레이디스 마켓에서 기념품 장만

도보 3분

금붕어 시장에서 희귀 금붕어 구경하기

도보 1분

샤오미 매장 구경하기

도보 5분

랭 함 플레이스에서 에스컬레이터 타기

도보 5분

2층 버스 타고 네이던 로드 구경하며 숙소로!

HONG KONG BY AREA 05
몽콕

PLAY

좁쌀에서 시작한 거대한 기업
샤오미 Xiaomi (Mi Home)

저렴하지만 성능 좋은 휴대폰으로 이름을 알린 브랜드. 좁쌀이라는 뜻의 샤오미는 중국을 넘어 세계를 흔드는 기업으로 우뚝 섰다. 온라인 판매로 시작했지만 하나씩 오프라인 매장이 생기고 있다. 캐리어와 백팩 등 여행 섹션부터 각종 주방용품, 공기 청정기 등 리빙 섹션까지 제품의 영역도 넓혀가고 있다. 한국보다 10~20% 저렴한 가격으로 구입이 가능하다.

Data **지도** 270p-A **가는 법** 몽콕역 E1 출구 나단 로드에서 우측으로 도보 3분 **주소** 601 Nathan Rd. Mong Kok **전화** 3001-1888 **운영 시간** 10:00~23:00 **홈페이지** www.mi.com

몽콕 여행의 즐거움
금붕어 시장 Goldfish Market

파윤 스트리트와 한 블록 차이인 퉁초이 스트리트Tung Choi St.는 비닐봉지에 대롱대롱 매달린 예쁜 열대어와 금붕어를 원없이 구경할 수 있는 곳이라 금붕어 시장이라고 불린다. 중국은 금붕어를 집에서 키우면 가정의 평안과 재물이 들어온다는 설이 있어 인기 애완동물이 되었다. 여러 가지 변종 금붕어가 많아 흥미롭다.

Data **지도** 270p-A **가는 법** MTR 몽콕역 B3번 출구에서 도보 2분 **주소** Fa Yuen Street, Mong Kok **운영 시간** 12:00~24:00

로컬 사람 엿보기
파윤 스트리트 마켓 Fa Yuen Street Marfet

재래시장과 야시장 물건을 모두 파는 시장. 온갖 생활잡화는 물론 과일 등의 식료품까지 팔고 있다. 슈퍼마켓에 비해 식료품 등의 가격이 월등히 저렴하다. 소소한 물건들을 보물찾기 하듯 찾는 즐거움과 홍콩의 길거리 음식을 골라먹는 재미가 있다.

Data **지도** 270p-A **가는 법** MTR 몽콕역 B3번 출구에서 도보 3분 **주소** Tung Choi Street North, Mong Kok **운영 시간** 10:30~22:00

Tip 몽콕역 E2번 출구로 나오면 몽콕의 길거리 시장들을 돌아볼 수 있다. 조금 인기가 덜한 꽃 시장, 금붕어 시장, 전자제품 거리까지 다 돌아보고 싶다면 점심부터 부지런히 돌아다녀야 한다.

내맘에 쏙~드는 스니커즈 찾기!
스니커즈 마켓 Snickers Market

파윤 스트리트에 있는 스포츠용품이 가득한 거리다. '스포츠 스트리트'나 '운동화 거리'라고도 불린다. 우리가 아는 대부분의 스포츠 브랜드가 집합되어 있다. 또 신상품과 재고상품 등 온갖 종류의 신발을 한자리에서 볼 수 있다. 다른 몰의 세일상품과 비슷하게 가격이 형성되어 있어서 가격 면으로는 경쟁력이 떨어지지만, 즐비하게 늘어선 운동화숍에서 수천 가지의 운동화를 구경하는 것만으로도 흥미롭다. 수천 가지의 운동화 중에서 내 맘에 쏙 드는 한정판 스니커즈를 찾아내는 재미가 특별하다.

Data 지도 270p-B
가는 법 MTR 몽콕역 D3번 출구에서 도보 3분
주소 Fa Yuen Street, Mong Kok
운영 시간 12:00~24:00
(숍마다 다름)

"없는 게 없어요!"
레이디스 마켓 Ladies' Market

'여인가'라는 별명이 붙은 레이디스 마켓. 처음 시장이 형성되었을 때 여성 관련 용품만 팔아서 붙은 이름이다. 지금은 남성용품이나 가벼운 기념품 등도 판매한다. 온갖 재미난 잡동사니를 구경하는 재미가 쏠쏠하다. 명품 브랜드를 본떠 만든 짝퉁 시계나 귀여운 캐릭터 용품들, 재미난 티셔츠들이 즐비하다. 알뜰하게 쇼핑하려면 숨어 있는 흥정 능력을 발휘해야 한다.

Data 지도 270p-B
가는 법 MTR 몽콕역 D3번 출구에서 도보 2분
주소 Tung Choi Street, Mong Kok
운영 시간 12:00~24:00
(숍마다 다름)

랭 함 플레이스 Lang Ham Place

멈추지 않는 지름신 주의!

랭 함 플레이스는 꼭꼭 잠겼던 지갑이 술술 열리는 마법 같은 곳이다. 몽콕에서 가장 눈에 띄는 건물로 세계에서 제일 긴 에스컬레이터가 4층부터 13층까지 오르내린다. 일단 이 에스컬레이터를 타면 좀처럼 빠져 나오기 힘들다. 에스컬레이터를 타고 13층까지 올라간 뒤에는 계단을 따라 내려오며 대부분의 숍들을 거치게 되어 있다. 쇼핑몰 중에선 최고의 동선이라 할 수 있다.
명품숍보다는 중저가 브랜드들이 꽉꽉 들어차 있어 젊은 층의 전폭적인 지지를 얻고 있다. 유명한 에스컬레이터를 구경하러 갔다가 저렴하고 예쁜 물건들 때문에 지름신을 만나는 경우가 종종 있다. 스포츠 멀티숍, 액세서리숍, 일본 브랜드와 홍콩 브랜드들이 가득해 다른 일정이 있는데도 이곳에서 하루 종일 시간을 보내버리는 일이 생기기도 한다.

Data 지도 270p-A
가는 법 MTR 몽콕역 C3번 출구와 바로 연결
주소 8 Argyle Street, Mong Kok
전화 3520-2800
운영 시간 11:00~23:00
(숍마다 다름)
홈페이지 www.langHamplace.com.hk

랭 함 플레이스 인기매장

제네시스 Genesis
홍콩에서 샀다고 자랑할 만한 특별한 디자인의 시계가 가득하다.
젊은 사람들의 취향에 맞는 톡톡 튀는 디자인에 가격도 착하다. 남들이 갖지 않은 디자인의 시계를 찾고 있다면 꼭 들러볼 만하다. 10층 33호.
전화 3543-0378

휴먼 터치 Human Touch
순수하고 미니멀리즘한 디자인이 돋보이는 홍콩 디자이너의 소품숍. 보고 있자면 미소가 나오는 캐릭터들을 이용한 디자인이 왠지 친한 친구에게 선물 하나 해주고 싶은 기분이 드는 곳이다. 12층 09호.
전화 3580-8078 **홈페이지**
www.humantouch.hk

미니미 언유주얼리 Minime Unusually
정교하면서도 익살스러운 캐릭터로 자신의 모습을 만들 수 있는 곳이다. 실력이 아주 좋아서 만족스러운 캐릭터가 나온다. 기념일을 축하하거나 지인을 위한 선물로도 굿! 11층 23호.
전화 3427-3677 **홈페이지**
www.unusually.com

내가 타본 버스는 어디에?
80M 버스 모델숍 80M Bus Model Shop

영국의 지배를 받은 홍콩은 지금도 영국 문화가 남아 있다. 그 가운데 여행자에게 특별하게 보이는 것이 교통수단이다. 공항에서부터 볼 수 있는 장난감 같은 빨간 택시와 침사추이를 가득 메운 2층 버스, 홍콩섬을 가로지르는 트램 등은 홍콩 여행에서 돌아온 후에도 여운이 오래간다. 홍콩의 모든 교통수단을 미니어처로 만들어 놓은 80M 버스 모델숍은 홍콩 여행자들의 필수 코스다. 미니어처 마니아들이라면 말할 것도 없고, 마니아가 아니라도 이곳에 들르면 자신이 탔던 것 하나쯤은 소장하고 싶어진다. 모든 미니어처 버스들은 버스회사의 이름과 정류장, 심지어 버스를 기다리는 여행자까지 정교하게 만들었다. 가끔은 특별 제작한 이벤트 버스를 한정수량 판매하기도 한다.

Data **지도** 270p-A **가는 법** 이스트 몽콕역 D번 출구 모코 몰 건너편
주소 177-179 Sai Yee St. Mong Kok **전화** 2381-8168 **운영 시간** 11:30~20:30

밤낮으로 딤섬을 맛볼 수 있는
딤딤섬 Dim Dim Sum

밤늦도록 야시장을 구경했다면 딤딤섬에서 허기진 배를 채워보자. 새벽 2시까지 문을 연다. 가격도 분위기도 부담 없다. 고급스런 맛은 아니지만 배불리 먹기에는 제격이다. 메뉴판이 한국어로 되어 있어 고르기 쉽다. 별표 표시된 인기 메뉴 위주로 고르면 실패하지 않는다. 딤딤섬을 베스트 딤섬 집으로 꼽은 도시여행 전문 잡지 <타임아웃 홍콩>의 추천 메뉴는 파인애플 번! 누구나 다 아는 하가우나 슈마이만 주문하지 말고, 파인애플 번도 하나 주문해보자. 파인애플 과육이 씹히는 색다른 맛을 느낄 수 있다.

Data **지도** 270p-A **가는 법** MTR 몽콕역 D2번 출구에서 도보 3분 **주소** 112 Tung Choi Street, Mong Kok **전화** 2309-2300 **운영 시간** 11:00~02:00 **가격** 파인애플 번 22HKD, 하가우 32HKD, 슈마이 31HKD **홈페이지** www.dimdimsum.hk

거대한 치킨의 위대한 맛!
핫스타 라지 프라이드 치킨
Hot-Star Large Fried Chicken

타이완 야식 문화를 주름잡은 프라이드치킨이 홍콩에 진출했다. 얼굴을 가릴 만큼 거대한 크기와 치킨의 고소한 풍미를 그대로 가져왔다. 몽콕에만 2곳의 분점이 있다. 조던, 완차이, 코즈웨이 베이점도 있다. 인기 메뉴는 라지 프라이드 치킨. 핫과 오리지널 중에 선택할 수 있다.

Data **지도** 270p-B **가는 법** MTR 몽콕역 E2번 출구에서 도보 7분. 아우마테이역 2번 출구에서 도보 4분 **주소** G/F, Tat Lee Building, 2Y Sai Yeung Choi St. Mong kok **전화** 9834-6798 **운영 시간** 10:00~23:00 **가격** 라지 프라이드 치킨 32HKD

富記粥品 영어간판 없는 홍콩 밥집
부기 레스토랑 Fu Kee Restaurant

콘지와 어묵탕, 오리와 돼지 바비큐 덮밥이 유명한 현지인 밥집이다. 이른 아침부터 늦은 밤까지 운영하는데, 항상 북적거려 합석은 기본이다. 두툼하게 썬 바비큐 고기가 잡내 없이 담백하고 맛있다. 부드러운 콘지나 시원한 어묵탕은 해장용 조식으로 엄지 척! 영어 간판이 없으니 위치를 잘 살펴야 한다.

Data **지도** 270p-B **가는 법** MTR 몽콕역 D2번 출구에서 도보 3분 **주소** G/F, 104 Fa Yuen St. Mong kok **전화** 2385-1230 **운영 시간** 07:30~23:30 **가격** 오리 돼지 덮밥 39HKD, 콘지 47HKD~, 어묵탕 53HKD~

옛날 극장에서 마시는 커피 맛
스타벅스 Starbucks

홍콩의 옛날 극장을 콘셉트로 한 이색 카페이다. 2~3층을 극장 의자, 티켓 박스, 영화 포스터 등을 이용해 영화관처럼 꾸몄다. 감탄이 절로 나는 인테리어는 홍콩 유명 디자인 그룹인 G.O.D와의 공동 작품! 카페 한 쪽의 체중계와 작은 상영관도 흥미로운 볼거리. 집집마다 체중계가 없던 시절, 홍콩 사람들은 몸무게를 재러 극장에 갔다. 작은 상영관에서는 홍콩 영화 무료 세미나도 연다. 사람 구경, 시장 구경에 지쳐 커피 한잔 생각날 때 발길을 돌려보자. 몽콩 거리가 보이는 창가뷰가 굿이다.

Data **지도** 270p-A **가는 법** MTR 몽콕역 B2번 출구에서 도보 5분 **주소** 2~3/F, Shop 89-91 Sai Yee Street, Mong kok **전화** 2789-8710 **운영 시간** 월~목, 일·공휴일 08:00~23:00, 금·토 08:00~24:00 **가격** 아메리카노 30HKD~ **홈페이지** www.starbucks.com.hk

골라먹는 재미가 있는
랭 함 플레이스 푸드 코트
Lang Ham Place Food Court

랭 함 플레이스 4층에 있는 푸드 코트. 유명 햄버거 체인점 모스버거, 덮밥 전문점 요시노야, 일본 라멘 전문점 아지센 라멘, 지글지글 소리부터 맛있는 철판볶음밥 페퍼런치, 망고 디저트의 최고봉 허니문 디저트, 한식을 파는 코리아 하우스까지 있다. 맛도 평균이상이다.

Data **지도** 270p-A
가는 법 MTR 몽콕역 C3번 출구에서 바로 연결되는 랭 함 플레이스 4층
주소 4/F, Lang Ham Place, Mong kok
운영 시간 11:30~22:30

달콤한 디저트 타임
허니문 디저트 Honeymoon Dessert

허류산과 더불어 홍콩을 대표하는 디저트 체인점. 여행자들 사이에서 필수 맛집으로 손꼽히는 곳이다. 대표 메뉴는 망고가 통째로 박힌 망고 팬케이크. 서재처럼 꾸민 편안한 공간에 앉아 달달한 디저트를 먹으면 쇼핑에 지친 몸까지 사르르 풀린다. 워낙 인기가 많아 줄을 설 수도 있다는 건 함정.

Data **지도** 270p-A **가는 법** MTR 몽콕역 C3번 출구에서 바로 연결 되는 랭 함 플레이스 4층 푸드 코트 내 **주소** 4/F, Lang Ham Place, Mong kok **전화** 2191-6618 **운영 시간** 11:30~22:30 **가격** 망고 팬케이크 27HKD

Hong Kong By Area

06

조던&야우마테이

佐敦&油麻地 · Jordan&Yau Ma Tei

어쩌면 조던과 야우마테이는 여행객이 많이 찾는 침사추이와 몽콕을 이어주는, 그저 지나는 길일 수도 있다. 이곳에서 여행자들에게 특별히 눈에 뜨이는 여행지는 템플 스트리트 야시장 정도지만 로컬의 다양한 문화가 숨어 있어 걷기를 좋아하는 도보여행자들에겐 한번쯤 걸어볼 만한 곳이다. 홍콩 영화 속에서 봤을 법한 희미하고 후미진 뒷골목과 로컬 사람들이 즐겨먹는 싸구려 국수 한 사발이 홍콩에 대한 감성을 불러 일으킨다.

Jordan & Yau Ma Tei
PREVIEW

침사추이역에서 조던역까지 걷는 데 약 10분이면 충분하다. 화려하게 불을 밝힌 네이던 로드를 따라 거리 구경을 하며 도보로 여행하기에도 충분하다. 골목 안쪽으로는 볼거리들이 많지 않다. 야우마테이의 템플 스트리트 야시장만 갈 생각이라면 MTR을 이용하자.

PLAY
로컬 사람들이 있는 곳이다 보니 여러 재래시장이나 허름한 상점들이 많다. 딱히 즐길 거리는 없지만 날 것 그대로 묻어나는 현지인들의 삶을 체험해 볼 수 있다. 2층 버스를 타고 네이던 로드를 지나며 휘황찬란한 홍콩의 밤거리를 느끼는 것도 재미있다.

BUY
쇼핑할 곳은 전무하다. 굳이 쇼핑할 곳을 찾는다면 기념품을 살 만한 템플 스트리트 야시장뿐.
다만, 중국인들이 좋아하는 옥 시장과 현지인들이 주방용품을 사는 상하이 거리, 홍콩의 재래시장 정도가 흥미로운 구경거리다.

EAT
현지인들에게 입소문이 나면서 관광객들에게까지 유명해진 맛집들이 있다. 관광객 상대가 아니다 보니 저렴하고 맛도 있다. 현지음식을 즐겨보고 싶다면 추천할 만하다. 홍콩식 샌드위치와 밀크티, 솥밥과 굴전, 현지인이 극찬하는 차찬텡을 맛볼 수 있다.

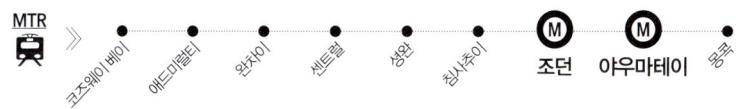

어떻게 갈까?
침사추이역에서 조던역을 지나 야우마테이역까지의 거리는 걸어서 10~15분 정도로 짧다. 침사추이에서 조던으로 이동한다면 도보를 추천한다. 홍콩에서 가장 번화한 침사추이에서 조던에 이르는 네이던 로드는 조금 늦은 시각이라도 위험하지 않다. 그 외 센트럴 및 코즈웨이 베이쪽에서 이곳으로 이동한다면 MTR을 타는 게 편리하다. MTR 췬완선의 야우마테이역이나 조던역 하차. 약 20분 소요.

어떻게 다닐까?
도보여행을 좋아하는 사람들에게 추천하는 지역으로 침사추이에서 걸어와 몽콕으로 가는 길에 들러가는 것이 좋다. 특별한 관광지가 있는 곳은 아니므로 색다른 관광지를 원하는 여행자에겐 조금 지루한 곳일 수도 있다. 다만 홍콩의 오랜 감수성을 느끼고 싶다면 골목골목을 누비고 다녀볼 것.

HONG KONG BY AREA 06
조던&야우마테이

Jordan&Yau Ma Tei
ONE FINE DAY

조던과 야우마테이는 즐길 만한 관광지가 그다지 많은 곳은 아니다.
오후 정도에 도착해서 시장을 둘러보고 해가 저문 후 활기가 넘치는 템플 스트리트로 고고!

오스트레일리아 데어리 컴퍼니에서 수프 맛보기

→ 도보 5분 →

리클레메이션 스트리트 재래시장 구경하기

→ 도보 5분 →

상하이 스트리트에서 주방용품 쇼핑하기

↓ 도보 5분

미도 카페에서 달콤한 밀크티 한잔

← 도보 1분 ←

틴하우 사원에서 기념사진 찍기

← 도보 2분 ←

제이드 마켓에서 예쁜 옥 구경하기

↓ 도보 5분

템플 스트리트 야시장 기웃거리기

→ 도보 1분 →

통타이 시푸드에서 맛있는 게 튀김 맛보기

무병장수를 기원하는 옥
제이드 마켓 Jade Market

중국 사람들이 가장 좋아하는 보석은 바로 금과 옥이다. 그중에서도 옥은 무병장수의 의미가 있어 아기가 태어나면 주로 옥을 선물한다. 싸구려 옥부터 값비싼 옥까지 다양한 옥을 한자리에서 볼 수 있는 곳이 제이드 마켓이다. 이곳에서는 우리가 흔히 말하는 '옥빛'의 옥은 물론이거니와 보랏빛, 분홍빛, 파랑빛 등 흔치 않은 신비한 컬러의 옥을 많이 볼 수 있다. 단순한 팔찌부터 장인정신이 깃든 작품까지 다양한 옥의 세계에 빠져보자.

Data 지도 281p-B
가는 법 MTR 야우마테이역 A, C번 출구에서 도보 10분
주소 Juction of Kansu Street & Battery Street, Yau Ma Tei
운영 시간 09:00~17:00

로컬 사람들의 쉼터
틴하우 사원 Tin Hau Temple

현란한 모습의 홍콩 속 틴하우 사원은 그나마 조용하다. 홍콩을 다니다 보면 틴하우 사원을 많이 만난다. 젊은 나이에 요절한 틴하우 신의 넋을 기리는 사원이다. 뱃사람이 많은 홍콩에서는 이런 사원이 사람들에게 큰 힘이 된다. 뱃일을 나가기 전에 무사귀환을 빌고, 어렵거나 힘든 일이 있을 때마다 사원을 찾아 기도를 드리며 마음의 안정을 찾는다. 입구부터 커다란 향을 천장 가득 매달아 놓았다. 연기가 자욱한 사원 안에서는 현지인들이 종을 치거나 향을 흔들며 가족의 안녕을 기원하는 모습을 볼 수 있다.

Data 지도 281p-B 가는 법 MTR 야우마테이역 C번 출구에서 도보 5분 주소 Temple Street, Yau Ma Tei
운영 시간 08:00~17:00

로컬의 주방용품거리
상하이 스트리트 Shanghai Street

100m 남짓한 거리. 약간은 썰렁한 분위기의 상하이 스트리트는 전형적인 로컬 사람들이 모여드는 주방용품거리다. 백화점에서 보던 알록달록 예쁘고 고급스러운 디자인은 없지만 주방기구를 좋아하는 사람이라면 특별한 것들을 찾아내는 재미가 쏠쏠하겠다. 예전에 대나무로 만들어진 전통요리기구들이 많아서 지금보다 더 색다른 구경거리가 많았다고 한다. 그러나 현재는 주로 스테인리스 제품들이 그 자리를 대신 채우고 있다. 대나무 제품을 득템하려면 열심히 발품을 팔아야 한다.

Data 지도 281p-D **가는 법** MTR 야우마테이역 C번 출구에서 도보 4분 **주소** Shanghai Street, Yau Ma Tei **운영 시간** 09:00~19:00(상점마다 다름)

동식물을 파는 재래시장
리클리메이션 스트리트
Reclamation Street

예전엔 정력에 좋다는 식품을 팔던 거리. 원숭이, 뱀, 개는 물론 우리가 상상하기 힘든 동물까지 음식으로 거래되던 유명한 재래시장이다. 2003년 중국을 강타했던 사스의 여파로 지금은 그저 평범한 동네시장으로 바뀌었다. 과일, 채소, 고기 등을 판다. 홍콩의 재래시장을 아직 경험하지 못했다면 잠시 들러보아도 좋다.

Data 지도 281p-D
가는 법 MTR 조던역 A번 출구에서 3분. 또는 야우마테이역 C번 출구에서 도보 5분
주소 Reclamation Street, Yau Ma Tei
운영 시간 09:00~19:00(상점마다 다름)

밤이면 밤마다?
템플 스트리트 야시장
Temple Street Night Market

레이디스 마켓이 여성용 물건만을 판 데서 붙여진 이름인 것처럼, 이곳은 남성용 물건들을 주로 팔아 남인가Men's Street라고 불리던 곳이다. 지금은 분위기나 파는 물건들이 몽콕의 여인가와 크게 다를 것 없다. 저녁 6시 전후가 되면 썰렁하던 거리에 생기가 넘치며 활력을 되찾는다. 백종원 맛집으로 알려진 힝 키 레스토랑이 있다.

Data 지도 281p-D
가는 법 MTR 야우마테이역 C번 출구에서 도보 7분. 또는 조던역 A번 출구에서 도보 4분
주소 Temple Street, Yau Ma Tei
운영 시간 17:00~23:30(상점마다 다름)

1950년 모습을 고스란히 간직한
미도 카페 Mido Cafe

1950년 오픈 이후 리노베이션 없이 그 모습을 그대로 지켜오고 있는 곳. 다른 차찬텡이 한 끼의 식사를 해결하기 위한 음식점이라면 이곳은 분위기에 취하는 곳이다. 옛 홍콩 영화의 낡은 필름이 돌아가듯 카페는 물론 창 밖 풍경까지도 시간이 멈춰버린 듯하다. 열릴 듯 말 듯 삐걱거리는 철재 창문과 그 너머로 보이는 낡은 거리, 세월의 때가 묻은 소품들이 어울려 빈티지한 분위기를 자아낸다. 기왕이면 2층 창가에 앉아 홍콩식 샌드위치와 밀크티를 즐겨보자.

Data 지도 281p-B 가는 법 MTR 야우마테이역 C번 출구에서 도보 3분
주소 63 Temple Street, Yau Ma Tei 전화 2384-6402
운영 시간 09:30~21:30, 일 단축 영업, 수·구정 휴무
요금 프렌치토스트 28HKD~, 밀크티 20HKD~

호주 우유공사라고도 해요!
오스트레일리아 데어리 컴퍼니
Australia Dairy Company

현지인들이 침 튀기며 추천하는 차찬텡이다. 추천 이유는 홍콩인들이 아침 식사로 즐겨먹는 마카로니 수프와 토스트, 스크램블 에그, 그리고 티를 포함한 가격이 단돈 36HKD이면서 맛도 좋다는 것! 또한, 따끈하고 고소한 우유푸딩도 이 곳의 시그니처 메뉴. 항상 웨이팅이 있으니 시간적 여유를 갖고 찾아가자.

Data 지도 281p-D
가는 법 MRT 조던역 C2번 출구에서 도보 2분
주소 G/F, 47-49 Parkes St. Jordan
전화 2730-1356 운영 시간 07:30~23:00, 목 휴무
요금 아침 세트 메뉴 36HKD, 점심 세트 메뉴 43HKD

백종원도 인정한 맛집
힝 키 레스토랑 Hing Kee Restaurant

밀가루에 굴과 파를 섞어 튀기듯 요리한 홍콩식 굴전과 뽀짜이판Rice Pot이라 부르는 솥밥이 유명한 집이다. 튀겨도 탱글탱글한 식감이 일품인 굴전은 맥주와 100% 궁합을 자랑한다. 고기 한 덩어리가 턱 올라간 솥밥에 계란을 추가해 간장을 솔솔 뿌려 먹는 뽀짜이판 역시 포기할 수 없는 메뉴다. 템플 스트리트 야시장 근처에 위치해 있다.

Data 지도 281p-B 가는 법 MTR 야우마테이역 C번 출구에서 도보 2분 주소 15, Temple St. Yau Ma Tei
전화 2384-3647 운영 시간 17:00~01:00
요금 굴전 40HKD, 뽀짜이판
51HKD~(계란 추가 3HKD)

Hong Kong By Area

07

리펄스 베이&스탠리
Repulse Bay&Stanley

홍콩에서 마음을 재충전 하고픈 날이면 떠오르는 곳이 있다. 바로 리펄스 베이와 스탠리. 두 곳은 각각 다른 분위기지만 당일 여행지로 인기가 많다. 홍콩의 여름 기후는 매우 고온다습하다. 어떤 날은 날씨 탓에 쇼핑이고 관광이고 만사가 귀찮아진다. 그럴 때 간식과 수영복을 챙겨 들고 가까운 해변으로 피서를 가보자. 리펄스 베이에서 느긋하게 온 종일 보내도 좋고, 스탠리까지 코스로 묶어서 여행해도 좋다.

Repulse Bay & Stanley
PREVIEW

시끄럽고 복잡한 홍콩에서 살짝 벗어났을 뿐인데 달라도 너무 다른 풍경!
목적지인 리펄스 베이와 스탠리뿐 아니라 오가는 길의 경치조차도 사람의 마음을 홀린다.

PLAY

리펄스 베이와 스탠리의 호젓함을 즐기는 게 여행의 포인트. 지도가 필요 없을 정도로 지역이 좁아서 길 찾기도 쉽다. 특별한 목적 없이 그저 발길 닿는 대로 거닐어보자. 혼자가 아니라면 조금 느지막이 출발하여 스탠리 거리의 저녁을 보고 돌아오는 것도 좋다.

BUY

스탠리에는 스탠리 플라자와 스탠리 마켓 2군데의 소소한 쇼핑 스폿이 있다. 특히 스탠리 플라자에는 홍콩 유명 디자이너의 인테리어 소품이나 편집매장이 있다. 아웃렛 쇼핑을 원한다면 리펄스 베이 가는 길에 위치한 애버딘의 스페이스나 호라이즌 플라자를 코스에 넣어도 좋다.

EAT

영화 <색계> 촬영지 리펄스 베이 베란다에서 에프터눈티를 즐겨보자. 바다를 따라 난 멋진 카페도 즐비하다. 여유가 넘치는 스탠리에도 해변을 따라 맥주를 즐길 만한 펍이 여럿 있다. 유명한 곳은 보트 하우스, 역사적인 장소 머레이 하우스 2층의 오션 록도 풍경이 좋다.

어떻게 갈까?

센트럴 익스체인지 스퀘어Exchange Square에서 리펄스 베이, 스탠리 행 버스는 6A, 6X, 260, 6, 66 총 5개 노선이 있다. 노선에 따라 경유지가 다르다. 6A, 6X, 260번은 홍콩섬을 관통하는 애버딘 터널을 지나 해안도로를 달린다. 도심과는 다른 시원한 바다 풍광은 덤. 6, 66번은 홍콩섬 정중앙의 니콜슨 산을 넘어가는 동안 센트럴과 코즈웨이 베이의 빌딩숲, 해피 밸리의 경마장은 물론 산악지대의 풍경까지 즐길 수 있다. 버스 밖으로 펼쳐지는 아름다운 경치를 만끽하려면 갈 때(낮 기준)는 6A, 6X, 260을, 올 때는 6, 66번을 타면 좋다. 가는 길에는 바다, 오는 길(밤 기준)에는 눈부신 야경에 마음이 들뜬다. 명당자리는 2층 맨 앞자리! 안전벨트를 믿고 맨 앞자리를 사수 할 것. 단, 버스에서 승하차 안내방송을 하지 않으니 주의하자. 리펄스 베이는 센트럴 익스체인지 스퀘어에서 버스로 약 20~30여 분 정도 가면 도착한다. 맨션이 한눈에 들어온다. 리펄스 베이 맨션 바로 앞, 리펄스 베이 정류장에서 하차할 것. 리펄스 베이를 돌아본 후 하차한 정류장에서 같은 번호의 버스에 탑승해 스탠리 플라자(종점)에서 하차하면 된다. 리펄스 베이부터 약 20여 분 소요. 버스 요금은 평일과 휴일, 버스에 따라 약간씩 다르다. 8.5~11HKD(옥토퍼스 카드 사용 가능).

Repulse Bay & Stanley
ONE FINE DAY

리펄스 베이와 스탠리로 향하는 버스만 제대로 타고 출발한다면,
워낙 작고 한적한 동네이기 때문에 일정은 크게 신경 쓰지 않아도 된다.
금방 다 돌아볼 수 있는 곳이니 여유를 가지고 하루를 보내자.

센트럴 익스체인지 스퀘어에서 버스 타기 → 버스 30분 → 리펄스 베이 거닐기 → 도보 3분 → 리펄스 베이 맨션, 베란다에서 차 한 잔의 여유 → 버스 20분 → 스탠리 마켓 구경하기 → 도보 5분 → 스탠리 베이 거닐기 → 도보 5분 → 머레이 하우스 기념촬영하기 → 도보 1분 → 블레이크 피어에서 망중한 → 도보 5분 → 피클드 펠리칸에서 피시&칩스에 맥주 한잔하기

HONG KONG BY AREA 07
리펄스 베이&스탠리

리펄스 베이 Repulse Bay

- 스탠리 베이 행 빅 버스 버스정류장
- 리펄스 베이 맨션 Repulse Bay Mansion
- 리펄스 베이 아파트 Repulse Bay apartment
- 리펄스 베이 쇼핑 아케이드 Repulse Bay Shopping Acade
- 베란다 The Verandah
- 리펄스 베이 로드 Repulse Bay Road
- 침사추이 행 버스정류장
- 센트럴 행 버스정류장
- 비치 로드 Beach Road
- 리펄스 베이 비치 Bepulse Bay Beach
- 라임우드 Limewood
- 더 펄스 The Pulse
- 틴하우 상 Tin Hau Statue

▶ PLAY

홍콩 최고 부호들이 사는
리펄스 베이 맨션 Repulse Bay Mansion

리펄스 베이의 대표 볼거리다. 많은 여행자들이 이곳에 오는 이유가 홍콩 최고의 부호들이 산다는 이 맨션 때문이다. 풍수지리에 근거해 건물을 지으면서 '용신'이 지나가는 길을 건물 중간에 만들어 놓아 더욱 임팩트가 있다. 보안이 철저해서 맨션 안으로 들어갈 순 없고, 아래층에 위치한 리펄스 베이 쇼핑 아케이드만 이용 가능하다. 1900년대에 페닌슐라 호텔과 함께 홍콩 최고의 호텔로 어깨를 나란히 하던 리펄스 베이 호텔을 개조한 건물이다. 작은 아케이드에는 몇몇 쇼핑숍과 카페 등이 있다. 식사를 하고 싶다면 애프터눈 티로 유명한 베란다The Verandah, 또는 아시안 푸드 레스토랑인 스파이시스Spices를 추천한다.

Data 지도 288p **가는 법** 센트럴 익스체인지 스퀘어에서 6, 6A, 6X, 66, 260번 버스 타고 리펄스 베이 맨션 하차 **주소** 113-117 Repulse Bay Road, Repulse Bay

현지인들의 휴양지
리펄스 베이 비치 Repulse Bay Beach

리펄스 베이 비치는 홍콩 사람들에게 휴양지로 사랑 받는 곳이다. 기온이 훌쩍 올라가는 4월부터 10월까지 주말이면 해수욕을 즐기러 온 사람들로 인산인해를 이룬다. 알고 보면 인공 해변이라는 게 반전. 게다가 제주도나 동남아처럼 맑고 투명한 바다도 아니다. 그래도 한가로이 누워서 책을 읽거나 피크닉을 즐기며 휴일을 만끽하는 사람들을 보면 홍콩 도심과는 사뭇 다른 여유를 느낄 수 있다. 500m 길이의 해변이라 산책하기에도 부담이 없다.

> **Tip** 해변에는 음료수나 돗자리, 선블록 등을 해변 옆 편의점에서 구입할 수 있다. 무료 탈의실, 화장실, 샤워실과 편의점이 있다.

Data 지도 288p **가는 법** 센트럴 익스체인지 스퀘어에서 6, 6A, 6X, 66, 260번 버스 타고 리펄스 베이 맨션 하차 **주소** Repulse Bay Beach, Repulse Bay

유럽의 작은 도시 같은
스탠리 베이 Stanley Bay

스탠리의 메인이 되는 곳으로 이국적인 멋이 있다. 해변을 따라 늘어선 카페와 펍은 유럽의 어느 소도시를 고스란히 옮겨놓은 것 같다. 그 길을 따라 걸을 때면 홍콩이 아닌 다른 나라로 순간이동을 한 듯 한 착각에 빠질 정도. 스탠리 베이의 주말은 노천카페와 레스토랑이 활기를 띄는 금요일부터 시작된다. 낮부터 카페, 레스토랑, 펍 모두 바다를 향한 자리는 만석이다. 삼삼오오 모여 맥주를 마시는 모습이 일상처럼 자연스럽다. 란콰이퐁처럼 싱글라이프를 즐기는 분위기보다는 아이와 함께 가족끼리 시간을 보내는 이가 더 많다. 단, 스탠리 베이로 가려면 스탠리 빌리지 버스정류장에 내려 제법 걸어야 한다. 뜨거운 햇볕 아래 지친 발걸음으로 스탠리 베이에 도착하는 순간, 살랑거리는 바닷바람과 시원한 맥주 한 잔이 흐르는 땀방울을 식혀준다.

Data 지도 291p-A **가는 법** 센트럴 익스체인지 스퀘어에서 6, 6A, 6X, 66, 260번 버스 타고 스탠리 빌리지 또는 스탠리 플라자 하차, 도보 5분 **주소** Stanley Main Street, Stanley

18세기에서 온 그대
머레이 하우스 Murray House

스탠리 베이와 잘 어울리는 이 영국풍 석조 건물의 나이는 자그마치 175살. 영국 식민지 시절 빅토리아 병영으로 지어졌다. 당시 센트럴 한복판에 자리 잡고 있던 머레이 하우스는 1991년 센트럴에 중국 은 핵타워 건물이 들어서며 이곳으로 옮겨졌다. 총 40만 개의 벽돌로 만든 건물의 대이동을 위해 벽놀을 하나하니 분해해 재조립했다. 안쪽엔 오션 록 레스토랑이 위치해 있다.

Data **지도** 291p-A **가는 법** 스탠리 플라자에서 도보 5분, 스탠리 빌리지 버스정류장에서 도보 10분 **주소** Murray House, Stanley **전화** 사이공 앳 스탠리 2899-0999, 킹 루드위그 비어홀 2899-0122 **운영 시간** 12:00~22:00(숍마다 다름.)

여행자 산책로로 사랑받는
블레이크 피어 Blake Pier at Stanley

지금은 스탠리 주변에 있는 섬을 연결하는 선착장으로 사용되는 블레이크 피어. 센트럴의 스타 페리 선착장 근처에 있던 것을 간척사업으로 인해 이곳으로 옮겨온 것이다. 배가 뜸하게 다니다 보니 선착장으로서의 기능보다는 여행자들의 산책로로서 더 사랑을 받는다.

Data **지도** 291p-A **가는 법** 스탠리 플라자에서 도보 5분, 스탠리 빌리지 버스정류장에서 도보 10분 **주소** Blake Pier at Stanley, Stanley

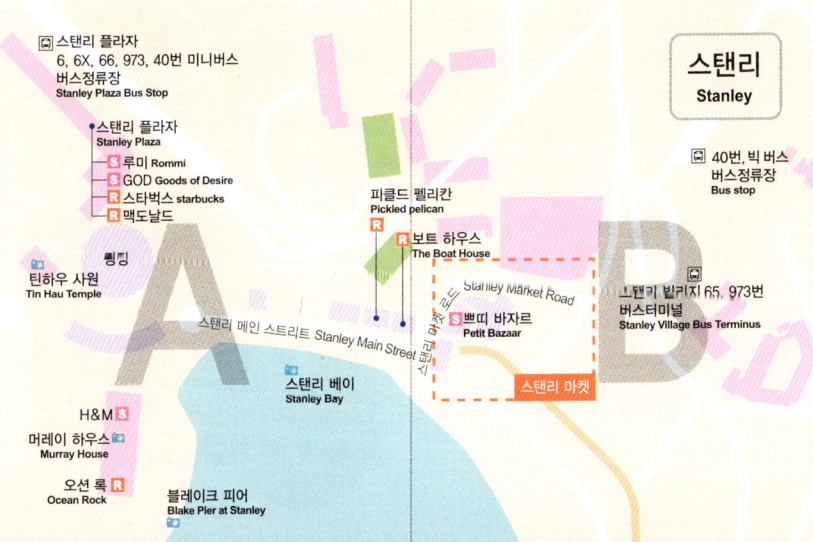

편집숍이 몰려 있는
스탠리 플라자 Stanley Plaza

난민이 살던 곳을 개조해서 만든 산뜻한 쇼핑센터. 언덕 위에 있어 스탠리 해변이 시원스레 눈에 들어온다. 스탠리 플라자에는 홍콩 유명 디자이너의 인테리어 브랜드나 레스토랑 등이 꽤 입점해 있다. 4층 건물로 이루어진 스탠리 플라자 1층에는 레스토랑과 카페가 있고, 나머지 층에는 아기자기한 편집매장이 많은 편이다. 센트럴에 매장이 있는 인테리어 디자인숍 GOD나 수입 패션&소품 편집 매장 루미Rommi도 있다. 다른 지역에서 놓쳤다면 한번쯤 방문해보자.

Data 지도 291p-A **가는 법** 센트럴 익스체인지 스퀘어에서 6, 6A, 6X, 66, 260번 버스 타고 스탠리 플라자 하차
주소 Stanley Plaza, 23 Carmel Road, Stanley
전화 2813-4623 **운영 시간** 10:00~20:00(숍마다 다름)
홈페이지 www.stanleyplaza.com

고급스런 야시장 분위기의
스탠리 마켓 Stanley Market

약 200m 남짓, 좁은 골목으로 이어진 이 스탠리 마켓은 스탠리 베이로 가는 통로다. 마치 레이디스 마켓이나 템플 스트리트 야시장 같은 분위기의 시장을 스탠리 해변가에 옮겨놓은 듯하다. 기념품, 전통 의상, 신발, 그림, 골동품 등을 파는 가게가 마주보고 서 있다. 폭은 좁지만 야시장보다는 한갓지고 호객 행위도 적다. 레이디스 마켓과 똑같은 짝퉁 제품을 더 비싸게 팔기도 하니 마음에 드는 물건을 발견하면 흥정부터 해 볼 것. 스카프나 젊은 아티스트의 그림은 가격 대비 퀄리티가 있는 편. 전체적으로 다른 시장에 비해 영어도 비교적 잘 통하고, 깔끔해서 구경하는 재미가 있다. 눈썰미와 흥정 실력을 겸비한 여행자라면 기억에 남을 기념품 하나 정도는 고를 수 있을 것이다.

Data 지도 291p-B **가는 법** 센트럴 익스체인지 스퀘어에서 6, 6A, 6X, 66, 260번 버스 타고 스탠리 빌리지 버스터미널 하차 후 건너편 내리막길을 따라 내려감
주소 Stanley New Street and Stanley Market Road, Stanley **운영 시간** 10:00~20:00(숍마다 다름)

|Theme|
애버딘에 있는 알토란같은 아웃렛 2곳

코스만 잘 잡으면 리펄스 베이 가는 길에 들러 쇼핑과 여행, 두 마리 토끼를 잡을 수 있다.
센트럴에서 에버딘으로 향하는 590번 버스를 타고
스페이스와 호라이즌 아웃렛을 둘러본 후 리펄스 베이로 넘어가면 된다.
호라이즌 아웃렛에서 리펄스 베이까지는 택시 요금 80~90HKD 정도.

프라다, 미우미우가 한 자리에
스페이스 SPACE

일명 프라다 아웃렛이라 불린다. 정식 명칭은 스페이스. 프라다, 미우미우 전문 아웃렛으로 30~80% 할인은 기본이다. 건물만 보면 이런데 아웃렛이 다 있나 싶은데 안으로 들어가면 기대 이상으로 넓고 쾌적하다. 지갑, 가방, 구두는 물론 향수와 선글라스, 원피스, 코트, 패딩, 남성복까지 제품군도 다양하다.
시즌마다 아이템은 조금씩 바뀌지만 신상보다는 시즌이 지난 제품이 많은 편. 그래도 프라다 마니아라면 물 만난 물고기처럼 시간 가는 줄 모르고 돌아다니게 된다. 이거다 싶은 아이템이 있으면 무겁게 들고 다니지 말고 매장 직원에게 킵Keep 해달라고 하면 된다. 원활한 쇼핑을 위해 입구에서 출입 인원이 제한된다. 작정하고 프라다를 사러 온 중국 관광객이 많은 날엔 줄도 길다. 입구에 도착하면 번호표부터 받을 것.

Data 가는 법 MTR 사우스 아일랜드 라인, 사우스 호라이즌역 A번 출구와 연결
주소 2/F Marina Square, South Horizons, Ap lei Chau
전화 2518-0668
운영 시간 10:30~19:30(월 휴무)

Tip 구글맵으로 위치 찾기
프라다 아웃렛으로 검색하면 지도에 절대 안 나온다. 스페이스Space나 주소를 직접 입력할 것.

득템의 보고, 팩토리 아웃렛

호라이즌 플라자 Horizon Plaza

현지인에게 인기 있는 아웃렛이란 소문만 듣고 찾아갔다가는 당황하기 십상이다. 27층 아파트 안에 창고형 아웃렛이 밀집해 있다. 매장이 뒤섞여 있어서 숨바꼭질 하듯 엘리베이터와 계단을 오르내려야 한다. 층별 터치스크린 안내도는 기대하지 말자. 1층 인포메이션 데스크에서 쇼핑몰 안내도를 받아 브랜드별 매장 번호와 층을 확인해야 찾아다닐 수 있다. 그럼에도 불구하고 호라이즌에 가는 이유는 득템이다. i.t, 조이스, 레인 크로포드 백화점의 창고형 매장은 물론 막스마라, 마크 제이콥스, 아르마니, 폴 스미스, 상하이탕 등 명품 브랜드를 대폭 할인된 가격에 구매할 수 있다. 패션 외에 인테리어 제품과 가구도 다채롭다. 인테리어나 디자인 관련 공부를 하는 사람이라면 한번쯤 들러볼 것!

Data 가는 법 MTR 사우스 아일랜드 라인, 사우스 호라이즌역에서 도보 10분. 스페이스에서 택시로 5분(요금 약 25HKD) **주소** 2 Lee Wing Street, Ap Lei Chau **전화** 2554-9089 **운영 시간** 10:00~19:00(숍마다 다름)

인기 매장

디젤 아웃렛 Diesel Outlet 할인율 50% 이상. 제품도 신상품이 많은 편이다.
모다 미아 아웃렛 Moda Mia Outlet 비비안 웨스트우드와 모다수 브랜드를 함께 판매한다. 할인율은 50~70%.
아르마니 아웃렛 Armani Outlet 아르마니 계열의 브랜드를 한 자리에서 쇼핑할 수 있다. 할인율 20~70%.
제이저니 아웃렛 J-Journey outlet 어그, 캐스 키드슨, DKNY 등 할인율은 적지만 신상품들이 많다.
이매진 엑스 아웃렛 Imagine X outlet 펠레펠레, 마크 바이 마크 제이콥스 등의 브랜드를 40% 이상 할인 판매한다.
레인 크로포드 Lane Crawford 여러 종류의 명품 브랜드 옷들이 즐비하다. 할인율은 브랜드마다 다르다.
프랑프랑 FracFrac 아웃렛 일본 인테리어 용품. 예쁜 소품, 그릇을 싼 가격에 집어오는 행운이 따른다.

EAT

애프터눈 티의 진수
베란다 The Verandah

영화 <색계>에서 탕웨이와 양조위가 첫 데이트를 하던 바로 그 카페. 영화 속에서는 맛이 없어 사람도 없는 식당으로 나오지만 실제로는 애프터눈티와 선데이 브런치로 이름 좀 날리는 곳이다. 침사추이의 페닌슐라 호텔에서 운영해 호텔급 애프터눈티를 저렴하게 즐길 수 있다. 햇살이 온화하게 스며드는 창가자리에서 3단 트레이 티푸드와 홍차를 마셔보자. 단, 결혼식 등 프라이빗 파티 때문에 레스토랑이 문을 닫는 경우도 있으니 미리 확인을 해야한다.

Data **지도** 288p **가는 법** 리펄스 베이 맨션 정류장, 맨션 1층에 위치 **주소** 109 Repulse Bay Road, Repulse Bay **전화** 2292-2822 **운영 시간** 점심 12:00~15:00, 애프터눈 티 15:00~17:30, 저녁 19:00~22:30(월·화 휴무, 일 11:00~22:30) **가격** 애프터눈 티 평일 1인 308HKD, 2인 508HKD, 주말 1인 328HKD, 2인 578HKD (봉사료 10% 불포함) **홈페이지** www.therepulsebay.com

리펄스 베이만큼 이국적인 메뉴
라임우드 Limewood

큰 창이 바다를 향해 열려 있어 바닷바람 맞으며 쉬어갈 수 있다. 원목 소재로 된 편안한 인테리어에 유럽과 아시아 퓨전 음식 같은 이국적인 메뉴가 가득하다. 간단한 핑거 푸드와 함께 맥주 한잔도 좋고, 해산물과 고기류 메인 메뉴로 점심을 먹어도 좋다.

Data **지도** 288p **가는 법** 리펄스 베이 해변에 있는 더 펄스 1층에 위치 **주소** 103-104 The Pulse, 28 Beach Rd. Repulse Bay **전화** 2866-8668 **운영 시간** 12:00~22:30 **가격** 스넥 85HKD~, 메인 180HKD~, 음료 30HKD~(봉사료 10% 불포함) **홈페이지** www.limewood.hk

저녁이면 더 우아한
오션 록 Ocean Rock

머레이 하우스 2층에 있다. 스탠리를 내려다보며 여행의 기분을 만끽할 수 있는 명당이다. 와인과 함께 시푸드가 메인이다. 음식 퀄리티에 비해 가격이 높은 편이다. 자리값이 톡톡히 더해졌다. 배가 고프지 않다면 식사보다는 칵테일이나 차를 추천한다. 해 질 녘 풍경이 더 우아하다.

Data **지도** 291p-A **가는 법** 스탠리 플라자에서 도보 5분, 스탠리 빌리지 버스정류장에서 도보 10분 **주소** Murray House, Stanley **전화** 2899-0858 **운영 시간** 11:00~23:00 **가격** 스넥 90HKD~, 시푸드 배스킷 325HKD, 칵테일 88HKD~(봉사료 10% 불포함)

스탠리 베이의 상징적 존재
보트 하우스 The Boat House

스탠리 베이를 찾았다면 결코 빼놓지 말아야 할 장소다! 노란 건물의 지중해풍 보트 하우스는 스탠리 베이 여행자의 눈길을 단번에 사로잡을 만큼 외관이 멋스럽다. 자유여행자들에겐 보트 하우스 앞에서 인증샷 한 장 찍는 게 스탠리 여행의 필수 코스가 될 정도. 1층은 펍, 2~3층은 레스토랑이며 층마다 테라스 좌석이 인기다. 1층은 거리의 풍경을 마음에 담기 좋고, 2~3층 테라스 좌석은 스탠리의 바람과 햇살을 온몸으로 느낄 수 있다. 식사 메뉴로는 버거, 샐러드, 파스타부터 폭립까지 다양하다. 음식 맛에 대해서는 호불호가 갈리는 편. 식사 때가 아니라면 1층에서 시원한 맥주 한잔 들이키며 여유를 만끽해보자.

Data 지도 291p-B
가는 법 스탠리 빌리지 버스정류장에서 도보 5분
주소 88 Stanley Main Street, Stanley
전화 2813-4467 **운영 시간** 일~목 11:30~22:00, 금·토 11:30~23:00
가격 바비큐 베이비백 폭립 258HKD~, 보트 하우스 샐러드 125HKD~(봉사료 10% 불포함)

해변의 영국식 펍
피클드 펠리칸 Pickled pelican

보트 하우스의 그늘에 가려 저평가된 브리티시 펍. 흑맥주처럼 진한 검정색 외관의 위엄에 눌려 들어갈까 우물쭈물하지 않아도 된다. 가벼운 마음으로 들러 푸짐한 식사와 맥주를 즐길 수 있는 곳이다. 2층은 겉보기보다 훨씬 아늑한 식사 공간을 제공한다. 느긋한 식사를 즐기기엔 1층보다 2층 창가자리가 좋다. 강력 추천 메뉴는 겉은 바삭, 속은 생선살로 꽉 찬 피시&칩스. 소스에 푹 찍어 먹어도 맛있지만 후춧가루와 소금을 살짝 뿌려 먹으면 생선 본연의 맛을 느낄 수 있다. 여자 셋이라면 피시&칩스에 미니버거면 맥주 안주로 충분하다. 창밖 풍경 또한 근사하다. 하늘이 짙은 파란색에서 군청색으로 변해가는 밤에는 블레이크 피어가 은은한 불빛을 뿜어내며 몽환적인 분위기를 연출한다.

Data 지도 291p-A **가는 법** 스탠리 빌리지 버스터미널에서 도보 5분. 보트 하우스 바로 옆
주소 90 Stanley Main Street, Stanley **전화** 2813-4313 **운영 시간** 12:00~23:00 **가격** 피시&칩스 148HKD, 미니 비프 브리스킷 번 148HKD, 봉사료 10%

Hong Kong By Area

08

란타우섬
Lantau Island

홍콩국제공항이 있는 란타우섬은 홍콩에서 가장 큰 섬으로 섬의 절반 이상이 국립공원으로 지정될 정도로 수려한 자연경관을 뽐낸다. 세계 최대 높이와 크기를 가진 청동 좌불상이 있는 포린 사원도 있다. 여기에 시티 게이트 아웃렛과 디즈니랜드까지 있어 홍콩의 다이나믹함을 한번에 즐길 수 있다. 이른 아침 이곳에 도착한 사람들의 표정은 언제나 어른, 아이 할 것 없이 한껏 들뜬 모습이다. 란타우섬은 바쁜 일정을 쪼개 하루쯤은 욕심을 내어 돌아볼 만한 섬이다.

Lantau Island
PREVIEW

란타우섬은 하루를 투자해 쇼핑과 관광을 같이 하는 일정으로 잡고 움직이는 게 좋다.
아이와 함께라면 홍콩 디즈니랜드로 직행, 쇼핑을 좋아한다면 시티 게이트 아웃렛을 놓치지 말자.

PLAY
가장 큰 볼거리는 포린 사원에 있는 세계 최대 규모의 청동좌불상. 바닥이 투명한 크리스탈 옹핑 360 케이블카를 타고 포린 사원으로 가는 것도 스릴 만점이다. 테마파크를 좋아한다면 홍콩 디즈니랜드도 빼놓을 수 없다.

BUY
유일한 쇼핑스폿인 시티 게이트 아웃렛은 스포츠 브랜드와 중저가 브랜드가 많이 입점해 있다.
현지인들이 많이 찾는 쇼핑몰로 공항과 15분 거리라 비행기 탑승 대기시간이 넉넉할 때 찾아갈 만하다.

EAT
란타우역에 위치한 시티 게이트 아웃렛에 베트남 음식으로 유명한 나트랑과 몇 곳의 레스토랑이 있다. 홍콩 디즈니랜드나 포린 사원에 있는 푸드 코트를 이용해도 된다. 타이오 마을은 길마다 군것질거리가 많다.

어떻게 갈까?
란타우섬으로 가는 교통편은 페리, 버스 등 여러 가지가 있다. 가장 편리한 것은 MTR. 란타우섬에서 일정은 MTR 퉁청역에서 시작하면 편하다. 퉁청역에는 시티 게이트 아웃렛이 있고, 포린 사원으로 가는 옹핑 360 케이블카, 디스커버리 베이와 타이오 마을로 가는 버스를 탈 수 있다.

MTR로 가기 이스트 침사추이역에서 툰먼Tuen Mun 행 탑승 → 남청역Nam Cheong에서 퉁청선으로 환승 → 서니 베이Sunny Bay역 하차(디즈니랜드), 퉁청Tung Chung역 하차(시티 게이트 아웃렛, 옹핑 360 케이블카)
페리로 가기 센트럴 스타 페리 선착장 6번에서 무이워 행 페리 탑승. 약 50분 소요. 요금은 15~40HKD(시간과 날짜, 배에 따라 변동).
무이워에서 포린 사원까지 버스로 약 50분 소요.
퉁청역에서 홍콩국제공항
S1번 버스 타고 약 15분 소요.

어떻게 다닐까?
전체 면적의 절반이 국립공원인 란타우섬은 곳곳에 트레킹 코스와 한적한 해변이 있어 현지인들의 주말 나들이 장소로 인기다. 란타우섬의 버스와 케이블카는 주말이면 더 붐벼 조금 이른 시간 움직이는 게 좋다. 케이블카를 타고 가는 포린 사원 이외의 여행지는 퉁청역에서 버스로 이동 가능하다. 〈배틀트립〉에 등장했던 타이오 마을도 함께 둘러보고 싶다면 케이블카 티켓을 편도로 구입하는 것이 좋다. 옹핑 빌리지에서 타이오 마을까지 가는 21번 버스(20분 소요)를 이용하면 시간을 절약할 수 있다.
버스 노선 www.nwstbus.com.hk

Lantau Island
ONE FINE DAY

란타우섬으로 당일 여행을 떠난다면 이른 아침부터 떠날 채비를 서두르자. 오전엔 옹핑 360 케이블카를 타고, 오후엔 쇼핑 혹은 디즈니랜드까지 취향에 맞게 골라서 즐기자.

MTR 타고 통청역으로 가기 → 케이블카 20분 → 옹핑 360 케이블카 타고 옹핑 빌리지&포린 사원 가기 → 도보 15분 → 청동좌불상 앞에서 기념 촬영 → 도보 10분 → 포린 사원 둘러보기 → 버스 20분 → 타이오 마을 산책하기 → 버스 50분 → 시티 게이트 아웃렛에서 득템하기

▶ PLAY

동심 찾아 떠나는
홍콩 디즈니랜드 Hong Kong Disneyland

2005년 세계에서 5번째로 오픈한 란타우섬의 디즈니랜드. 텔레비전에서 보던 캐릭터와 배경을 그대로 꺼내어 놓은 듯 하다. 어린이는 물론 디즈니 애니메이션을 즐겨보던 세대라면 이곳이 더욱 반갑고 즐거울 것이다. 혹, 다른 나라에서 디즈니랜드를 가 보았다면 바쁜 홍콩 여행 일정 속에서는 빼도 괜찮겠다. 일본이나 미국의 오리지널 디즈니랜드에 비하면 규모가 많이 작은 편이고, 특별히 다르지도 않기 때문이다. 하지만 디즈니랜드가 처음이라면 문을 여는 오전 10시부터 폐장 전 불꽃놀이를 하는 시간까지 끊임없는 볼거리로 마음이 바쁠 것이다. '더 골든 미키 쇼', '라이온킹 쇼', '미키스 필하 매직 쇼'만 보아도 입장권이 아깝지 않을 만큼 멋진 공연이니 놓치지 말 것 디즈니랜드는 어드벤처랜드, 판타지랜드, 토이스토리랜드, 투머로우랜드 등 각각 다른 테마로 섹션이 나뉘어져 있다. 하나하나 섹션을 차례로 돌아보며 놀이기구를 이용하면 된다. 시즌마다 폐장시간과 퍼레이드 시간이 다르니 입장 후 스케줄 표를 꼭 확인하자.

Data **지도** 299p-B **가는 법** MTR 통청선 타고 서니 베이Sunny Bay역에서 디즈니랜드 셔틀버스 탑승 **주소** Hong kong Disneyland, Lantau **전화** 3550-3388, 예약 1-830-830 **운영 시간** 10:00~20:00(시즌마다 다름) **요금** 1일 스탠더드 티켓 성인 619HKD, 3~11세 458HKD **홈페이지** www.hongkongdisneyland.com

흔들흔들 아슬아슬~
옹핑 360 케이블카 Ngong Ping 360 Cable Car

둥청역에서 청동좌불상이 있는 포린 사원까지 총 5.7km를 연결해주는 케이블카다. 케이블카가 생기기 전엔 보기만 해도 멀미가 날 것 같은 길을 오로지 버스로 오갔다. 지금은 케이블카 덕분에 옹핑 가는 길이 한결 편해졌다. 높고 긴 케이블카를 타고 가다 보면 울창한 숲과 초록빛 바다, 멀리 공항까지 한눈에 보인다. 케이블카가 옹핑 터미널에 다다를 때 거대한 청동좌불상이 보이기 시작한다. 케이블카는 스탠더드와 크리스털 2가지. 바닥이 투명한 유리로 된 크리스털 케이블카는 가격이 더 비싸지만 인기 만점! 크리스털 케이블카를 타고 포린 사원으로 향하는 약 25분은 고소공포증이 있는 사람에게는 눈물이 찔끔 날 정도로 긴장되는 시간이니 신중히 선택할 것!

Data 지도 299p-A 가는 법 MTR 둥청역에서 B번 출구에서 도보 2분 주소 11 Tat Tung Road, Tung Chung, Lantau 전화 3666-0606 운영 시간 월~금 10:00~18:00, 토·일·공휴일 09:00~18:30 요금 왕복 스탠더드 235HKD, 크리스털 290HKD 홈페이지 www.np360.com.hk/kr

Tip 낮에도 2시간 이상 기다리는 경우가 종종 있다. 미리 인터넷 예약을 하고 가자. 예약을 못 했다면 아침 일찍 출발할 것. 올라갈 땐 스탠더드, 내려올 땐 크리스털 케이블카를 타면 요금과 시간이 절약된다.

세계 최대 규모의 좌불상이 있는
포린 사원 Po Lin Monastery

케이블카에서 내리면 바로 옹핑 빌리지를 거쳐 포린 사원으로 갈 수 있다. 옹핑 빌리지의 식당과 기념품점은 뜨내기 관광객들을 상대로 해서인지 대부분 성의 없는 음식들 뿐이다. 배가 고프면 간단한 간식거리로 허기를 달래자. 옹핑 빌리지에 발을 들이는 순간부터 멀리서 강한 아우라를 뿜어내는 청동좌불상Tian Tan Buddha Statue이 보이기 시작한다. 1993년에 완공이 된 이 좌불상은 제작기간 10년, 무게 250톤, 높이 34m에 이르는 세계 최대 규모의 불상으로 엄청난 위용을 뽐낸다. 불상 앞으로 난 268개의 계단을 따라 올라가면 연꽃 위에 얹어진 이 좌불상의 어마어마한 규모를 더욱 실감할 수 있다.

Data 지도 299p-A 가는 법 케이블카에서 하차 후 도보 10분 운영 시간 월~금 10:00~18:00, 토·일·공휴일 09:00~18:30 전화 2985-5248 요금 무료

HONG KONG BY AREA 08
란타우섬

홍콩에서 유일하게 수상가옥이 있는 마을
타이 오 Tai O

타이 오는 옛 수상가옥이 그대로 보존된 작은 어촌이다. 소박하고 정적인 홍콩의 다른 매력을 만날 수 있다. 한국과 중국의 방송에 소개된 후 관광객이 몰려 들고 있다. 버스정류장부터 산책을 시작해 한두 시간이면 마을을 돌아볼 수 있다. 수상가옥, 양철 집, 경찰서로 사용되던 콜로니얼 건물을 개조한 타이 오 헤리티지 호텔 등 색다른 풍경을 볼 수 있다. 타이 오에서 낚은 대왕 오징어나 떡 등 길거리 음식도 많다. 헤리티지 호텔에서 바다 풍경과 함께 에프터눈 티도 즐길 수 있다. 간혹 핑크 돌고래가 출몰하는 바다 보트 투어(20HKD)도 인기.

Data **지도** 299p-A **가는 법** 퉁청 버스터미널에서 11번 버스 (50분 소요), 옹핑 빌리지에서 21번 버스(20분 소요) 종점 하차 **주소** Tai O, Hong Kong

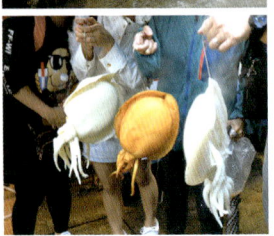

란타우섬의 재발견!
디스커버리 베이 Discovery Bay

공기부터 다르다. 란타우섬 동쪽에 자리한 디스커버리 베이는 홍콩에서 보기 드문 무공해 청정 지역. 해변을 둘러싼 언덕 위의 유럽풍 고급 빌라들도 이국적이다. 외국인들을 위한 리조트형 주거지로 개발해 승용차 출입도 금지시킬 만큼 환경 관리가 철저하다.

센트럴 선착장 3번에서 페리를 타고 가는 30분 동안 배 위에서 멀어져 가는 홍콩섬을 바라보며 맞는 바닷바람이 시원스럽다. 디스커버리 베이 선착장에 도착하면 키 큰 야자수가 늘어선 해변의 마카오풍 산책로가 방문객들을 맞이한다. 그 길을 따라 걸으면 노천카페와 레스토랑, 한적한 백사장이 그림처럼 펼쳐진다. 물 좋은 바다는 아니지만 유유자적 선탠을 즐기기엔 부족함이 없다. 그저 해변을 거닐고, 바다가 보이는 카페에 앉아 시원한 맥주 한잔 들이켜도 휴양지에 온 듯 마음이 무장해제 된다. 발바닥에 땀이 나도록 돌아다니길 좋아하는 사람보다 한곳에 여유롭게 머물기 좋아하는 여행자에게 추천하는 히든 스폿!

Data **지도** 299p-B **가는 법** 센트럴 피어 3번에서 디스커버리 베이 행 페리를 타고 25~30분. 시티게이트 아웃렛에서 도보 5분 거리에 있는 퉁청 버스터미널에서 DB01R, DB01S번 버스 타고 약 20분 **주소** Discovery Bay Plaza, Discovery Bay

5% 부족한 쇼핑을 채우는 곳

시티 게이트 아웃렛 City Gate Outlets

홍콩에서 최고로 손꼽히는 대형 아웃렛. 시내의 유명 쇼핑몰에 비하면 입점 브랜드나 신상품의 비율이 적지만 할인율이 크다. 눈높이를 한 단계 낮추면 쇼핑할 아이템이 많다. 버버리burberry, 랄프 로렌 Ralph lauren, 케이트 스페이드Kate Spade 등의 브랜드와 뉴발란스Newbalnace, 나이키Nike, 아디다스adidas 등의 스포츠 브랜드가 인기다. 디자이너 편집 매장 I.T와 캘빈 클라인Calvin Klein, DKNY 등이 입점된 클럽21Club21이나 레인 크로포드Lane Crawford의 액세서리 아웃렛 온 페더On Pedder도 들러볼만 하다. 할인상품을 중점으로 공략한다면 70% 이상 할인 제품을 득템할 확률이 높다. 옹핑 360 케이블카를 타는 곳인 MTR 통청역과 연결돼 있다. 홍콩국제공항과는 버스로 약 15분 거리. 홍콩을 떠나는 날이나 란타우섬을 관광할 때 같이 돌아보기 제격이다. 출국일이라면 지하 짐보관소 사물함(08:00~23:00)에 기내용 짐을 맡겨두자. 단, 기내용보다 큰 트렁크는 보관이 힘드니 얼리 체크인 시 미리 붙이는 편이 낫다.

Data 지도 299p-A 가는 법 홍콩국제공항에서 C1번 버스 타고 약 15분. MTR 통청역 C번 출구와 연결
주소 20 Tat Tung Road, Tung Chung, Lantau 전화 2109-2933 운영 시간 10:00~22:00(숍마다 다름)
홈페이지 www.citygateoutlets.com.hk

Tip 시티 게이트 아웃렛&디스커버리 베이 함께 즐기는 법

쇼핑 후엔 노을 지는 해변의 노천 레스토랑에서 저녁 식사를 즐기자. 시티 게이트 아웃렛에서 버스로 20분이면 갈 수 있는 디스커버리 베이라면 가능하다. 디스커버리 베이에서 센트럴까지 30분 간격으로 페리를 운행하니 해변의 여유를 만끽한 후 소호나 란콰이퐁에서 나이트라이프를 즐겨도 좋다.

SPECIAL GUIDE
MACAU

01 동양의 라스베이거스 마카오
02 홍콩에서 마카오 가기
03 마카오에서 이동하기
04 마카오 여행 코스 짜기
05 마카오 세계문화유산 돌아보기
06 놓치면 서운한 마카오 명소
07 향긋한 햇살 머금은 타이파 빌리지
08 바람과 함께 느리게 걷는 콜로안 빌리지
09 흥미진진한 마카오의 먹거리
10 매케니즈 레스토랑 최강자 BEST 4
11 인기 로컬 레스토랑 BEST 7
12 별빛보다 화려한 마카오 호텔 BEST 7

MACAU 01

동양의 라스베이거스 마카오

아시아의 작은 유럽, 동양의 라스베이거스, 동서양 역사의 중심 등 마카오를 설명하는 수식어는 많다. 이 작은 땅에 세계문화유산이 30곳이나 된다. 밤이면 보석 같은 불빛이 하늘을 물들이고, 작은 마을들은 소박한 풍경으로 여행자의 마음을 설레게 한다. 가는 곳마다 각기 다른 모습으로 섬 전체가 매력을 발산하는 곳. 어디를 가든지 드라마틱한 모습을 보여주는 마카오는 날마다 반짝반짝 빛난다.

한국에서 마카오로 갈 땐 직항 비행기를 이용하자!

요즘 마카오 여행 붐이 일어 한국에서 마카오까지 직항편이 늘고 있다. 대한항공, 에어마카오, 진에어, 에어부산 등 인천~마카오 노선뿐 아니라 부산~마카오, 제주~마카오 등 여러 노선이 생기며 마카오 여행이 한결 쉬워진 것이다. 항공권은 온라인 여행사에서 구매하는 것이 저렴하지만 예약 변경이나 취소 문제 발생 시 오프라인보다 대응이 늦다는 점은 염두하자.

마카오 화폐와 환전

마카오 화폐는 파타카Pataca로 불리며 MOP로 표기된다. 홍콩달러HKD도 마카오에서 사용이 가능하다. 그러나 마카오 파타카는 홍콩에서 사용이 불가능하고, 국내에서도 환전이 안 된다. 그러므로 잔돈은 홍콩달러로 받는 것이 좋다. 홍콩 100HKD는 102.84MOP(2019년 5월 기준)이나, 마카오에 오래 머무를 계획이라면 파타카로 환전해서 사용하는 게 이득.

MACAU 02
홍콩에서 마카오 가기

홍콩에서 약 60km 떨어져 있는 마카오는 교통편이 좋아 쉽게 오갈 수 있다. 이전까지는 페리가 유일한 교통수단이었다. 그러나 2018년 10월 세계에서 가장 긴 다리(55km) 홍콩-주하이-마카오를 잇는 강주아오 대교Hong Kong·Zhuhai·Macau Bridge가 개통되면서 이제는 버스와 페리 두 가지 교통편을 이용할 수 있어 이동이 더욱 편리해졌다. 홍콩, 주하이, 마카오 세 지역명의 한자에서 한 글자씩을 따서 다리에 강주아오港珠澳라는 이름을 붙였다.

버스로 오가기

마카오와 홍콩을 잇는 버스 노선은 홍콩 공항에서 탑승하는 HZM 버스와 홍콩 마카오 시내를 잇는 원One 버스, 익스프레스 버스가 있다. 개통한 지가 얼마 안되어 계속해서 버스 노선이 생겨날 예정이다. 본인이 머무는 위치, 탑승 시간, 요금 등을 고려해서 세 가지의 버스, 그리고 페리 중 가장 적당한 교통수단을 선택할 것.

HZM 버스

배차 간격이 주·야간 10~15분, 심야 15~30분으로 짧다. 요금 또한 저렴하다. 홍콩 포트 또는 마카오 포트에서 타는데, 홍콩 공항이나 마카오 공항에서 탑승장까지 거리가 길다는 단점이 있다. 홍콩 공항에서 홍콩 포트까지는 B4번 버스(요금 6HKD)를 타고 5분쯤 이동한다. 홍콩 포트 위치는 란타우섬 지도(299p) 참고. 마카오 포트에는 마카오 페리 터미널, 타이파 페리 터미널로 가는 셔틀이 있지만, 호텔 셔틀은 없다. 따라서 버스 하차 후 각 목적지로 가는 버스나 택시를 이용해야 한다. 수하물은 10kg 미만 1개 가능.

Data 소요 시간 45분 운영 시간 24시간
요금 65HKD(06:00~23:59), 70HKD(24:00~05:59), 3세 이하 무료
홈페이지 www.hzmbus.com

원ONE버스

원버스는 홍콩 시내에서 마카오의 주요 호텔로 이동한다. 도착 후 바로 여행을 시작할 수 있어 여행시간을 아낄 수 있다. 하지만 요금이 비싸다. 홍콩 포트 또는 마카오 포트에서 출입국 도장을 받기 위해 짐을 가지고 하차를 했다가 다시 승차해야 하는 번거로움이 있다. 승하차 장소는 홍콩에서 조던 역, 마카오에서 샌즈, 베네시안, 파리지앵 호텔이다. 배차 간격은 오전 10시까지 한 시간, 그 이후로는 30분이다. 수하물은 1개(56x36x22cm)로 무게 제한이 없다.

Data 운영 시간 홍콩(08:00~18:30), 마카오 샌즈(11:00~21:30) 요금 평일(18시 이전 160HKD, 18시 이후 180HKD), 주말·공휴일(180HKD)
홈페이지 www.onebus.hk/tc

익스프레스 버스

승하차 장소는 홍콩에서 엘레먼츠 역, 프린스 에드워드 역이고, 마카오에서 그랜드 리스보아, MGM 마카오, 베네시안, 갤럭시, MGM 코타이이다. 배차 간격은 15~30분 정도.

Data 운영 시간 07:25~21:30
요금 평일(160HKD), 주말·공휴일(180HKD)
홈페이지 www.trans-island.com.hk/zh

> **Tip** 버스와 페리의 소요 시간은 비슷하다. 페리는 시내 접근이 용이하고, 버스는 요금이 저렴하다. 본인의 숙소와 여행 일정에 맞는 교통수단을 골라 타야 시간과 비용을 아낄 수 있다.
> 홍콩과 마카오는 중국으로 반환되었지만 여전히 두 곳은 별개의 나라다. 여권 소지는 필수! 출입국 수속도 밟아야 한다.

SPECIAL GUIDE
마카오

페리로 오가기

홍콩에서 마카오로 가는 페리는 성완, 침사추이, 홍콩국제공항 3곳이다. 소요시간은 1시간. 편수가 많아 주말만 아니면 대기시간 없이 탈 수 있다. 주말은 미리 예매해 놓아야 한다. 마카오의 페리터미널은 리스보아 호텔과 세나도 광장이 있는 마카오 페리터미널, 베네시안과 갤럭시 호텔이 있는 타이파 페리터미널 두 곳이다. 홍콩의 페리터미널에서는 마카오 목적지에 따라 터보젯(마카오 페리터미널)과 코타이젯(타이파 페리터미널) 두 종류의 페리가 운행한다. 가고자 하는 마카오의 페리터미널을 확인하고 예매하자.

터보젯 www.turbojet.com.hk, **코타이젯** www.cotaiwaterjet.com

홍콩 마카오 페리터미널(성완)

홍콩 페리터미널 가운데 운항편수가 가장 많다. 마카오를 다녀오는 시간이 늦은 시각이라면 새벽에도 운항하는 터보젯을 이용하는 게 좋다.

터보젯
07:00~23:59(15분 간격), 야간 00:30, 01:00, 01:30, 02:30, 04:15, 06:00
가격
성완 → 마카오
평일 1등석 346HKD, 2등석 171HKD
주말 1등석 371HKD, 2등석 186HKD
야간 1등석 391HKD, 2등석 211HKD
마카오 → 성완
평일 1등석 335HKD, 2등석 160HKD
주말 1등석 360HKD, 2등석 175HKD
야간 1등석 380HKD, 2등석 200HKD

코타이젯
성완 → 타이파
07:00, 07:15, 07:30~23:30(30분 간격)
타이파 → 성완
07:00, 08:00~23:50(30분 간격), 01:00
가격
성완 → 타이파
평일 1등석 293HKD, 2등석 171HKD
주말 1등석 310HKD, 2등석 186HKD
야간 1등석 338HKD, 2등석 211HKD
타이파 → 성완
평일 1등석 282HKD, 2등석 160HKD
주말 1등석 299HKD, 2등석 175HKD
야간 1등석 327HKD, 2등석 200HKD

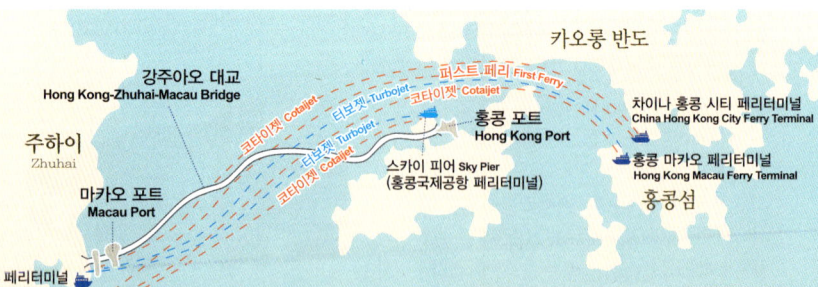

홍콩~마카오 버스·페리 노선도

차이나 홍콩 시티 페리터미널(침사추이)

성완에서 출발하는 페리에 비해 편수가 적다. 하지만 침사추이에 머문다면 이곳에서 편리하게 이용할 수 있다.

터보젯

07:30~22:30(30분~1시간 간격)
가격
구룡 -> 마카오
평일 1등석 346HKD, 2등석 171HKD
주말 1등석 371HKD, 2등석 186HKD
야간 1등석 391HKD, 2등석 211HKD
마카오 → 구룡
평일 1등석 335HKD, 2등석 160HKD
주말 1등석 360HKD, 2등석 175HKD
야간 1등석 380HKD, 2등석 200HKD

코타이젯

구룡 → 마카오
08:15, 09:15, 10:15, 11:15, 12:15, 13:15
마카오 → 구룡
10:45, 11:45, 16:45, 17:45, 18:45, 19:45
가격
구룡 → 마카오
평일 1등석 293HKD, 2등석 171HKD
주말 1등석 310HKD, 2등석 186HKD
야간 1등석 338HKD, 2등석 211HKD
마카오 → 구룡
평일 1등석 282HKD, 2등석 160HKD
주말 1등석 299HKD, 2등석 175HKD
야간 1등석 327HKD, 2등석 200HKD

스카이 피어(홍콩국제공항 페리터미널)

홍콩국제공항에서 바로 마카오로 갈 수 있다. 편수는 적지만 홍콩 입국절차를 밟지 않고 마카오로 직행하기 때문에 비용과 시간을 절약할 수 있다.

터보젯

홍콩국제공항 → 마카오
11:00, 13:15, 17:00, 22:00
마카오 → 홍콩국제공항
07:15, 09:30, 11:30, 15:15, 19:45
가격
1등석 435HKD, 2등석 270HKD(평일·주말, 왕복요금)

코타이젯

홍콩국제공항 → 타이파
10:15, 12:15, 14:15, 16:15, 19:00, 21:00
타이파 → 홍콩국제공항
07:15, 08:45, 10:15, 11:55, 13:55, 15:55
가격
1등석 408HKD, 2등석 270HKD(평일·주말, 왕복요금)

> **Tip** 홍콩~마카오 페리 요금은 마이리얼트립, 클룩, 위메프 등 한국의 오픈 마켓에서 예매하면 더 저렴하다.

MACAU 03
마카오에서 이동하기

마카오 교통수단으로는 버스가 있지만 호텔 셔틀버스와 택시를 이용하는 것이 더 낫다. 일반버스는 일방통행이 많아 갈 때와 올 때의 노선이 다르다. 안내방송이 4개 국어(포르투갈어, 광둥어, 북경어, 영어)로 나오기는 하지만 영어가 잘 통하지 않아 불편하다.

호텔 셔틀버스 잘 이용하는 법

모든 페리터미널과 마카오국제공항에는 08:00~23:00까지 주요 호텔 셔틀버스가 대기하고 있다. 자신이 머무는 호텔이 아니더라도 셔틀버스는 자유롭게 이용이 가능하니 목적지와 가장 가까운 곳의 셔틀버스를 타고 이동하자. 먼저 세나도 광장으로 가려면 리스보아 호텔 셔틀버스를 타고 이동해 도보로 약 10분이면 도착할 수 있다. 코타이 스트립에서 호텔 구경을 하고 싶다면 베네시안, 혹은 갤럭시 등의 호텔 셔틀버스를 타고 이동하면 된다. 가장 이상적인 셔틀버스 이동 코스는 페리터미널 → 리스보아 호텔 셔틀버스 → 도보로 세나도 광장 관광 → 스타월드 호텔(윈 호텔 바로 옆) 셔틀버스로 갤럭시 호텔 이동 → 코타이 스트립 관광 → 페리터미널이다. 이 순서대로 움직인다면 교통비는 모두 공짜!

택시 잘 타는 법
일반 택시

마카오는 작은 섬이다. 택시 요금 100 MOP 정도면 대부분의 여행지에 갈 수 있다. 기본요금은 1.6km에 19MOP이고, 240m마다 2MOP가 추가된다. 마카오 직항노선을 타고 공항에 도착했는데 시간이 너무 이르거나 늦어 호텔 셔틀버스가 없다면 택시를 이용해야 한다. 공항에서 코타이 스트립까지는 약 30MOP정도이니 부담스럽지 않다. 주의할 점은 영어가 잘 통하지 않는다는 것. 목적지를 광둥어로 미리 준비해두면 소통이 수월하다. 목적지를 광둥어로 표시해주고, 거리와 요금 검색이 가능한 마카오 택시 애플리케이션(Macau Taxi)을 깔아두면 편하게 이용이 가능하다.

우버 택시

마카오도 우버 택시를 이용할 수 있다. 일반택시보다 약 20~30% 저렴하다. 미리 픽업 장소와 목적지를 정해놓고 갈 수 있으니 바가지와 의사소통의 어려움을 줄여주고, 미리 등록한 신용카드로 결제도 가능하니 이용이 편리하다. 우버 어플은 한국에서 다운이 가능하지만 현지에서 유심을 사서 넣은 후 현지 번호로 회원가입을 해야 한다.

Tip 인기 관광지의 광동어 발음(영문 표기)

아마 사원 A-Ma Temple
Ma Kok Miu 媽閣廟

신마로(세나도 광장 앞길) Av Almeida Ribeiro
San Ma Lo 新馬路

성 바울 성당 St. Paul's Ruins
Tai Sam Pa 大三巴牌坊

리스보아 호텔 Lisboa Hotel
Pou Keng 葡京酒店

마카오 페리터미널 Macau Ferry Terminal
Kong Ou Ma Tau
外港客運碼頭及及直升機場機場

국경문 Barrier Gate
Kwan Tchap 關閘

기아 언덕 Guia Hill
Tchong San 松山

마카오 문화 센터 Macau Cultural Centre
Man Fa Tchong Sam 澳門文化中心

공항 Airport
Kei Cheong 澳門國際機場

버스 잘 타는 법

마카오는 면적이 좁지만 시내버스 노선은 40여 개나 된다. 도보와 호텔 셔틀버스를 이용하면 버스 탈 일이 많지 않지만 주요 관광지를 연결하는 노선을 알아두면 좀 더 쉽게 여행할 수 있다. 요금은 현금으로 준비해야 하며, 마카오국제공항, 페리터미널, 세 나두 광장의 리츠 빌딩 등에 있는 관광 인포메이션 센터에서 버스노선도를 받아볼 수 있다.

노선

01 베네시안~콜로안 빌리지
　　15, 21A, 25, 26A, N3
02 타이파 빌리지~콜로안 빌리지 25, 26A
03 세나도 광장~콜로안 빌리지 21A, 26A
04 마카오 시내~마카오 국제공항
　　AP1, MT1, MT2, N2, 26, 36

* 버스요금은 노선에 상관없이 일괄 6MOP

마카오 패스 Macau Pass

홍콩의 옥토퍼스 카드와 같은 마카오 교통카드다. 버스 외 편의점, 레스토랑에서도 사용이 가능하다. 공항 편의점에서 구입 가능. 가격 130MOP(보증금 30MOP+충전금 100MOP).

마카오 버스 어플

마카오 버스 애플리케이션(Macau Bus Guide)을 깔면 버스 노선과 정보를 한눈에 볼 수 있다. 버스이용자라면 편하게 여행할 수 있다.

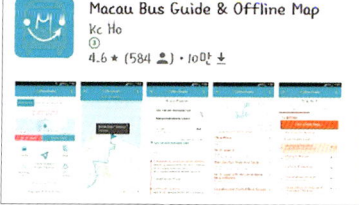

MACAU 04
마카오 여행 코스 짜기

마카오는 요즘 도보여행 붐이 일고 있다. 좁다란 골목의 빛바랜 파스텔톤 건물들이 오래된 존재의 아름다움을 속삭인다. 그래서 하나라도 더 눈에 담기 위해 한나절 비지땀을 기꺼이 흘리게 된다. 30곳의 유네스코 세계문화유산을 돌아보는 것, 타이파 빌리지를 걸어보는 것, 지상 최고의 화려함으로 똘똘 뭉친 코타이 스트립을 구경하는 것. 무엇 하나 놓칠 수 없다. 하루쯤 멋진 숙소에 머물며 느긋하게 휴식을 즐기는 것도 괜찮은 선택이다.

Plan for 1 day

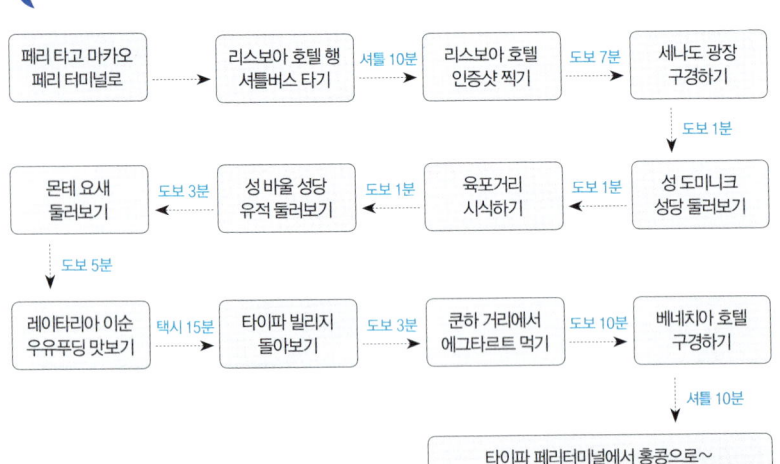

Plan for 2 days

성 도미니크 성당 성 바울 성당 유적

1일차

예약해둔 호텔에 얼리 체크인 하기 → 세나도 광장 구경하기 —도보 1분→ 성 도미니크 성당 둘러보기 —도보 1분→ 어묵거리에서 간식 먹기 ↓도보 1분

마카오 박물관 관람하기 ←도보 1분— 몬테 요새 돌아보기 ←도보 5분— 성 바울 성당 유적 둘러보기 ←도보 2분— 육포거리 구경하기

↓도보 15분

레이타리아 이순 우유푸딩 맛보기 —도보 15분→ 펜하 성당 돌아보기 —도보 10분→ 성 로렌스 성당 돌아보기 —도보 15분→ 아마 사원 둘러보기

2일차

타이파 빌리지 거닐기 —도보 5분→ 로드 스토우즈 베이커리에서 에그타르트 먹기 —도보 2분→ 퐁다 커피에서 커피 한잔 ↓버스 15분

코다이 스트립 야경과 호텔 구경하기 ←버스 20분— 콜로안 빌리지 거닐기

Tip

마카오를 다 둘러보려면 넉넉하게 1박 2일 일정이 좋다. 특히나 마카오의 화려한 밤은 꼭 카지노를 좋아하지 않더라도 한번쯤 즐겨볼 만하다. 시간이 허락한다면 마카오에서의 하룻밤을 권하고 싶다. 마카오의 호텔은 홍콩에 비교할 수 없을 정도로 화려하지만 홍콩보다 저렴하다. 카지노를 통해 수익을 얻기 때문에 호텔 시설에 비해 가격이 싼 편. 주말엔 도박을 하러 몰려드는 중국인들 때문에 호텔 요금이 비싸지만 평일은 주말에 비해 30~50% 정도 저렴하게 숙박할 수 있다.

MACAU 05
마카오 세계문화유산 돌아보기

마카오 여행의 가장 큰 매력은 걸어서 많은 곳을 돌아볼 수 있다는 것! 특히나 유네스코 세계문화유산이 한 건물 건너 하나씩 30곳이나 몰려 있다. 종교적으로 의미가 깊은 곳이 많으며, 지금까지도 그 건물들이 본연의 역할을 하고 있다는 사실이 더더욱 흥미롭다. 동양과 서양이 뒤섞인 건물들도 이색적인 거리 모습을 연출하는 데 한 몫을 한다. 한참을 걸어 다녀도 힘든 줄 모를 정도. 천천히 돌아봐도 하루면 대부분의 유적지를 충분히 돌아볼 수 있으니 가벼운 발걸음으로 유적지 탐방을 떠나보자!

> **Tip** 마카오 세계문화유산 여행 코스는 세나도 광장에서부터 시작하는 것이 좋다. 세나도 광장을 기점으로 지도상에서 윗부분으로 차례대로 올라갔다가 카모에스 광장까지 돌아본 후 다시 세나도 광장에서 아랫부분으로 내려가며 차례대로 문화유산을 탐방하자.

문화유산 앞에는 항상 이런 기둥이 세워져 있다.

길이 복잡할 땐 이런 표지판을 찾을 것. 문화유산이 있는 곳에 항상 있다.

SPECIAL GUIDE
마카오

❶ 세나도 광장
Largo do Senado ★★★
마카오 여행의 시작은 항상 이곳부터! 포르투갈풍의 물결무늬 바닥이 매력적인 광장. 주변의 예쁜 파스텔톤의 건물들이 더해져 한층 아름답다. 마카오의 큰 행사나 축제 등이 열리는 곳으로 항상 여행객으로 차고 넘친다.

❷ 자비의 성채
Santa Casa da Misericordia ★☆☆
세나도 광장에 들어서자마자 유독 눈에 들어오는 우측의 백색건물. 선교에 관련된 유물이 전시되어 있다.
운영 시간 10:00~13:00, 14:00~17:30, 일 휴무

❸ 삼 카이 뷰쿤 사원
Templo de Sam Kai Vui Kun ★☆☆
백여 년 전 상인들이 모여서 회의를 하던 건물이었으며, 무역의 중심지 역할을 했던 장소다. 지금은 사원으로 쓰이고 있다.
운영 시간 08:00~18:00

❹ 성 도미니크 성당&광장 Igreja de S. Domingos&Largo de S. Domingos ★★★
마카오 최초의 성당으로 1587년에 세워진 건물. 18세기의 모습을 간직하고 있어 역사적 의미가 깊다. 내부는 아름다운 포르투갈 왕가 문장으로 장식됐다.
운영 시간 성당 10:00~18:00

❺ 로우 카우 맨션
Casa de Lou Kau ★★☆
회색빛 건물이 약간은 으스스한 느낌이다. 그러나 청 왕조 후기 건축양식으로 내부는 세련되고 단아한 중국의 모습을 담고 있다.
운영 시간 09:00~19:00

❻ 대성당&대성당 광장
Igreja da Se&Largo da Se ★★☆
1622년에 지어진 성당. 마카오로 반환 전에는 새로 부임한 마카오 총독이 대성당의 성모 마리아 상 옆에 그의 재임권을 내려놓는 의식을 치르던 곳이다. 명실상부한 마카오의 대표적인 성당으로 마카오에서 가장 중요한 역할을 한다.

운영 시간 성당 07:30~18:30

❼ 성 바울 성당 Ruinas de S. Paulo ★★★
마카오 유적지들 중 가장 상징적인 존재. 1580년에 건축되었고, 1835년 태풍으로 인한 화재 때문에 전면만 남겨졌다. 성당의 전면에는 섬세한 조각들이 새겨져 있다. 그 조각들 하나하나가 역사적, 종교적 의미를 내포하고 있다. 성 바울 성당 안쪽으로 들어가면 천주교 미술관Museu de Arte Sacra e Cripta이 자리하고 있다.

운영 시간 천주교 미술관 09:00~18:00

❽ 예수회 기념 광장
Largo da Companhia de Jesus ★★☆
성 바울 성당이 올려다 보이는 작은 광장. 청동상이 세워진 이 광장은 항상 관광객들로 발 디딜 틈 없이 붐빈다.

❾ 몬테 요새 Forte do Monte ★★★
1617~1626년 예수회 성당을 개조해 포르투갈 군대가 요새로 사용하던 곳. 한때는 마카오 총독의 관저, 관측소, 감옥 등 다양한 역할을 해왔다. 현재는 마카오의 전경이 한눈에 늘어보이는 선망대로 인기가 좋다. 몬테 요새가 있는 곳에 마카오 박물관Museu de Macau이 위치해 있다.

운영 시간 몬테 요새 07:00~19:00,
마카오 박물관 매달 15일 무료 관람,
월 휴무 가격 성인 15MOP

⑩ 나차 사원
Templo de Na Tcha ★☆☆

1888년 마카오에 큰 전염병이 돌았을 때 병이 퍼져나가는 것을 막기 위해 세워진 사원이다. 귀신을 물리친다는 신으로 아이의 모습을 한 나차신을 모시는 곳.

운영 시간 08:00~17:00

⑪ 구 시가지 성벽
Troco das Antigas Muralha de Defesa ★☆☆

포르투갈 사람들이 전통방식 그대로 쌓아 올린 성벽. 약 600년 전에 세워진 것으로 지금은 일부만 남아 있다.

⑫ 성 안토니오 성당
Igreja de Santo Antonio ★☆☆

1638년에 세워진 후 여러 번 화재로 소실되었다가 1940년에 지금의 모습으로 재건되었다. 우리에게는 김대건 신부가 신학 공부를 했던 곳으로 유명하다. 김대건 신부의 목상을 찾아볼 수도 있다.

운영 시간 07:30~17:30

⑬ 신교도 묘지 Cemiterio Protestante ★☆☆

1821년에 세워졌으며 마카오에서 활동했던 선교사들의 묘지이다.

운영 시간 08:30~17:30

Tip 김대건 신부(1822~1846)는 누구?

한국 천주교 최초의 신부이자 순교자로 독실한 가톨릭 집안에서 태어났다. 1831년 신학생으로 발탁되어 15세부터 마카오에서 신학공부를 하며 철학과 신학과정을 이수하였다. 그 후 귀국을 원했지만 천주교 박해로 번번히 계획이 무산되었다. 그러던 중 1845년 상하이에서 신부로 임명이 되고, 1846년 비밀 항로로 입국하려다 체포되어 혹독한 고문을 받다가 26세에 순교했다. 시신은 경기도 안성시 양성면에 안장되어 있다.

⑭ 카사 가든
Casa Garden ★☆☆
포르투갈의 귀족이었던 마누엘 페레이라의 별장으로 사용되던 곳. 정원을 지나 건물로 들어서면 작은 갤러리로 개조된 내부를 볼 수 있다.
운영 시간 09:30~18:00

⑮ 카모에스 광장
Prasa Luis Camoes ★☆☆
카모에스 공원 입구에 조성된 광장으로 현지인들이 쉬어가는 곳이다.

⑯ 릴 세나도 빌딩
Edificio do Leal Senado ★☆☆
1784년에 정부청사로 지어진 후 많은 수난을 겪다가 1874년에 재건된 건물. 1층 개방된 도서관은 포르투갈의 도서관을 모방한 것으로 고가구들이 매력적이다.
운영 시간 빌딩 09:00~21:00, 전시관 화~일 09:00~21:00

⑰ 성 아우구스틴 성당&광장 Igreja de Santo
Agostinho&Largo de Santo Agostinho ★★☆
1586년 스페인의 아우구스티누스 재단에 의해 신학교로 건설된 곳. 1874년에 재건되었다. 작은 규모의 광장은 편안함을 느낄 수 있다. 잠깐 쉬어가기 좋다.
운영 시간 10:00~19:00

⑱ 로버트 호 퉁 경의 도서관
Biblioteca Sir Robert Ho Tung ★★☆
1894년에 지어졌다. 1918년에 성공한 사업가 로버트 호 퉁 경의 여름별장으로 사용되었다. 1955년 로버트 호 퉁 경이 죽으면서 나라에 기부하였고, 현재는 시민을 위한 공용 도서관으로 운영되고 있다.
운영 시간 월~토 10:00~17:00, 일 11:00~19:00

SPECIAL GUIDE
마카오

⑲ 돔 페드로 5세 극장
Teatro Dom Pedro V ★☆☆

1860년 페드로 5세 왕을 기념하기 위해 포르투갈 사람들에 의해 지어진 극장이다. 중국에서 최초로 지어진 유럽 스타일의 극장으로 현재 공연장으로 사용되고 있다.

운영 시간 10:00~23:00

⑳ 성 요셉 성당&신학교
Igreja e Seminario de Sao Jose ★★☆

화려하고 웅장한 모습의 이 레몬빛 건물은 1758년 선교사를 양성하던 곳이다. 동아시아의 첫 선교인들의 유품이 보관되어 있다.

운영 시간 10:00~17:00

㉑ 성 로렌스 성당
Igreja de S. Lourenco ★★☆

마카오의 가장 오래된 성당. 1600년대 세워진 건축물로 지금의 모습은 1846년에 재건된 것이다. 성당의 주변은 부촌으로 유명한 지역. 이곳 사람들은 성당의 영향으로 자신들이 풍요로운 삶을 살게 되었다고 믿는다.

운영 시간 10:00~16:00

㉒ 릴라우 광장 Largo do Lilau ★☆☆
이곳은 포르투갈 사람들이 처음으로 거주했던 곳이다. 포르투갈어로 '산에서 나는 온천'이란 의미를 가진 곳으로 마카오의 주요 수원으로 사용되었다. 지금은 시민들의 조용한 휴식 공간이다.

㉓ 만다린 하우스 Casa do Mandarim ★★★
1869년 이전에 건축된 것으로 추정되는 건물이다. 중국 사상가인 정관잉의 고택이었다. 중국 전통 건축방식으로 설계되었지만 인도 스타일의 천장, 문틀과 창문의 디자인 등에 여러 외국의 건축양식이 더해져 의미가 깊다.

운영 시간 10:00~18:00

㉔ 무어리시 배럭 Quartel dos Mouros ★☆☆
1874년에 지어진 건축물로 인도 무굴제국의 외관을 하고 있다. 인도 사람들의 용병을 위해 지어진 건물이다. 현재는 마카오의 해상 행정국 사무실로 사용되고 있어 내부에 들어갈 수는 없다.
운영 시간 09:00~18:00

㉕ 아마 사원 Temple de A-Ma ★★★
마카오에서 가장 오래된 건축물이며 역사적인 유물인 홍인전, 관음각, 불상 등을 소장하고 있다. 마카오에서는 중요한 역할을 하고 있는 사원이다. 안쪽에는 총 4개의 사당이 있는데, 어디든 관광객과 현지인들로 항상 사람이 차고 넘친다.
운영 시간 07:00~18:00

㉖ 바라 광장 Barra Square ★★★
아마 사원 바로 앞에 자리한 넓은 광장은 내항을 마주하고 있다. 바다가 넘실대는 물결을 표현한 광장의 바닥이 매력적인 곳. 아마 사원까지 세계문화유산을 둘러보았다면 이곳에서 잠시 쉬어가기 좋다.

㉗ 기아 요새 Fortaleza da Guia ★★★
마카오의 가장 높은 곳에 위치한 기아 요새는 마카오 반도가 내려다 보이는 근사한 풍경을 가졌다. 1622년에 건축된 곳으로 함선공격에 대비해 지어졌지만 실제 전쟁은 없었다. 등대와 예배당이 있어 더욱 근사하다.
운영 시간 요새 09:00~17:30, 예배당 10:00~17:00

> **Tip** 기아 요새는 지도상으로는 몬테 요새와 가장 가까운 곳에 위치해 있다. 그러나 다른 유적지들과는 떨어져 있어 걸어가기엔 조금 애매하다. 택시로 이동하거나 28C, H1번 버스 타고 이동 후 케이블카를 타는 게 좋다.

놓치면 서운한 마카오 명소

사뿐사뿐 하늘을 걸어볼까
마카오타워 Macau Tower

날씨가 맑은 날에는 마카오뿐만 아니라 홍콩과 중국 내륙까지도 볼 수 있는 마카오 타워. 높이는 338m. 처음 지어졌을 때는 세계에서 12번째 높은 건물이었다. 지금은 세계 랭킹 20위로 밀려났다. 하지만 여전히 마카오의 랜드마크다. 난간을 따라 걷는 스카이 워크, 타워를 따라 오르는 타워 클라이밍 등 아찔한 익스트림 스포츠를 즐길 수 있다. 그 중에서 가장 주목을 받는 것은 세계에서 가장 높은 번지점프! 지상 223m 높이에서 뛰어내리는 번지점프는 바라보는 것만으로도 아드레날린이 마구 분출되는 공포를 느낀다. 마카오 풍경만 보고 싶다면 마카오 타워 전망대 카페인 360카페를 이용하는 것도 좋다.

Data 지도 317p-C **가는 법** 마카오 페리터미널에서 23, 32번 버스 타고 마카오 타워 하차
주소 60/F, Macau Tower Convention & Entertainment Centre Sao Lourenco
운영 시간 전망대 월~금 10:00~21:00 주말, 공휴일 09:00~21:00, 익스트림 스포츠 9~6
월 평일 10:00~19:30, 주말 10:00~22:00, 7~8월 10:00~21:00 주말 10:00~22:00
가격 전망대 145MOP, 번지점프 3,588MOP(티셔츠, 증명서, 멤버십 카드 포함), 스카이 워크 888MOP
홈페이지 www.macautower.com.mo

마카오 웨딩 촬영장소 18번지
펜하 성당 Capela de N(a), Sr(a) da Penha

아마 사원에서 도보로 약 10분 거리에 위치한 펜하 성당. 높은 언덕에 자리해 마카오 타워가 손에 잡힐 듯 가까이 보이고, 건너편 타이파섬이 바다와 함께 펼쳐진다. 이 성당은 1622년 네덜란드 함선에 납치 됐다 탈출한 사람들이 감사의 의미로 세웠다고 한다. 매년 5월 13일 파티마 성모 행진 때면 수많은 순 례자들이 모여든다. 재미있는 것은 이곳에 가면 종종 볼 수 있는 야외 웨딩 촬영. 주말이면 고풍스러운 성당을 배경으로 웨딩 사진을 찍기 위해 신랑신부들이 줄을 서서 대기한다.

Data 지도 317p-C **가는 법** 아마 사원을 보고 서서 오른쪽으로 직진. 에스트라다 다 펜하Estrada da Penha 길을 따라 오른다 **운영 시간** 09:00~17:30

행복의 거리를 걷다
펠리시다데 거리 Rua da Felicidade

영화 〈도둑들〉의 촬영지로 등장했던 곳이나. 예전엔 홍등가로 이름을 날렸던 곳이지만 현재는 그때의 모습 그대로 관광 명소가 되었다. '행복의 거리'라는 뜻의 펠리시다데는 유럽의 건물들이 가득한 마카오 에서 가장 중국 색이 짙은 곳이다. 지금은 작은 레스토랑, 육포와 쿠키 등을 파는 가게들이 성업 중이 다. 세나도 광장 바로 건너에 위치해 있으니 그냥 지나치지 말고 들러보자.

Data 지도 317p-A **가는 법** 세나도 광장 앞에서 릴 세나도 빌딩 쪽으로 길을 건너 우측 샛복으로 들어간다 **주소** Rua da Felicidade, Macau

MACAU 07

향긋한 햇살 머금은
타이파 빌리지 Taipa Village

타이파 빌리지의 햇살은 너무나 향긋하다. 코타이 스트립의 화려함을 등지고 단 10분만 걸어 보자. 비록 짧은 거리를 걸을 뿐이지만 그 순간 마주하는 타이파 빌리지의 소박하고 비현실적인 아름다움에 매혹될 것이다. 나지막한 파스텔톤 건물들이 자리 잡은 거리, 두 사람이 나란히 걷기조차 힘든 좁다란 골목들. 아무 목적 없이 걸으며 느끼는 낭만과 휴식이 도시를 떠나온 사람들에게 힐링을 선사한다. 마카오를 떠난 후 가장 그리운 것이 뭐냐고 물으면 타이파 빌리지라고 외치게 될 것이다.

타이파의 작은 마을인 타이파 빌리지. 이곳은 드라마 〈꽃보다 남자〉의 배경이 되며 한국 여행자들에게 알려졌다. 마카오 사람들의 소박한 일상이 베어 있는 평화로운 마을이다. 눈에 띄는 볼거리가 많지 않지만 산책하듯 반나절 정도 둘러보기에 좋다. 〈꽃보다 남자〉의 촬영 장소이자 타이파 빌리지의 유일한 먹자골목인 쿤하 거리Rua do Cunha에서 쿠키를 사먹자. 일요일에 타이파 빌리지를 방문했다면 쿤하 거리의 광장에서 열리는 벼룩시장에서 소소한 기념품도 장만해보자. 행복감이 밀려들 것이다.

1885년에 세워진 인기 웨딩 촬영장소인 카르멜 성모 성당Igreja de N(a) Sr(a) do Carmo에서 인증샷 찍은 후 돌아내려가면 타이파 빌리지의 가장 큰 볼거리인 타이파 주택박물관Casas-Museu da Taipa이 나온다. 파스텔 톤의 집과 나무들이 쪼르륵 늘어서 있어 산책로로 손색이 없다. 예전 포르투갈 관리들이 거주하던 곳을 박물관으로 개방해 놓았다. 타이파 빌리지 쿤하 거리에는 에그타르트로 유명한 로드 스토우Lord Stow's 지점이 있다. 건너편에 위치한 60년 전통의 카페 퐁다 커피에서 진한 커피와 함께 먹으면 그 맛이 예술이다.

Data **가는 법** 코타이 스트립 갤럭시, 베네시안 리조트에서 도보 약 10~15분 소요. 시티 오브 드림즈 타이파 빌리지에 정차하는 무료 셔틀버스 운행. 세나도 광장에서 26A번 버스 이용

SPECIAL GUIDE
마카오

타이파 빌리지 주택박물관

카르멜 성모 성당

타이파 빌리지 Taipa Village

- 신무이 방향
- 세기카페 Sei Kee Cafe
- 파스테라리아 코이케이 Pastelaria Koi Kei
- 퐁다 커피 Fong Da Coffee
- 벼룩시장 주말장터
- 덤보 레스토랑 Dumbo Restaurante
- 수선당
- 타이파 주택박물관 Casas-Museu da Taipa
- 카르멜 성모 성당 Igreja de N(a) Sr(a) do Carmo
- 설두라 Surrdura
- 팍타이 사원 Templo Pak Tai
- 틴하우 사원 Templo Tin Hau
- 타이파 콜로안 역사박물관
- 타이레이로이케이 Tai Lei Loi Kei
- 스타벅스 Starbucks
- 로드스토우 Lord Stow's
- 베네시안 마카오 방향

Rua do Regedor, Rua das Gaivotas, Rua do Sol, Rua Ho Lin Vong, Rua do Cunha, Rua do Retiro, Travessa da Gloria, Rua do Meio, Rua dos Mercadores, Rua dos Negociantes, Rua de Horta e Sousa, Rua Correia da Silva, Avenida de Carlos da Maia, R. da Baia de Nossa Sra. de Esperança

MACAU 08

바람과 함께 느리게 걷는 콜로안 빌리지

Coloane Village

허름하기 짝이 없는 건물들 사이로 시원한 바람이 불어오는 시골의 바닷가 마을. 그 허름함에 더해진 100가지 평화로움과 호젓함, 마카오의 진정한 모습은 유명 관광지에 있지 않다는 걸 깨닫게 해주는 곳이다. 작은 마을의 동네 사람들끼리 노닥거리는 소박한 식당이나 해질 무렵 해안 산책로에 앉아 바다 저편으로 넘어가는 해를 바라보는 것, 낡은 건물 사이에서 아무렇게나 누워 쉬고 있는 강아지와 조우하게 되는 순간들. 이런 소소한 아름다움이 전부인 콜로안 빌리지는 화려한 마카오 뒤에 숨겨진 속살이다. 느리게, 좀 더 느리게, 콜로안 빌리지에서는 게으른 여행자가 되어보자.

SPECIAL GUIDE
마카오

프란시스코 자비에르 성당

로드 스토우즈 베이커리

마카오의 가장 남쪽에 위치한 콜로안 빌리지는 영화 〈도둑들〉과 드라마 〈궁〉의 배경이 되었던 곳이다. 커다란 환타병 모형이 세워진 버스정류장에서부터 여행이 시작된다. 이곳에 위치한 로드 스토우즈 베이커리Lord Stow's Bakery에서 에그 타르트 맛보기는 콜로안 빌리지의 첫 번째 필수 코스! 에그 타르트를 먹으며 천천히 가로수가 늘어진 해안도로를 따라 걷다 보면 상큼한 레몬빛 성 프란시스코 자비에르 성당 Igreja de S. Francisco Xavier을 볼 수 있다.

드라마 〈궁〉에서는 배우 주지훈과 윤은혜의 결혼식 장소로, 영화 〈도둑들〉에서는 배우 김윤석과 김혜수가 마음을 확인하는 장소로 나왔을 만큼 로맨틱함을 물씬 풍긴다. 오묘하게 푸른 빛이 신비로운 성당 내부에는 김대건 신부의 초상화가 걸려 있다.

성당 앞에는 해산물 요리를 저렴하게 먹을 수 있는 응아팀 카페Nga Tim Café와 자그마한 도서관이 있다. 소박한 풍경을 따라 걸어보자. 또, 콜로안 빌리지에는 검은 해변이라는 뜻의 학사 비치Hac Sa Beach가 있다. 바닷가가 예쁘진 않지만 그곳의 꼬치구이는 학사 비치의 명물! 그렇지만 많이 먹지는 말 것! 유명 매케니즈 레스토랑인 페르난도Restaurante Fernando's에서 배를 채워야 하니까. 대부분의 사람들이 학사 비치를 찾는 이유가 바로 이 레스토랑을 가기 위해서라니 맛을 확인해야 하지 않을까?

Data 가는 법 코타이 스트립 15, 21A, 25, 26A, N3 / 타이파 빌리지 25, 26A / 세나도 광장 21A, 26A / 콜로안 빌리지 → 학사 비치 26A 버스 타고 종점

응아팀 카페

콜로안 빌리지
Coloane Village

- 닻 조각상
- Rua dos Navegnates
- 수상가옥촌
- 에스파코 리스보아 / Espaco Lisboa
- Rua das Gaivotas
- Estrada do Campo
- Estrada de Cheoc Van
- 버스정류장(학사 행)
- 로드 스토우즈 카페 / Lord Stow's Café
- 아기천사동상
- Rua da Cordoaria
- 로드 스토우즈 베이커리 / Lord Stow's Bakery
- 로드 스토우즈 가든 카페 / Lord Stow's Garden Café
- Travessa da Pipa
- 응아팀 카페 / Nga Tim Café
- 성 프란시스코 자비에르 성당 / Igreja de S. Francisco Xavier
- 해변 도로
- Avenida da Republica
- 틴하우 사원 / Templo Tin Hau
- Rua do Meio
- 도서관
- Rua do Estaleiro
- 탐쿵 사원 / Templo Tam Kong

레이타리아 이순

MACAU 09

흥미진진한 마카오의 먹거리

마카오에서는 잘 차려진 한 끼보다 길에서 주섬주섬 먹는 길거리 간식이 더 임팩트 있게 다가오는 경우가 많다. 한여름 땀을 뻘뻘 흘려가며 먹던 허름한 길거리표 먹거리들은 마카오의 추억을 더욱 짙고 강하게 만들어준다. 세나도 광장을 중심으로 펼쳐지는 마카오의 골목 음식은 흥미진진한 간식거리이자 한 끼 배를 채우기에도 부족함 없으니 기대해도 좋다!

> **Tip** 마카오도 중국의 일부분이다 보니 홍콩에서 흔히 맛보던 광둥요리인 딤섬, 돼지고기 바비큐 차시우, 면 요리 등을 많이 찾아볼 수 있다. 하지만 포르투갈 식민지였던 마카오는 마카오만의 특색 있고 다양한 먹거리가 많다. 따라서 되도록 홍콩에서는 흔치 않은 마카오만의 이색적인 음식을 추천한다. 마카오는 음식에 초점을 맞추어도 될 만큼 미식기행을 하기 좋은 곳이다. 그 어느 곳의 음식보다 다양하고 풍성한 음식들이 준비되어 있다. 마카오 여행에서는 배가 빵빵해질 각오를 해야 한다.

마가렛 카페 이 나타

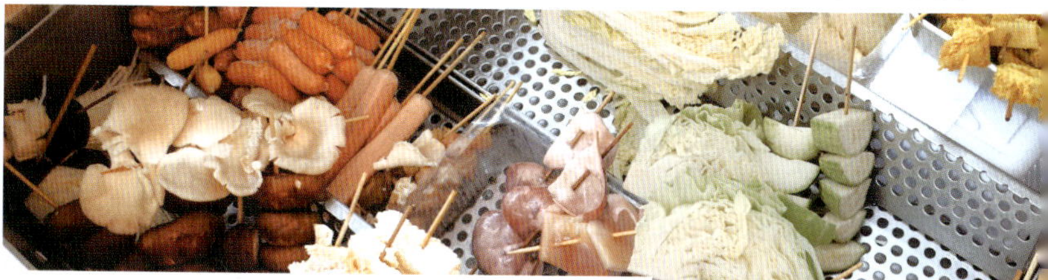

어묵꼬치

길에 서서 먹는 어묵꼬치집은 우리나라 길거리 포장마차에서 출출함을 달래는 것과 비슷한 풍경이다. 하지만 마카오의 어묵꼬치는 한국과는 달라도 많이 다르다. 세나도 광장 안쪽으로 형성된 어묵거리에 들어서면 맛보지 않고는 그냥 빠져나올 수가 없는 다양한 어묵꼬치들이 눈길을 사로잡는다. 원하는 어묵꼬치를 고르면 즉석에서 바로 끓여 갖은 소스를 부어주는데, 허기진 여행자들에게는 특별한 맛이다. 그냥 먹어도, 커리나 칠리소스를 뿌려먹어도 입에 착착 달라붙는다. 한 번 먹어보면 결코 그 맛을 잊을 수 없다. 성 도미니크 광장에서 성당을 바라보고 우측으로 난 골목이 어묵거리이다. 맛과 가격이 대부분 비슷하니 원하는 곳에서 원하는 것으로 골라 먹자.

Data 지도 317p-A 가는 법 성 도미니크 성당을 바라보고 우측 골목 운영 시간 오전부터 손님이 없는 늦은 밤까지 가격 꼬치 1개 10MOP~

쭈빠빠오 Pork Chop Bun

마카오식 햄버거. 바삭바삭하게 구운 햄버거빵 사이에 도톰한 돼지갈비가 통째로 들어가 있다. 우리가 평소 먹는 햄버거와 달리 채소나 소스가 들어가지 않는다. 고기와 빵의 맛으로만 먹는 버거다. 생김새와 달리 고기 특유의 느끼함이나 냄새가 없어 담백하다. 현지인들도 아침, 점심 가리지 않고 즐겨먹는다. 많은 레스토랑에서 쭈빠빠오猪扒包를 팔지만, 타이파에 위치한 세기 카페와 타이파, 마카오에 여러 지점을 가진 타이레이로이케이Tai Lei Loi Kei가 유명하다.

Data 세기카페 Sei Kee Cafe
지도 328p 가는 법 타이파 빌리지 쿤하 거리 지나 직진해서 1분 주소 1 Largo dos Bombeiros 운영 시간 11:00~19:00, 화 휴무 가격 27MOP

타이레이로이케이 Tai Lei Loi Kei
지도 328p 가는 법 쿤하 거리 초입 스타벅스 옆 주소 R. dos Clerigos 35 운영 시간 08:00~18:00 가격 55MOP

육포와 쿠키

도미니크 성당에서 바울 성당으로 가는 길목에 '육포거리', 혹은 '쿠키거리'라고 불리는 작은 길이 있다. 이곳에서는 보기만 해도 입맛을 다시게 하는 마카오 최고의 간식거리이자 기념품으로 사랑 받는 육포와 쿠키를 파는 상점이 몰려 있다. 줄줄이 늘어선 육포와 쿠키 가게는 손님들에게 시식을 권하며 판매에 열을 올린다. 단, 육포는 국내 반입 불가 품목이니 참고할 것! 쿠키는 코이 케이 베이커리가 유명 체인점이다. 타이파 빌리지에도 지점이 있다.

Data 지도 317p-A **가는 법** 성 도미니크 성당 뒷골목에서 성 바울 성당으로 가는 길 **주소** Rua de Sao Paulo **운영 시간** 오전부터 개장해서 저녁 8시 무렵이면 문을 닫는다

에그 타르트

마카오의 에그 타르트는 홍콩의 것과는 확연히 차이가 난다. 노릇하고 바삭바삭하게 구워진 패스트리 속에 넣은 부드러운 달걀 커스타드를 한 입 베어 물면 자신도 모르게 최고를 외치게 된다. 포르투갈 수녀원으로부터 시작된 이 간식은 이제 마카오와는 뗄래야 뗄 수 없는 사이가 되었다. 에그 타르트는 사람이 많이 지나다니는 길목에서 쉽게 만날 수 있다. 그 중에서도 마카오 최고 에그타르트 집은 마가렛 카페 이 나타Magaret's Café e Nata와 로드 스토우즈Lord Stow's다. 로드 스토우즈는 베네시안 호텔, 타이파 빌리지, 콜로안 빌리지에 지점이 있다.

Data 마가렛 카페 이 나타 Margaret's Café e Nata
지도 317p-B **가는 법** 세나도 광장과 리스보아 호텔 중간
주소 17B Rua Do Comandante Mata e Oliveira,
전화 2871-0032 **운영 시간** 월·화·목·금 08:30~16:30, 토·일 10:00~18:00, 수 휴무 **가격** 10MOP

로드 스토우즈 타이파점 Lord Stow's Taipa
지도 328p **가는 법** 타이파 쿤하 거리 초입
주소 14 Rua do Cunha **운영 시간** 10:00~21:00 **가격** 10MOP

우유푸딩

'딴나이'라고 불리는 디저트의 일종으로 여행객들에게는 우유푸딩으로 잘 알려져 있다. 우유를 중탕해서 만든다. 취향에 따라 기막히게 맛있다는 평가와 조금 밍밍한 맛이라 별로라는 평가로 나뉜다. 하지만 일단 도전해보자. 현지 음식을 맛보는 것도 여행의 특별한 경험이니까. 신선하고 고소한 우유의 느낌과 입에 들어가는 순간 사르르 녹아 내리는 식감이 먹을수록 숟가락을 놓기 힘들게 만들 수도 있다. 마카오에 우유푸딩을 맛볼 수 있는 카페는 여러 곳이 있지만 그중에서 가장 인기있는 곳은 레이타리아 이순Leitaria I Son. 이곳의 푸딩은 매일매일 목장에서 갓 짜낸 우유를 공수해서 만든다. 차가운 것, 따뜻한 것, 팥이 들어간 것 중 선택할 수 있다.

Data 이순 밀크 컴퍼니 I Shun Milk Company
지도 317p-A **가는 법** 성 도미니크 성당&광장 맞은편
주소 G/F, 1,7 R. Leste do Mercado de Sao Domingos
전화 2857-3638 **운영 시간** 06:00~22:00 **가격** 32MOP

세라두라

아이스크림의 일종인 세라두라는 쿠키 가루와 바닐라 크림을 겹겹이 쌓아 얼린 매케니즈 디저트다. 쿠키가 들어가 약간 퍽퍽한 느낌이 있지만 부드러운 크림의 맛이 달콤하게 어우러져 맛있다. 여행자들의 피로를 풀어주는 오후의 간식으로 좋다. 매케니즈 레스토랑이나 아이스크림 가게, 디저트 카페에서 맛볼 수 있다. 성 바울 성당 근처의 카페 드 노보 토마토(336p)과 타이파 빌리지에 설두라Serrdura라는 세라두라 전문점이 유명이다. 여러 가시 맛의 세라두라를 팔고 있지만 오리지널 세라두라부터 맛보는 게 진리!

Data 설두라 Serrdura
지도 328p **가는 법** 타이파 빌리지의 Rua do Regedor 거리 **주소** 138-189 R. do Regedor **전화** 2883-8688
운영 시간 11:00~22:00 **가격** 20MOP~

MACAU 10
매케니즈 레스토랑 최강자 BEST 4

마카오의 많은 레스토랑들은 매케니즈라는 이름을 걸고 있지만 광둥요리가 주 메뉴인 곳들이 많다. 한 끼를 먹더라도 제대로 된 매케니즈를 경험하고 싶은 사람들을 위한 맛집 4곳을 추천한다. 이곳은 포르투갈인이 직접 운영하며 가격도 적당한 정통 매케니즈 레스토랑이다.

저렴하게 즐기는 매케니즈 요리
카페 드 노보 토마토 Cafe De Novo Tomato

현지인들이 추천하는 진짜 매케니즈 맛집이다. 트립어드바이저에서도 저렴한 맛집 중 몇 년 째 1위를 차지하는 곳이다. 착한 가격, 친절한 직원, 다양한 메뉴가 장점이다. 물론 맛도 좋다. 메뉴가 많아 고르기 힘들다면 여러 가지 인기 메뉴로 구성된 2~3인 세트 메뉴나 셰프 추천 메뉴를 선택하자. 만족스런 한끼가 될 것이다. 양도 넉넉하다. 추천 메뉴는 대구Bacalhau를 굽거나 튀긴 요리, 부드러운 치킨 커리에 치즈를 얹어 구운 알리바바Alibaba 요리다. 디저트는 포르투갈식 푸딩, 설두라를 꼭 맛보자.

Data **지도** 317p-B **가는 법** 세나도 광장에서 도보 6분 **주소** No 4 Calcada da Rocha **전화** 2836-2171 **가격** 3인 세트 200MOP~, 메인 40MOP~, 세라두라 22MOP **운영 시간** 11:30~22:00

학사 비치의 명물

레스토랑 페르난도 Restaurante Fernando's

마카오의 가장 남쪽, 콜로안의 학사 비치에 위치한 매케니즈 맛집. 주인, 요리사, 서버까지 모두 포르투갈인이다. 관광객이 많지 않아 인적이 드문 학사 비치는 페르난도 때문에 방문하는 것이라 해도 과언이 아닐 정도로 마카오에선 알려진 매케니즈 레스토랑이다. 음식이 다른 곳에 비해 좀 더 강한 향신료의 맛이 나고 간도 센 편이다.

하지만 매케니즈 음식을 처음 접하는 사람들도 만족할 만한 맛을 가졌다. 매케니즈 레스토랑을 처음 방문한 사람들이 대부분 주문하는 게커리와 볶음밥이 이곳에서도 역시 인기메뉴. 조개소스가 얹어진 새우 Prawns with Clam Sauce, 그릴에 구운 대구에 올리브유와 통마늘을 함께 먹는 생선 스테이크 Grilled Codfish 등을 맛보는 것도 좋다.

Data 지도 307p 가는 법 콜로안 빌리지에서 버스 21A, 26A 종점 하차. 코타이 스트립에서 택시로 약 80MOP 주소 Praia de Hac Sa No.9 Coloane 전화 2888-2264 운영 시간 12:00~21:30 가격 1인당 150MOP~

> **Tip 진정한 마카오의 맛, 매케니즈**
>
> 매케니즈란 본래 포르투갈인과 중국인의 피가 섞인 혼혈을 뜻하는 단어다. 그러나 현재는 유럽의 포르투갈 음식과 마카오의 광둥요리가 만나서 탄생한 특색 있는 마카오 음식문화를 대변하는 대명사로 쓰인다. 마카오를 통치하던 포르투갈 사람들은 자신들의 향신료와 조리법에 마카오에서 나는 식재료를 더해 음식을 만들었다. 대서양의 풍부한 해산물이 주재료였던 포르투갈 음식은 점점 광둥요리와 조화를 이루며 지금의 개성 넘치는 맛을 만들어냈다. 게, 흰살 생선, 조개나 치킨 등으로 요리된 커리, 크로켓 등이 주된 메뉴. 음식 재료는 다르지 않지만 그 맛은 상상 이상이다. 동서양의 맛이 너무나 근사하게 섞여 들어간 매케니즈 요리. 진정한 미식의 세계를 탐닉하고 싶은 여행자에게 필수 코스이며, 절대 빼놓을 수 없는 마카오 먹거리의 하이라이트다.

SPECIAL GUIDE
마카오

확실한 매케니즈를 맛보자!
포르토 익스테리어 Porto Exterior

이곳은 중국인이나 그 외 외국인들에게는 메케니즈 맛집으로 이미 오래 전부터 알려져 있던 곳이다. 하지만 아직 국내 여행자들에겐 잘 알려지지 않은 숨은 맛집이다. 들어가면 홀을 꽉꽉 메운 손님들로 항상 정신 없이 붐비고, 중국인들이 많은 관계로 시끄럽기 짝이 없다. 하지만 음식은 어느 곳보다 확실한 매케니즈의 맛을 낸다. 해산물, 고기류, 볶음밥 등 인기메뉴가 많다. 특히 커리를 부운 튀긴 게Fried Crab in Curry Sauce나 갈비찜과 비슷한 맛을 내는 소꼬리찜Stewed Ox-tail in Pirtuguese Style 등은 한국인 입맛에도 잘 맞는 추천메뉴. 게 향이 가득한 짭조름한 커리소스에 밥을 비벼먹고, 맛있게 절여진 올리브Portuguese Olives를 한 알 집어 먹으면 개운하다. 게 요리는 매케니즈 요리 중 가장 비싸다. 싯가로 가격을 매기는 경우가 많은데 보통 400MOP 선.

Data 지도 317p-B
가는 법 리오 호텔 건너편 골목으로 도보 1분 주소 Alameda Dr. Carlos d'Assumpcao, 606H-606G Edificio Chong Yu
전화 2870-3898
운영 시간 11:30~23:30
가격 메뉴 50MOP~, 시푸드 싯가
홈페이지 www.portoexterior.com

창의적인 매케니즈 요리

파도 Fado

로얄 마카오 호텔 M층에 위치한 매케니즈 레스토랑. 호텔 자체는 마카오의 화려한 대형 호텔에 밀려 존재감이 작다. 하지만 포르투갈의 유명 셰프 루이스 아메리코Luis Americo가 운영하는 이 호텔의 파도 레스토랑은 창의적인 매케니즈 요리를 맛볼 수 있는 곳으로 유명하다. 파도는 오전에는 호텔 조식 뷔페로 이용되고, 런치와 디너 때는 매케니즈 레스토랑으로 변신한다. 코스 요리와 단품 요리 중 고를 수 있다. 일반 매케니즈 레스토랑에서 보던 메뉴와는 다른 창의적인 요리가 많다. 신선한 문어 카르파치오와 따뜻한 호박 스프가 들어있는 펌킨 라바 케이크는 강추 메뉴! 와인 리스트도 아주 좋으며 가격도 적당한 편이다.

Data 지도 317p-B
가는 법 세나도 광장에서 도보 12분 주소 2-4 Estrada da Vitoria Macau
전화 2855-2222
운영 시간 12:00~15:00, 18:00~23:00
가격 1인 런치세트메뉴 400MOP, 에피타이저 90MOP~, 메인 130MOP~(봉사료 10% 불포함)
홈페이지 www.hotelroyal.com.mo/dining/fado

SPECIAL GUIDE
마카오

MACAU 11
인기 로컬 레스토랑 BEST 7

도보 여행의 천국 마카오에서는 열심히 걷다 보면 금새 배가 고파진다. 하지만 걱정 말자. 마카오는 맛집 천국이다. 마카오에서 허기는 별식을 하나라도 더 먹을 수 있는 기회와 같다. 한 끼 한 끼 맛있는 음식을 찾아 먹는 일은 마카오에서 누리는 큰 행복이다. 홍콩에도 맛집이 많지만 마카오의 맛집은 홍콩보다 더 인상적이다.

탱글탱글 굴이 가득
신무이 新武二

현지인들의 입소문으로 시작된 국수집이다. 위치는 애매하지만 커피 한 잔 값도 안 되는 가격에 시원한 국수를 맛볼 수 있다. 신무이는 지점이 몇 곳 있다. 타이파 분점은 찾아가기 쉬워 여행자들이 가장 많이 몰린다. 손님이 많이 오는 만큼 다른 지점보다 메뉴도 더 다양하다. 기본적으로 돼지 뼈를 우린 국물에 쌀국수와 계란면 가운데 선택하고, 면에 넣을 토핑을 취향에 따라 주문하면 된다. 굴 외에 문어볼, 어묵, 만두 등 여러 가지가 있다. 씹으면 즙이 톡 터지는 굴이 단연 최고의 토핑 메뉴. 담백한 국물과 톡톡 끊어지는 식감이 좋은 쌀국수가 근사하게 어우러진다. 얼큰한 맛을 즐긴다면 칠리소스를 곁들이자. 마카오섬 분점은 윈 마카오 뒤쪽에 자리해 있다. 이곳은 여행자가 적어 여유롭게 식사가 가능하다. 타이파 분점은 한글로, 마카오 지점은 'Sopa de Fitae Café'로 검색하면 쉽게 찾을 수 있다.

Data 마카오섬 분점
지도 317p-D 가는 법 윈 마카오 호텔 뒤편 도보 7분
주소 45 Rua de Bruxelas
전화 2875-1560
운영 시간 08:00~18:30
가격 굴국수 30MOP

윤기 좔좔~ 달콤한 족발
반편상가 家常便飯

깔끔한 중식 레스토랑. 반편상가는 '편하게 즐기는 밥집'이란 뜻이다. 치킨, 생선, 면류 등 여러 가지 메뉴가 있다. 그 중 인기 메뉴는 보기만 해도 먹음직스러운 항아리 족발. 달짝지근한 소스에 오랜 시간 고아 요리한 족발은 보는 것만큼이나 맛도 좋다. 부들부들하면서 쫀득쫀득한 콜라겐이 가득해 건강에도 좋다. 신선한 상추를 생선 육수에 데친 채소 메뉴 Boil Leaf Lettuce in Fish Soup를 함께 주문하자. 달고 기름진 돼지의 맛을 담백하게 잡아주는 찰떡 궁합. 족발을 더 맛있게 즐기는 방법이다. 2인이라면 족발, 채소, 사이드 메뉴 하나씩 시키면 넉넉하다.

Data 지도 317p-D
가는 법 윈 마카오 호텔 뒤편 도보 7분 주소 265 Avenida do Governador Jaime Silverio Marques
전화 2896-7766
운영 시간 11:00~23:00
가격 항아리 족발 98MOP, 사이드 메뉴 40MOP~(봉사료 10% 불포함)

마카오 가정식 죽
삼원육품전가 三元粥品專家

고소하게 끓여낸 콘지(죽) 전문점이다. 펠라시다데 거리 끝부분, 외진 골목에 위치한 작은 레스토랑이다. 마카오의 푸드 어워드인 'I food Macau'에서 여러 해 수상을 하며 이름을 알렸다. 인심 넉넉한 아주머니가 직접 요리하는 콘지는 소고기, 돼지고기 등으로 만든 갖가지 미트볼이 풍덩 빠져 있다. 그릇에 넘칠 듯 가득 담긴 콘지가 단돈 29MOP! 고소한 콘지 한 그릇에 날달걀 하나 추가해서 먹으면 속이 든든하다. 콘지 안에 들어가는 고기 종류는 취향에 따라 골라서 주문이 가능하다.

Data 지도 317p-A
가는 법 펠라시다데 거리 끝에서 한 블록 더 직진
주소 44 R. da Caldeira
전화 2857-3171
운영 시간 08:00~11:00, 19:00~00:30, 일요일 08:00~11:00, 19:00~00:00
가격 콘지 29MOP~

SPECIAL GUIDE
마카오

마카오가 내 발 아래
360 카페 360 Cafe

마카오 타워의 60층에 위치한 회전식 전망대 카페. 초고층 건물 꼭대기에서 이루어지는 번지점프, 스카이 워크 등 다양한 익스트림 스포츠를 즐길 수 있는 곳으로도 알려져 있다. 그러나 심장이 약한 사람들은 이런 전망대 카페에서 시간을 보내며 마카오의 전경을 보는 것만으로 충분하다. 창가 자리에 앉으면 마카오 반도의 전경을 360˚ 돌아가며 샅샅이 다 볼 수 있다. 런치, 디너 뷔페와 오후의 하이 티타임으로 나눠 운영한다. 뷔페는 가격대비 맛이 그저 그렇다. 저렴하게 즐기고 싶다면 하이 티 세트를 추천한다.

Data **지도** 317p-C **가는 법** 마카오 페리터미널에서 23, 32번 버스 타고 마카오 타워 하차 **주소** 60/F Largo do Torre de Macau **전화** 8988-8622 **운영 시간** 런치 뷔페 11:30~13:00, 13:30~15:00, 티타임 15:30~17:00, 디너 뷔페 18:30~22:00 **가격** 런치 뷔페 278MOP, 디너 뷔페 500MOP, 하이 티 세트 198MOP(봉사료 10% 불포함) **홈페이지** www.macautower.com.mo

로컬들의 파티공간
카페 B Cafe B

미식가에게 추천하는 레스토랑이다. 가격은 높고 양도 많지 않지만, 고급스러운 플레이팅으로 차려진 정통 이탈리안 요리를 맛볼 수 있다. 칵테일이나 와인 리스트도 좋아 현지인들에겐 기념일 날 파티 장소로 선택 받는 곳이다. 직접 베이킹한 식전 빵과 서비스로 제공하는 프로슈토부터 퀄리티가 남다르다. 이탈리아식 회요리 소고기 카르파쵸와 문어 카르파쵸가 인기 있는 애피타이저다. 입에서 살살 녹는 특별한 요리를 맛볼 수 있다. 그 외에도 브루슈케타나 파스타 등 흔한 메뉴를 카페 B만의 독특한 레시피로 요리한다. 바로 앞에 바다를 끼고 산책로도 있어 식사 후 시간을 보내기도 좋다.

Data **지도** 317p-C **가는 법** 그랜드 임페리얼 호텔에서 도보 2분 맥도널드 옆 **주소** Lake View Mansion 744B Av. Panoramica do Lago Nam Van **전화** 2838-6886 **운영 시간** 12:00~22:30 **가격** 애피타이저 80MOP~, 메인 160MOP~, 봉사료 10% **홈페이지** www.caffebmacau.com

매일매일 줄 서는 건 기본
찬 쿵 케이 Chan Kong Kei Roast Duck

식당에 들어선 순간 통째로 바비큐한 오리와 닭, 돼지고기가 줄줄이 걸린 모습에 흠칫 놀라게 된다. 약간 혐오스럽게 느껴질 수도 있다. 하지만 한 번 먹어보면 그 맛을 잊지 못한다. 생각만으로도 입안에 침이 고이는 바비큐 덮밥이 메인 메뉴. 가격도 저렴하다. 3대째 내려오는 정통 바비큐 덮밥을 먹을 수 있어 항상 시람들의 발길이 끊이질 않는다. 야들야들 구워진 오리고기와 육즙이 환상적인 거위고기가 인기 메뉴. 닭고기와 돼지고기도 있어 부위별로 골라 먹을 수 있다.

Data 지도 317p-B
가는 법 세나도 광장에서 리스보아 호텔 방향으로 도보 5분, 마가렛 카페 이 나타 건너편
주소 19 R. do Dr. Pedro Jose Lobo
전화 2831-4116
운영 시간 09:00~01:00
가격 덮밥류 38MOP~

저렴하게 즐기는 마카오 음식들
마카오 레스토랑 Macau Restaurant

홍콩의 침사추이나 코즈웨이 베이에서도 찾아볼 수 있는 체인 레스토랑. 캐주얼한 분위기로 저렴하고 간단하게 여러 가지 마카오 요리를 즐길 수 있다. 여행자들이 마카오에서 꼭 먹고 가는 에그타르트나 쭈빠빠오, 커리폭찹, 볶음밥 등이 추천메뉴. 가격대비 맛 좋고 양도 많아 주머니가 가벼운 여행자들이 마카오 음식을 즐기기엔 최고의 레스토랑이다.

Data 지도 317p-B
가는 법 세나도 광장에서 리스보아 호텔 방향으로 도보 5분
주소 25-31 Avenida do Infante D. Henrique
전화 2871-5728
운영 시간 08:00~03:00
가격 1인당 40MOP~

MACAU 12

별빛보다 화려한 마카오 호텔 BEST 7

타이파섬과 콜로안섬 사이의 매립지를 코타이 스트립이라 부른다. 이곳에는 마카오의 유명 호텔과 카지노가 몰려 있다. 코타이 스트립 호텔에서는 우리나라에서 쉽게 드나들 수 없는 카지노를 경험할 수 있다. 또 호텔은 잠 자는 곳이라는 편견을 깨줄 만큼 초호화 인테리어로 치장된 호텔을 구경할 수 있다. 라스베이거스의 호텔처럼 테마파크 수준으로 꾸민 곳도 있다.

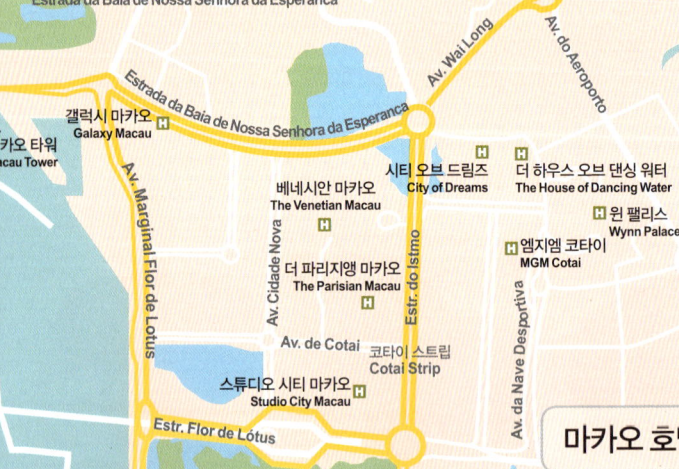

마카오 호텔 BEST

꽃보다 마카오
베네시안 마카오 The Venetian Macau ★★★★★

마카오 호텔 가운데 대장 격이다. 드라마 〈꽃보다 남자〉의 배경으로 나왔던 곳이라 한국인에게 특히 인기가 많다. 물의 도시 이탈리아 베네치아의 모습을 재현해 놓은 운하와 그 위를 떠다니는 곤돌라, 눈부시도록 화려한 인테리어는 마치 근사한 테마파크를 찾은 느낌이다. 눈부신 황금빛 로비와 도제궁전을 재현해 놓은 그레이트 홀Great Hall에서의 기념사진은 필수! 마카오에서 쇼핑을 즐기고 싶다면 350개 브랜드가 입점한 더 그랜드 캐널 쇼퍼스The Grand Canal Shoppers로 가면 된다. 베네시안은 아시아에서 가장 큰 실내공간을 가진 건물이다. 미국 라스베이거스의 베네시안 호텔보다 두 배 정도 크다. 카지노 또한 세계에서 가장 크다. 3,000개의 객실이 모두 스위트룸이며, 투숙객이 이용할 수 있는 야외 수영장과 18홀의 미니 골프장도 갖추고 있다. 공항과 페리 터미널, 그리고 마카오의 주요 호텔로 이동하는 무료 셔틀버스가 하루 종일 운영하니 다른 곳으로 이동할 때 이용하자.

Data 지도 344p 가는 법 공항과 페리터미널에서 무료 셔틀버스 이용
주소 The Venetian Macau, Cotai 전화 2882-8888
가격 1,700MOP~ 홈페이지 ko.venetianmacao.com

Tip 셔틀버스를 타는 웨스트 로비West Lobby에 짐 보관 서비스가 있다. 하루 30MOP. 현금만 가능하다.

SPECIAL GUIDE
마카오

다이아몬드 같은 호텔
갤럭시 마카오 Galaxy Macau ★★★★★

카지노 호텔 그룹 갤럭시 엔터테인먼트의 체인 호텔. 태국의 왕국을 모티브로 지은 대규모 리조트 단지로 반얀트리, 리츠 칼튼, JW메리어트, 오쿠라, 갤럭시 호텔이 모두 모여 있다. 하루 종일 다녀도 호텔 구경이 끝나지 않을 정도로 거대하다. 카지노는 물론 30분 간격으로 다이아몬드 쇼가 펼쳐지는 거대한 분수대, 반짝이는 수정다리, 곳곳에 공작새를 모티브로 만든 화려한 인테리어를 볼 수 있어 눈이 호사를 누린다. 특히, 이곳은 마카오 최대 규모의 워터파크가 있어 가족 단위 여행객에게 추천한다. 호텔마다 프라이빗 풀장이 따로 있지만 워터파크는 모든 호텔 투숙객이 이용할 수 있다.

따라서 휴양과 관광을 모두 즐기고 싶은 여행자에게는 갤럭시 호텔이 가장 실속 있다. 홍콩으로 가는 페리 티켓을 구입할 수 있고, 마카오국제공항 얼리 체크인도 할 수 있어 여행가방을 가지고 다니는 수고를 덜 수 있다.

Data **지도** 344p **가는 법** 공항과 페리터미널에서 무료 셔틀버스 이용, 베네시안에서 도보 10분 **주소** Galaxy Macau, Cotai Strip **전화** 2888-0888 **가격** 갤럭시 호텔 1,198MOP~, JW메리어트 1,350MOP~, 반얀트리 2,700MOP~ **홈페이지** www.galaxymacau.com

마카오의 황홀한 명소
윈 팰리스 Wynn Palace

이름처럼 아름다운 호텔이다. 호텔 내부부터 객실까지 화려함으로 똘똘 무장했다. 매년 바뀌는 로비의 수만 송이 플라워 작품부터 호텔 곳곳이 포토존이다. 모든 것이 여심을 자극하는 곳. 특히 코타이 스트립 풍경이 그림처럼 펼쳐지는 야외 풀장의 뷰가 예술이다.

이곳에서 숙박을 한다면 풀장 이용은 필수. 숙박을 하지 않는 여행자에게도 마카오의 명소로 자리 잡았다. 매일 낮 12시부터 밤 12시까지 20~30분 간격으로 분수쇼가 열리기 때문. 음악에 맞춰 우아하게 혹은 힘차게 춤을 추는 분수는 황홀함의 절정을 이룬다. 호텔 입구에는 분수대를 빙 두른 무료 스카이캡을 운행한다. 시간대가 잘 맞아 스카이캡에서 분수쇼를 보게 된다면 그야말로 럭키! 윈 팰리스의 가장 아름다운 모습을 볼 수 있는 순간이다. 이런 볼거리가 있어 윈 팰리스는 항상 인산인해를 이룬다. 마카오섬에 위치한 윈 마카오에서도 규모는 작지만 분수쇼를 볼 수 있다. 호텔 로비에서 30분에 한 번 씩 드래곤 쇼Dragon of Fortune와 번영의 나무 쇼Tree of Prosperity를 진행한다.

Data 지도 344p 가는 법 공항과 페리터미널에서 무료 셔틀버스 이용 주소 Wynn Palace, Cotai Strip 전화 8889-8889 가격 스탠다드룸 1435HKD~, 스위트룸 1,888HKD 홈페이지 www.wynnpalace.com

SPECIAL GUIDE
마카오

스펙터클한 볼거리가 넘치는
시티 오브 드림즈 City of Dreams ★★★★★

마카오 카지노의 대부 스탠리 호 패밀리가 운영하는 리조트다. 물이 재물을 불러온다는 중국의 풍수지리에 따라 설계해 리조트 곳곳에 물을 테마로 한 인테리어가 가득하다. 호텔 메인 로비에 들어서면 비디오 수족관 브이쿠아리움Vquarium이 있다. 초대형 스크린에 인어와 열대어가 노닐어 여행자의 입이 떡 벌어지게 한다. 천정이나 쇼핑몰 인테리어도 물이 흐르는 듯 곡선으로 이어진다.

시티 오브 드림스는 카운트다운, 그랜드 하얏트, 누와 등이 모여 있는 리조트 단지다. 특히, 2018년 말 오픈한 럭셔리 호텔 모르페우스가 랜드마크로 떠올랐다. 그리스 신화 속 꿈의 신에서 따온 호텔 이름과 미래 세계에서 온 듯한 호텔 외관으로 남다른 자태를 뽐어낸다. 한국 동대문 DDP를 설계한 건축가 자하 하디드의 작품이다.

시티 오브 드림스에서 숙박한다면 모르페우스를 추천한다. 머무는 것만으로 마카오 여행의 특별한 기억을 선사한다. 화려한 쇼핑센터가 입점해 있는 것을 비롯해 다양한 쇼도 진행된다. 이 가운데 '더 하우스 오브 댄싱 워터'가 최대 볼거리다. 마카오 여행의 목적이 쇼핑과 호텔에서 즐기는 어트랙션이라면 이곳에만 눌러앉아도 될 정도로 흥미로움이 가득하다.

Data 지도 344p 가는 법 공항과 페리터미널에서 무료 셔틀버스 이용
주소 The Venetian Macau, Cotai Strip 전화 8868-6688 가격 카운트다운 1,488MOP~, 누와 1,839MOP~, 그랜드 하얏트 2,299MOP~, 모르페우스 2,698MOP~
홈페이지 www.cityofdreamsmacau.com

마카오의 밤, 무엇을 상상하든 그 이상!

마카오 여행 최고의 순간

더 하우스 오브 댄싱 워터 The House of Dancing Water

마카오 카지노 호텔은 여행자를 위해 다양한 공연과 어트랙션을 만들어 놓았다. 유명 인사가 출연하는 다채로운 쇼도 많다. 이 가운데서 가장 유명한 것이 시티 오브 드림즈에서 펼쳐지는 더 하우스 오브 댄싱 워터다. 이 쇼는 세계 최대 규모의 워터 스테이지에서 펼쳐진다. 17m 상공에서 펼쳐지는 쇼는 믿을 수 없을만큼 장관이다. 매 쇼마다 1만 4,000리터의 물이 사용된다고 하는데, 보기 전에는 감히 상상할 수 없는 규모다. 마카오 최고의 인기 쇼라 예매율도 높다. 좋은 자리에서 보고 싶다면 1~2주 전에 미리 좌석 지정을 해 놓자. 예약은 6개월 전부터 가능하다. 좌석은 A, B, C 구역으로 나누어져 있다. 관람하기 좋고 가격이 부담스럽지 않은 B석이 먼저 매진된다. 여러 여행사에서 할인 티켓을 판매한다. 한편 더 하우스 오브 댄싱 워터 티켓 소지자는 스튜디오 시티 골든릴을 50% 할인받을 수 있다.

Data **지도** 344p **가는 법** 시티 오브 드림스 내 그랜드 하얏트 호텔 1층 **전화** 8868-6688
운영 시간 1일 2회 공연(17:00, 20:00) **가격** A구역 998HKD, B구역 798HKD, C구역 598HKD
홈페이지 thehouseofdancingwater.com

SPECIAL GUIDE
마카오

아이와 함께하기 좋은 호텔
스튜디오 시티 마카오 Studio City Macau

시티 오브 드림스 계열의 호텔로 압도적인 호텔 규모를 자랑한다. 총 1,600개의 객실이 셀레브러티 타워와 스타 타워 두 동으로 나뉘어 있다. 워터파크를 비롯해 호텔 곳곳에 아이들이 즐거워할 만한 어트랙션이 가득하다. 호텔 건물 꼭대기에 관람차를 타고 오를 수 있는 골든 릴을 비롯해 4D로 즐기는 베트맨 다크 플라이트, 워너 브라더스 펀 존 등 가족 모두가 즐거운 시간을 가질 수 있다. 또한, 무료 셔틀버스 노선이 많아 타이파 시티와 마카오 반도까지도 셔틀버스로 이동이 가능하다.

Data 지도 344p
가는 법 공항과 페리터미널에서 무료 셔틀버스 이용
주소 Studio City Macau, Cotai
전화 8865-8888 **가격** 셀러브리티 타워 974MOP~, 스타 타워 1,574MOP~, 골든 릴 100MOP, 베트맨 다크 플라이트 150MOP, 펀 존 100MOP
홈페이지 www.studiocity-macau.com

파리보다 더 예쁜
더 파리지앵 마카오 The Parisian Macao

2016년에 오픈한 젊은 감성의 호텔이다. 파리의 상징 에펠탑부터 샹젤리제 거리를 연상시키는 호텔 내부의 인테리어가 돋보인다. 베네치아를 재현한 베네시안 호텔과 나란히 위치해 있다. 두 호텔은 내부가 이어져 있어 베네치아에서 파리까지 여행하는 느낌이다. 에펠탑을 절반 크기로 축소해놓은 호텔 앞 탑이 인상적이다. 매일 오후 6시부터 자정까지 15분마다 6,600개의 전구를 이용한 일루미네이션 쇼를 볼 수 있다. 37층 전망대는 코타이 스트립을 감상하는 명소로 자리 잡았다.

Data 지도 344p
가는 법 공항과 페리터미널에서 무료 셔틀버스 이용
주소 The Parisian Macao, Cotai
전화 2882-8833
가격 디럭스 룸 824MOP~, 에펠탑 전망대 입장료 100MOP **운영시간** 11:00~23:00
홈페이지 www.parisianmacao.com

여행 준비 컨설팅

여행은 두려움과 설렘이 촘촘히 교차하는 거친 직물과도 같다. 생전 안 가본 곳에 가서 먹고 자는 일인데 어찌 두려움이 생기지 않을까. 하지만 어떻게 가야 할지 뭘 가지고 가야 할지 하나하나 해결하다 보면 서서히 걱정은 줄어들고 별거 아니구나 하는 자신감이 생긴다. 자, 이제부터 날짜에 맞추어서 홍콩 갈 준비를 시작해보자.

D-40

MISSION 1 여행 일정을 계획하자

1. 여행의 스타일을 결정하자

내가 관심이 많은 것이 관광인지 쇼핑인지, 혹은 먹거리인지 생각해보자. 홍콩 여행은 특별히 패키지보다는 자유여행이 훨씬 활발한 곳이다 보니 여행을 가기 전 어느 부분에 중점을 둘 것인지에 따라 스케줄이 달라진다. 또 한 가지 중요한 것은 누구와 동행을 하느냐. 혼자 하는 여행이라면 조금 힘들어도, 식사의 메뉴 선택을 잘못했다 하더라도 나만 탓하면 된다. 하지만 동행이 있으면 조심스러워진다. 따라서 동행이 있을 경우 여행의 방식과 음식 등에 대해 서로 충분히 조율하고 가야 한다.

2. 출발 일을 정하자

여행은 날씨가 반이라고 했던가. 직장인이 직장 상사의 눈치를 봐가며 얻어낸 휴가, 혹은 학생이 방학 동안에 떠나는 여행. 각자의 상황에 맞추어 시기를 정해야겠지만 웬만하면 6~8월에는 여행을 피하는 것이 좋다. 숨막힐 듯한 더위와 습기 가득한 날씨가 짜증 지수를 마음껏 높여주는 데다 비까지 자주 내린다. 관광은 고사하고 뚝뚝 흘리는 땀만큼 식욕도 떨어질 테니. 단, 6~8월 세일기간에 쇼핑을 목적으로 가는 쇼퍼에게는 해당사항 없음! 6~8월 세일기간은 연말세일과 더불어 가장 큰 세일기간이다. 홍콩 여행을 하기 가장 좋은 날씨는 10월부터 5월까지다. 특히 10~11월은 상쾌한 바람과 맑은 날씨가 계속돼 관광하기도 좋고, 사진 찍기도 최고다. 쇼핑은 구정세일이 열리는 12~2월이 가장 좋다.

3. 여행 기간을 결정하자

얼마나 머무르면 홍콩과 마카오를 다 돌아볼 수 있을까? 작은 곳이라 정말 맘만 먹으면 홍콩 2일, 마카오는 하루면 분위기를 느끼는 정도의 여행은 가능하다. 골목 구석구석의 숨겨진 매력까지 알고 싶다면 한 달을 머물러도 모자란다. 하지만 그렇게 긴 여행 일정을 잡기는 만무할 터. 홍콩에서 쇼핑과 관광 둘 다 여유롭게 즐기고 싶다면 4박 5일 정도로 일정을 잡는 게 좋다. 이 일정에 홍콩을 조금 더 빡빡하게 잡고 마카오를 하루 다녀오는 스케줄도 괜찮다. 마카오만 둘러본다면 적어도 1박 2일은 투자하자. 2박 3일 일정이면 대부분의 관광지와 카지노호텔까지 탐방할 수 있다.

D-35

MISSION 2 여행 예산을 짜자

1. 항공권은 얼마나 할까?

항공권 가격은 성수기와 비수기에 따라서 달라진다. 특히 우리나라는 여행객이 많은 여름 휴가철과 방학기간, 연말연시 전후가 항공료가 급상승하는 시기다. 평균 홍콩 항공권은 40만~70만원 수준. 저가 항공은 특가 할인을 노릴 경우 왕복 20만원 후반대에도 살 수 있다. 단, 저가 항공은 기내수화물과 기내식 등의 비용이 추가되고 날짜 변경도 어려우니 이모저모 잘 따져보자.

2. 숙박비는 얼마나 들까?

체류하는 날짜만큼 정확하게 올라가는 비용이 숙박비. 선택하는 숙소의 형태와 등급에 따라서 엄청난 비용차이가 난다. 특히 홍콩은 물가에 비해 숙박비가 비싼 편이다. 배낭여행자들이 묵는 호스텔의 도미토리는 보통 1인당 4만~6만원 정도. 더블룸 중심의 저가의 숙소는 2명분의 도미토리 가격 정도면 1인실을 구할 수가 있다. 중급 호텔은 10만~20만원 대, 5성급 호텔은 40만~50만원 대로 시설과 위치에 따라서 가격이 천차만별이다. 여행 예산에 맞는 숙소를 선택하자.

3. 식비는 얼마나 들까?

홍콩은 워낙 다양한 종류의 음식과 음식점이 있는 곳이다 보니 어디를 가느냐에 따라 차이가 크다. 현지인이 즐겨 찾는 작은 누들집이나 차찬텡을 간다면 한화 5,000~6,000원 선에서 한끼 해결이 가능하다. 하지만 끼니때마다 같은 음식을 먹을 수는 없는 법. 식사 예산은 조금 여유 있게 잡고 홍콩의 다양한 음식문화를 섭렵해보자. 조금 알려진 딤섬집이나 요리집을 간다면 1인 2만원~3만원, 관광객들을 상대하는 유명 식당이라면 그 이상을 훌쩍 넘기기도 하니 참고할 것.

4. 교통비는 얼마나 들까?

교통비는 우리나라와 비슷하거나 조금 더 저렴한 수준이다. MTR과 버스는 1,000원 안팎, 페리와 트램 등은 400~500원 선이다. 택시비도 도시가 작다 보니 그다지 부담되지 않는 선에서 이용이 가능하다. 멀리 가더라도 2만원 안쪽이면 된다. 홍콩은 대부분의 지역을 대중교통으로 갈 수 있어 교통비의 부담이 적은 편이다.

5. 입장료는 얼마나 들까?

홍콩은 관광지가 많은 곳이 아니다. 따라서 입장료에 대한 예산은 크게 생각하지 않아도 된다. 대부분의 공원이나 전망대 등은 입장료가 없는 곳이 많고, 박물관 같이 입장료가 있는 곳이라 해도 1,000~2,000원으로 가벼운 수준이다.

6. 비상금은 얼마나 필요할까?

여행을 하다 보면 예기치 않은 지출이 발생한다. 비상금은 총 경비의 10% 정도를 따로 챙겨두자. 또 만약을 위해 신용카드를 준비하자. ATM 기계에 따라 오류가 발생하기도 하므로 현금카드는 2종 이상 가져가는 것이 좋다.

D-30

MISSION 3 항공권을 확보하자

1. 어떻게 살까?

같은 항공권이라도 항공사나 여행사마다 판매가격이 다르다. 항공권을 구입할 때는 항공사와 여행사 사이트 등을 두루 살피는 것이 한 푼이라도 아끼는 방법이다. 여러 여행사에서 내놓은 항공권 가격을 한꺼번에 비교해 볼 수 있는 사이트도 있다. 대기자 명단에 들어간다면 2~3개의 항공사에 이름을 올려놓고 확약되기를 기다리는 것이 좋다. 단, 예약하는 여행사가 다르더라도 동일 항공사에 이중으로 예약을 하면 사전 예고 없이 예약이 모두 취소되므로 주의하자.

2. 주의할 점은?

티켓의 조건을 확인하자

항공권의 유효기간을 확인하고 날짜 변경이나 귀국일자 변경에 대한 조건도 미리 확인하자. 저렴하게 나온 항공권일수록 출발과 귀국일 변경이 불가능하거나 많은 수수료를 요구하는 경우가 많다.

텍스TAX를 확인하자

항공사와 경유지에 따라서 유류할증료 차이가 많이 난다. 일부 할인 항공권의 경우 액면가는 저렴하지만 공항세와 유류할증료까지 합하고 나면 오히려 텍스가 더 비싸지는 경우도 있다.

발권일을 지키자

아무리 예약을 해두었어도 발권하지 않았으면 내 표가 아니다. 특히 좌석이 넉넉하지 않은 성수기에는 발권을 미루다가 좌석 예약이 취소될 수도 있으니 주의할 것. 유류할증료 또한 발권일에 따라서 결정된다.

좌석 확약을 받았는지 확인하자

좌석 확약이 안 된 상태로 출국하면 돌아오는 항공편을 구하기가 어려울 수 있다. 항공권의 'Status' 란에 OK라고 적혀 있는지 확인하고 미심쩍으면 해당 항공사에 직접 전화해 좌석 확약 여부를 확인하자.

할인 항공권 취급 업체

온라인 투어 www.onlinetour.co.kr
탑항공 www.toptour.co.kr
인터파크 www.air.interpark.com
제주항공 www.jejuair.com
진에어 www.jinair.com
에어부산 www.airbusan.com

MISSION 4 숙소를 예약하자

1. 홍콩에는 어떤 숙소가 있나?

고급 호텔
침사추이, 센트럴, 완차이의 빅토리아 하버 등 홍콩의 환상적인 야경을 볼 수 있는 곳에 위치했다. 객실이나 바, 수영장 등에서 홍콩의 야경을 감상하며 휴식할 수 있다. 비싼 만큼 시설도 훌륭하다. 단, 성수기에는 더 가격이 오른다.

중급 호텔
홍콩의 중급 호텔은 전 세계 어디서나 볼 수 있는 일반적인 분위기이다. 청결과 안전, 서비스가 일정 수준 보장이 되며 별 개수로 평점이 매겨진다. 보통 3성급 정도까지가 중급 호텔 카테고리에 포함된다.

저가형 호텔
시설은 사용하기 불편함이 없으나 여행자들이 많이 가지 않는 곳에 위치한 호텔들이 많다. 시장 주변, 혹은 교통이 불편하지는 않은지 확인해 보고 예약을 하는 게 좋다.

호스텔&에어비앤비
홍콩은 숙소 가격이 비싼 도시다. 혼자 여행하거나 가족 여행자에게는 숙박비가 만만치 않다. 혼자라면 룸을 공유하는 호스텔을, 가족이라면 집을 통째로 렌트하는 에어비앤비도 좋다. 이런 숙소는 로컬들의 여행정보를 나눌 수 있는 장점도 더해진다.

2. 어떻게 예약할까?

인터넷 예약 사이트를 적극적으로 활용하자. 홍콩과 마카오는 저렴한 호텔 패키지 상품이 많은 편이지만 저렴한 것들은 대부분 숙소가 맘에 안 드는 경우가 많다. 이럴 때는 할인 항공권을 구매해서 숙소 예약을 직접 해보자. 패키지와 같은 가격, 혹은 더 저렴한 가격에 위치나 시설이 더 좋은 호텔을 구하는 경우가 많다. 물론 인터넷을 열심히 뒤져 가며 가격 비교를 해야 하는 수고가 따르지만 만족스러운 여행을 위해서라면 그 정도는 감안해야 한다.

호텔 예약 사이트
아고다 www.agoda.com
부킹닷컴 www.booking.com
익스피디아 www.expedia.com

D-15

MISSION 5 여행 정보를 수집하자

1. 가이드북을 펴자

'홍콩·마카오'라는 주제로 가장 집약해서 정보를 담은 것이 가이드북. 마음에 안 드는 부분도 있겠지만 최소한 정식출간을 할 정도면 여러 경로를 통해 1차 검증된 정보를 실었을 것이다. 단, 출간 시일에 따라 철 지난 정보도 있으니 시기를 감안하고 보자. 책에 표기된 물가보다는 여유 있게 예산을 잡는 게 현명하다.

2. 인터넷을 켜자

다수의 사람들이 실시간으로 쏟아내는 정보들이 인터넷 안에 있다. 본인들이 직접 체험한 느낌을 전해들을 수 있어서 생생한 정보를 찾아낼 수 있다. 단, 개인 블로그의 특성상 지극히 주관적인 경험이나 선입견에 기반한 경우가 많다는 건 알아둘 것. 여행 정보를 얻을 수 있는 인터넷 카페에도 가입해보자. 여행사에서 운영하는 홈페이지나 카페에도 좋은 정보가 많다. 홍콩관광청 홈페이지에도 좋은 정보가 가득하다.

3. 사람을 만나자

책이나 인터넷으로 상상하는 것과는 또 다른 차원의 홍콩. 친분 관계에 있는 사람들이라면 취향이나 관점도 비슷한 경우가 많다. 미리 체험한 주변인의 생생한 정보는 여행의 피와 살이 되는 이야기다.

D-10

MISSION 6 여행자보험을 가입하자

1. 여행자보험은 왜 들까?

외국인이 낯선 곳에서 여행을 하면서 어떤 일을 겪게 될지는 누구도 예상할 수 없는 일. 외부에서의 활동이 많아지는 만큼 당연히 다치거나 아파서 병원에 가게 될 확률도 높아진다. 의도치 않게 귀중품을 도난 당하는 일도 생긴다. 이런 경우를 대비하는 것이 바로 여행자보험이다. 외국에서 보험 없이 병원을 가게 된다면 사소한 진료라도 깜짝 놀랄 만큼 병원비가 많이 나온다.

2. 보상 내역을 꼼꼼하게 따져보자

패키지 여행상품을 신청하면 보통 포함되는 것이 '1억원 여행자보험'이다. 얼핏 대단해 보이나 사망할 경우 1억원을 보상한다는 뜻일 뿐 도난이나 상해 보상금이 1억원이라는 뜻은 아니다. 사실 여행자가 겪게 되는 일은 도난이나 상해가 대부분. 이 부분에 보장이 얼마나 잘 되어 있는가를 꼼꼼히 확인해보자. 보험비가 올라가는 핵심요소는 도난보상금액. 이 부분의 상한선이 올라가면 내야 할 보험료도 많아진다.

3. 증빙 서류는 똑똑하게 챙기지

보험증서와 비상연락처는 여행 가방 안에 잘 챙겨두자. 도난을 당하거나 사고로 다쳤을 경우 경찰서나 병원에서 받은 증명서와 영수증 등은 잘 보관해 두어야 한다. 도난을 당했다면 가장 먼저 경찰서에 가서 도난증명서부터 받을 것. 서류가 미비하면 제대로 보상받기가 힘들다.

4. 보상금 신청은 제대로 하자

귀국 후에는 보험회사로 연락해 제반 서류들을 보내고 보상금 신청 절차를 밟는다. 병원 치료를 받은 경우 병원 진단서와 병원비 및 약품 구입비 영수증 등을 꼼꼼하게 첨부한다. 도난을 당했을 경우 '분실Lost'이 아니라 '도난Stolen'으로 기재된 도난증명서를 제출해야 한다. 도난 물품의 가격을 증명할 수 있는 쇼핑 영수증도 첨부할 수 있다면 좋다.

D-5

MISSION 7 알뜰하게 환전하자

현금 Cash

환전은 공항에서 하는 것이 편리하지만 한 푼이라도 아끼려면 미리 해놓는 게 좋다. 미처 환전을 못했다 하더라도 걱정하지 말자. 홍콩 곳곳에 한국 돈을 홍콩달러로 바꿀 수 있는 환전소가 많다. 환율도 한국에서 바꾸는 것과 비슷하다. 단, 홍콩에서 마카오에 다녀올 때는 마카오 화폐를 가져오지 말 것. 마카오 화폐는 홍콩에서 사용불가이며, 한국에서는 환전조차 되지 않는다.

신용카드 Credit Card

현금에 비해서 안전하고 부피도 작다. 상점에서 물건을 사는 것뿐만 아니라 ATM에서 현금서비스를 받을 수도 있다. 단점은 해외에서는 신용카드복제의 위험에 노출되기 쉽다. 여행 시에는 해외에서 사용할 수 있는 카드(VISA, MASTER CARD, AMEX 등)로 준비하자. 현지에서 도난, 분실한 경우에는 바로 해당 카드사에 신고해야 불상사를 막을 수 있다.

현금카드 Debit Card

내 통장에 있는 현금을 현지 화폐로 바로 인출할 수 있다. 현금카드를 이용하면 현지 ATM에서 그때그때 필요한 만큼만 출금일 수 있이 미리 환전을 해 갈 필요도 없다. ATM을 이용하면 약간의 수수료가 붙지만 현지에서 환전하는 것과 미미한 차이이다. 해외에서 사용할 수 있는 Plus, Cirrus, Union Pay 등의 마크가 찍힌 국제현금카드를 준비해야 한다.

MISSION 8 완벽하게 짐 꾸리기

꼭 가져가야 하는 준비물

- **여권** 없으면 출국부터 불가능. 사진 부분의 복사본을 2~3장 따로 보관해 두고 여권용 사진도 몇 장 챙긴다.
- **항공권** 전자티켓이라도 예약확인서를 미리 출력해두자. 공항으로 떠나기 전 여권과 함께 반드시 다시 확인.
- **여행 경비** 현금, 신용카드, 현금카드 등 빠짐없이 준비.
- **각종 증명서** 국제운전면허증, 국제학생증, 여행자보험 등.
- **의류&신발** 계절에 맞는 옷과 함께 어느 계절이든지 긴 팔 카디건은 하나씩 챙길 필요가 있다. 여름철에도 종일 에어컨을 가동하는 실내에서 필요한 경우가 많다.
- **가방** 쇼핑 계획에 맞춰 가방을 준비한다. 가볍게 들고 다닐 수 있는 작은 가방도 별도로 준비.
- **우산** 우기라면 3단으로 접는 가벼운 우산 준비.
- **전대** 도미토리를 주로 이용할 배낭여행자라면 필요하다. 여권과 현금을 보관하기에 숙소 사물함이 100% 안전하지는 않다.
- **세면도구** 호텔에서 묵으면 샴푸, 비누 등을 기본적으로 제공하니 칫솔과 치약만 챙겨도 된다.
- **화장품** 꼭 필요한 만큼만 작은 용기에 담아서 가져가면 편리하다.
- **비상약품** 감기약, 소화제, 진통제, 지사제, 반창고, 연고, 파스 등 기본적인 약 준비.
- **여성용품** 평소 자신이 사용하던 것을 발견하기가 쉽지 않다.
- **가이드북** 정보가 없으면 여행이 힘들어진다.
- **카메라** 충전기를 빠뜨리기 쉬우니 다시 한 번 확인하고 메모리 카드도 넉넉하게 준비하자.
- **스마트폰** 로밍해 가져가거나 현지 유심(USIM) 카드를 사서 쓰는 방법이 있다.

가져가면 편리한 준비물

- **모자** 햇빛을 막는 데 유용하다.
- **선글라스** 강한 햇빛에서 눈을 보호하기 위해서 필요하다.
- **자외선 차단제** 햇빛이 강렬하기 때문에 날씨가 선선해도 피부가 쉽게 그을린다. 귀찮다고 건너뛰면 나중에 후회한다.
- **수영복** 호텔 이용 시 수영장을 이용해보자.
- **전자계산기** 복잡한 환율계산이나 말이 안 통하는 흥정 시 유용하다.
- **반짇고리** 단추가 떨어지거나 가방이 망가졌을 때 필요하다.
- **소형 자물쇠** 소매치기 방지를 위해 가방의 지퍼 부분을 잠가 두면 든든하다.
- **지퍼백** 젖은 빨래거리나 남은 음식 보관 등 용도는 무궁무진하다.
- **손톱깎이&면봉** 없으면 꽤나 아쉽다.
- **물티슈** 작은 것으로 준비하면 급할 때 쓸 일이 생긴다.

MISSION 9 홍콩으로 입국하기

인천국제공항에서 출국하기

1. 항공사 카운터 확인
인천공항은 최근 2터미널이 개장했다. 따라서 항공사별 터미널을 잘 확인하고 가야 한다. 대한항공은 2터미널, 아시아나항공은 1터미널이다. 출발 3시간 전까지 공항에 도착해 출국장인 3층으로 간다. 운항정보안내 모니터를 보면 해당 항공사 체크인 카운터를 확인할 수 있다.

2. 탑승 수속
자신이 타는 항공사의 카운터로 가서 여권과 전자항공권을 제출하고 보딩 패스Bording Pass를 받는다. 카운터는 이코노미 클래스와 비즈니스 클래스, 퍼스트 클래스 등으로 구분되어 있다. 원하는 좌석이 있다면 이때 요구할 것.

3. 짐 부치기
일반적인 이코노미 클래스의 항공수하물은 보통 20kg까지 허용(저가항공은 별도비용). 칼이나 송곳, 면도기, 발화물질, 100ml가 넘는 액체나 젤 등 기내에 들고 탈 수 없는 물건들은 미리 구분해서 항공수하물 안에 넣자.

4. 보안 검색
여권과 보딩 패스가 있는 사람만 출국장 안으로 들어갈 수 있다. 보석이나 고가의 물건을 휴대하고 있다면 세관에 미리 신고할 것. 들고 있던 짐은 엑스레이를, 여행자는 문형 탐지기를 통과해야 한다.

5. 출국 수속
출국심사대에서 여권과 보딩 패스를 보여주면 심사 후 통과된다. 출국검사를 받을 때는 모자와 선글라스 등을 벗어야 한다.

6. 탑승
탑승구에는 아무리 늦어도 출발 30분 전에는 도착해야 한다. 외국 항공사의 경우 모노레일을 타고 별도의 청사로 이동해야 하니 주의할 것. 모노레일은 5분 간격으로 운행되며 별도의 청사에도 면세점이 있다.

홍콩국제공항으로 입국하기

1. 공항 도착
홍콩국제공항에 비행기가 무사히 도착하면 짐을 챙겨서 내린다. 잊고 내리는 물건이 없는지 다시 한번 확인하자.

2. 입국심사
입국심사대에 여권과 비자, 미리 작성한 출입국 카드를 제시한다. 심사원이 도착비자를 여권에 붙이고 그 위에 입국도장을 찍어준다. 이때 돌려받는 출국신고서Departure Card는 홍콩을 출국할 때 필요하니 잘 보관해두자.

3. 수하물 찾기
해당 항공편이 표시된 레일로 이동해 짐을 찾는다. 수하물이 분실됐다면 배기지 클레임 태그 Baggage Claim Tag를 가지고 분실신고를 한다. 근처의 ATM에서 필요한 현금도 미리 뽑아두면 좋다.

이건 꼭 읽자!
홍콩·마카오 여행 시 주의사항 TOP 10

NO.1

거리에 쓰레기를 함부로 버리지 말자

홍콩은 치안유지를 위해 길거리에 경찰이 많다. 만약 거리에 담배꽁초나 휴지를 버리다가 경찰에 적발되면 6개월 금고형, 또는 벌금 1,500HKD를 내야 하는 상황이 발생할 수 있다. 길거리에 주황색 쓰레기통이 곳곳에 있으니 그런 불상사가 일어나지 않도록 하자.

NO.2

카드를 받지 않는 곳이 많다

입구에 '카드 사용 가능'이라는 표시가 붙어 있는데도 카드를 받지 않는 레스토랑이나 상점이 많다. 쇼핑몰이나 고급 레스토랑 등은 대부분 사용이 가능하나 작은 레스토랑, 상점은 200HKD 이하의 결제금액이 나오면 카드를 안 받는 경우가 대부분이다. 항상 현금은 넉넉하게 준비해서 다니는 것이 좋다.

NO.3

택시는 구별해서 타자

홍콩의 택시는 홍콩섬과 카오롱 반도의 택시로 구별이 된다. 각각의 택시는 자기 지역에서만 영업을 할 수 있다. 단, 자기 구역에서 다른 구역, 또 다른 구역에서 자기 구역으로 올 때는 승객을 태울 수 있다. 따라서 홍콩섬에서 움직일 때는 홍콩섬 택시를, 카오롱 반도에서 움직일 때는 카오롱 반도 택시를 타자.

NO.4

카메라 매장을 믿지 말자

홍콩뿐만 아니라 마카오에서도 길을 걷다 보면 유명 카메라 브랜드의 매장을 자주 만나게 된다. 대부분이 'Tax Free'라는 간판을 내걸고, 프렌즈 프라이스 Friend Cost라는 말로 여행자들을 유혹한다. 하지만 아무 정보 없이 들어갔다가는 바가지를 쓸 확률이 높다. 또 카메라 수리 시에도 과대한 수리비를 요구하니 주의할 것.

NO.5

길 건널 때는 항상 우측을 먼저 보자

홍콩, 마카오는 차량이 좌측통행이다. 운전석이 한국과는 반대로 오른편에 있다. 길을 건널 때 무의식적으로 좌측을 보고 건너다 우측에서 돌진하는 차 때문에 놀라는 경우가 많다. 길 건널 때는 우측을 주시하자.

NO.6

홍콩에도 계절이 있다!

홍콩은 더운 나라라고 생각하는 경우가 많지만 홍콩에도 사계절이 있다. 3~5월은 봄으로 날씨는 따듯하지만 비가 자주 오고 일교차가 크다. 6~9월은 여름으로 고온 다습해서 여행하기에 가장 힘든 계절이다. 10~11월은 가을로 선선하고 날씨가 맑아 여행하기에 가장 좋다. 12~2월은 겨울로 바람이 많이 불며 생각보다 꽤 쌀쌀하다. 해도 일찍 지고 흐린 날이 많다.

NO.7

여름에도 카디건은 필수다

여행길에 패션은 신경이 많이 쓰이는 부분 중 하나다. 홍콩에서는 여름이라도 긴 팔 카디건은 필수다. 일년 내내 돌아가는 에어컨으로 실내는 항상 서늘하기 때문. 겨울은 우리나라의 초봄 같은 날씨지만 바람이 센 날은 추위가 느껴질 정도다. 얇은 패딩 점퍼 하나 정도 챙겨가면 좋다.

NO.8

영어가 안 통하는 곳이 많다

영어가 안 통하는 곳이 생각보다 많다. 여행자가 몰리는 쇼핑몰이나 레스토랑 등은 의사소통에 문제가 없다. 하지만 택시나 여행자가 많지 않은 동네의 작은 가게나 음식점 등은 대부분 영어가 안 통한다. 특히 마카오는 더욱 심하다. 택시를 탈 때는 미리 지도를 준비하고, 길을 물을 때는 사진을 보여주는 센스를 발휘해보자. 영어가 통하지 않는 작은 레스토랑에서 한문 메뉴판만 받았다면 '잉만 메뉴'라고 말하자. 숨겨둔 영어 메뉴판을 보여줄 것이다.

NO.9

길찾기, 생각보다 어렵지 않다

홍콩이 처음이라면 지도를 보면서 다녀도 길 찾기가 힘든 곳이 많다. 길이 좀 어려울 땐 주위를 살펴보자. 도로나 명소를 안내하는 이정표가 곳곳에 있다. 이정표는 대부분 한자와 영어가 명기되어 있으며 도로명, 쇼핑몰, 관광지 등이 쓰여 있다. 가끔은 복잡한 지도를 보는 것보다 이정표를 보고 따라가는 게 더 쉬운 길도 있다.

NO.10

사라진 레스토랑 앞에서 아쉬워 하지 말자

홍콩은 땅값 비싼 걸로 치자면 둘째가라면 서러운 도시다. 그러다 보니 소리소문 없이 이사를 가거나 폐업을 하는 레스토랑이 많다. 가이드북이나 잡지에 소개된 곳을 힘들게 찾아갔는데 혹시 사라지고 없다면? 그래도 아쉬워 하지 말자. 바로 근처에 소문난 맛집이 기다리고 있다. 그게 홍콩이다.

꼭 알아야 할 홍콩 필수 정보

NO.1

홍콩에 대한 기본상식

홍콩은 1997년 7월 1일 영국에서 중국으로 반환되어 중화인민공화국 홍콩특별행정구가 됐다.
면적은 1,104.3㎢. 서울의 약 1.8배.
시차는 한국보다 1시간 느리다.
언어는 광둥어가 통용어. 영어도 사용되고 있다.
기후는 아열대성 몬순기후로 연평균 기온은 22~23℃로 온화하다.
연평균 강우량은 2,214mm이다.
인구는 약 739만 명(2017년 기준).
전화 로밍을 하거나 스마트폰의 경우 현지 유심(USIM)카드를 사서 금액 충전 후 끼우면 바로 사용 가능.
통화 홍콩달러(HKD)를 쓴다. 1HKD는 152원(2019년 5월 기준).
전압 220V/50HZ로 세 가닥의 영국식 플러그 사용. 어댑터 필요.

NO.2

홍콩의 축제

홍콩은 거의 매달 축제가 열린다. 새해맞이 불꽃놀이를 시작으로 아트 페어, 용선 경기, 와인 페스티벌 등의 축제가 있어 여행의 재미와 감동이 두 배가 된다. 만약, 여행 일정과 축제가 겹친다면 화끈하게 축제를 즐겨보자. 축제 날짜는 해마다 조금씩 달라지니 관심이 있다면 홍콩관광청 홈페이지(www.discoverhongkong.com/kr)에서 미리 확인해보는 게 좋다.

2월   **설 퍼레이드** Chinese New Year Parade
중국의 전통 명절인 음력 1월 1일을 기해 열리는 축제. 홍콩 전역이 떠들썩 할 정도로 큰 축제로 각종 퍼레이드와 불꽃놀이를 볼 수 있다.

4월   **홍콩 국제 영화제** The Hong Kong International Film Festival
아카데미와 프랑스 영화제 등에서 선정된 세계 최고의 수상작들을 한자리에서 만날 수 있는 축제.

5월   **홍콩 국제 아트 페어** Hong Kong International Art Fair
홍콩 컨벤션 센터에서 매년 5월 열리는 문화전시회로 다양한 작가의 작품을 감상할 수 있다.
Web www.hongkongartfair.com

6월   **홍콩 국제 용선 축제** Dragon Boat Festival
빅토리아 하버에서 열리는 용선 경주 대회. 세계적인 큰 축제로 자리잡은 중국의 전통 행사다.

7월	**란콰이퐁 맥주&음악 축제** Lan Kwai Fong Beer&Music Fest	

란콰이퐁 맥주&음악 축제 Lan Kwai Fong Beer&Music Fest
란콰이퐁 거리에서 음악과 함께 맥주를 즐기는 파티로 무더운 여름을 화끈하게 만들어준다.

국제 아트 카니발 International Arts Carnival
홍콩에서 한 달간 열리는 가장 큰 규모의 아트 축제. 음악과 마술, 공연 등을 즐길 수 있다.

9월 **홍콩 할로윈** Hong Kong Halloween
9월 말부터 10월 말까지 열리는 할로윈 파티. 10월 말이 다가올수록 축제는 더욱 흥미진진해진다.

10월 **홍콩 와인 페스티벌** Hong Kong Wine&Dine Festival
빅토리아 하버를 따라 세워진 180여 개의 부스에서 세계 각국의 다양한 와인과 음식을 맛보며 음악까지 즐길 수 있는 축제다.

※ **불꽃놀이** 홍콩에서는 세계에서 가장 성대하고 화려한 불꽃놀이가 열리는 것으로 유명하다. 빅토리아 하버에서 펼쳐지는 불꽃놀이는 홍콩의 밤을 더욱 아름답게 빛내준다. 불꽃놀이는 구정과 신정, 홍콩 반환일인 7월 1일, 국경절인 10월 1일 등 1년에 4회 열린다.

NO.3

유용한 홍콩 회화 몇 마디!

- 안녕하세요? > 你好? > 레이하우?
- 안녕히 기세요 > 拜拜 > 빼이빼이
- 좋은 아침입니다 > 早晨! > 조싼
- 여보세요? > 喂? > 와이?
- 좋아요 > 好好 > 호우호우
- 고맙습니다 > 多謝 > 도제
- 맛있어요 > 好好美 > 호호메이
- 여기요! > 唔該 > 음거이
- 고수는 빼주세요 > 無芫茜 > 모우일싸이
- 얼마에요? > 呢幾多錢? > 니제이도친?
- 아니요 > 唔係 > 음하이
- 메뉴판 주세요 > 给我菜单 > 게이워차이딴
- 계산서 주세요 > 给我买单 > 게이워마이딴

INDEX

SEE

골든 보히니아 광장	239
구 시가지 성벽	320
그랜빌 로드	163
금붕어 시장	272
기아 요새	323
나차 사원	320
너츠포드 테라스	161
네이던 로드	163
노호	194
눈 데이 건	255
대성당&대성당 광장	319
더들 스트리트&가스등	196
돔 페드로 5세 극장	322
디스커버리 베이	302
란콰이퐁	196
레이디스 마켓	273
로버트 호 퉁 경의 도서관	321
로우 카우 맨션	318
리클리메이션 스트리트	283
리퉁 애비뉴	237
리펄스 베이 맨션	289
리펄스 베이 비치	290
리포 센터	199
릴 세나도 빌딩	321
릴라우 광장	322
마담 투소 홍콩	197
마카오 타워	324
만다린 하우스	322
만모사원	195
머레이 하우스	291
몬테 요새	319
무어리시 배럭	323
미드 레벨 에스컬레이터	192
바라 광장	323
블레이크 피어	291
빅토리아 공원	255
빅토리아 피크	197
삼 카이 뷰쿤 사원	318
상하이 스트리트	283
샤오미	272
성 도미니크 성당&광장	318
성 로렌스 성당	322
성 바울 성당	319
성 아우구스틴 성당&광장	321
성 안토니오 성당	320
성 요셉 성당&신학교	322
성 요한 교회	198
세나도 광장	318
센트럴 스타 페리 선착장	201
센트럴 플라자	239
소호	194
스니커즈 마켓	273
스타 스트리트	237
스타의 거리	160
스탠리 베이	290
신교도 묘지	320
아마 사원	323
엑스포 프로머네이드	239
예수회 기념 광장	319
옹핑 360 케이블카	301
원&투 IFC	199
웨스턴 마켓	199
이스트 침사추이	161
입법부 빌딩	198
자비의 성채	318
제이드 마켓	282
중국은행타워	198
청콩 센터	199
청킹 맨션	162
카모에스 광장	321
카사 가든	321
카오롱 공원	162
캔톤 로드	163
코즈웨이 베이 타이푼 쉘터	255
타이 오	302
타이윤 스트리트 마켓	238
타이쿤	193
탄하우 사원	282
템플 스트리트 야시장	283
파윤 스트리트 마켓	272
펜하 성당	325
펠리시다데 거리	325
포린 사원	301
포호	195
홍콩 공원	200
홍콩 관람차	201
홍콩 디즈니랜드	300
홍콩 역사박물관	163
홍콩 컨벤션&엑시비션 센터	238
홍콩상하이은행	198
황후상 광장	200

BUY

1881 헤리티지	169
80M 버스 모델숍	275
GOD(센트럴&성완)	204
GDO(코즈웨이 베이)	263
IFC 몰	202
J 아웃렛	170
PMQ	209
그랜빌 로드	171
기화병가	241

더 원	168
랜드마크 아트리움	204
랭 함 플레이스	274
레인 크로퍼드(센트럴&성완)	203
레인 크로퍼드(코즈웨이 베이)	260
레인 크로포드 홈	241
리 가든스 원&투	259
마리메코	263
마운트 제로북스	208
막스&스펜서 푸드	210
매종 키츠네	257
몽키	257
쁘띠 바자르	207
사봉	166
샤오미	261
소고	258
스탠리 마켓	292
스탠리 플라자	292
스페이스	293
시티 게이트 아웃렛	303
시티슈퍼	203
실버코드	167
애플 스토어	258
엘리먼츠	172
웰컴	261
이사(침사추이)	170
이사(코즈웨이 베이)	262
인비트윈	208
제니 베이커리	210
케이 일레븐	168
코스	205
타임스 스퀘어 바자	260
타임스 스퀘어	260
톱숍	205
트위스트(침사추이)	166
트위스트(코즈웨이 베이)	262
티모시 울튼	206
패션 워크	256
퍼시픽 플레이스	240
프랑프랑	259
프렌즈십 트레이딩 컴퍼니	207
하버 시티	164
하이산 플레이스	257
호라이즌 플라자	294
홈리스	206

EAT

208 듀센트 오토	230
22 십스	244
360 카페(마카오 타워)	342
금만정	265
나트랑	175
답파 페킹&스촨 쿠진	184
더 라운지 바	185
더 로비	181
딤딤섬(완차이&애드미럴티)	245
딤딤섬(몽콕)	276
딤섬 라이브러리	245
딤섬 스퀘어	228
라 카반느 와인 비스트로	224
라 크레페리	229
라우푸키 누들숍	219
라임우드	295
란퐁유엔(침사추이)	184
란퐁유엔(센트럴&성완)	219
랄프스 커피	174
랭 함 플레이스 푸드 코트	277
레스토랑 페르난도	337
로드 스토우즈(타이파)	334
로비 라운지	180
르 카페 드 조엘 로부숑	173
리틀 바오 다이너	267
리틀 바오	220
린홍 티 하우스	218
마가렛 카페 이 나타	334
마나 패스트 슬로우 푸드	220
마카오 레스토랑	343
막스 누들스(센트럴&성완)	230
막스 누들스(코즈웨이 베이)	264
미도 카페	284
미세스 파운드	227
반편상가	341
베란다	295
보트 하우스	296
부기 레스토랑	276
삼원육품전가	341
상께이 콘지숍	228
설두라(타이파 빌리지)	335
성림거	178
세기카페	333
세라비	217
세바	216
소셜 플레이스	212
쉐이크쉑	215
스위트 다이너스티	176
스타벅스 애비뉴 오브 스타	182
스타벅스 콘셉트 스토어	211
스타벅스(몽콕)	277
스퍼스타 시푸드	177
시티홀 맥심즈 팰리스	213
신무이	340

INDEX

싱흥유엔	223
아네스 베 카페	222
아라비카 홍콩 IFC	214
아모	244
아이바	180
알 몰로	173
얌차	177
어묵거리	333
언더 브리지 스파이시 크랩	247
엔오씨 그라함 스트리트점	223
오모테산도 커피	242
오션 록	295
오스트레일리아 데어리 컴퍼니	284
와펑 로스트 미트	229
울라	225
울루물루 스테이크하우스	249
육포거리	334
이순 밀크 컴퍼니 (타이파 빌리지)	335
이순 밀크 컴퍼니 (코즈웨이 베이)	267
제이미스 이탈리안	266
젱다오	213
찬 쿵 케이	343
찰리 브라운 카페	182
취화	183
침차이키 누들	218
카우키	222
카페 B	342
카페 데코	231
카페 드 노보 토마토	336
카페 드 코랄	182
캄풍 카페	246
커피 아카데믹스 플래그십	266
커피 아카데믹스	242
커핑룸(센트럴&성완)	211
커핑룸(완차이&애드미럴티)	243
콩 사오 스타 디저트	248
퀴너리	221
크래프티시모	227
크리스탈 제이드 라미엔 샤오롱바오	175
크리슬리 카페	248
클래시 파이드 성완	225
타이레이로이케이	333
타이청 베이커리	220
타이힝(침사추이)	183
타이힝(코즈웨이 베이)	264
팀호완	212
파니노 규스토	214
파도	339
파이브가이스	243
퍼시픽 커피 컴퍼니	231
페킹 가든	176
펠릭스	181
포르토 익스테리어	338
피크닉	217
피클드 펠리칸	296
핫스타 라지 프라이드 치킨	276
허니문 디저트(침사추이)	179
허니문 디저트(몽콕)	277
허류산	179
헤이즐&허쉬	224
호놀룰루 커피 케이크숍	246
호리쭉	226
호흥키 콘지&누들	265
힝 키 레스토랑	284

SLEEP

BP 인터내셔널	145
V 완차이 2	149
갤럭시 마카오	346
그랜드 하얏트 홍콩	142
더 머레이 홍콩 어 니콜로 호텔	142
더 파리지앵 마카오	350
디즈니랜드 호텔	143
로얄 플라자 호텔	151
마르코 폴로 홍콩	139
만다린 오리엔탈 호텔 홍콩	141
바우히니아 호텔	148
버터플라이 온 할리우드	148
베네시안 마카오	345
솔즈베리 YMCA	146
스튜디오 시티 마카오	350
시티 오브 드림즈	348
윈 팰리스	347
이비스 홍콩 센트럴&성완	147
이튼 호텔	146
인터콘티넨탈 홍콩	138
카오롱 호텔	145
코디스 홍콩	150
코스모 호텔	149
페닌슐라 호텔	137
포시즌스 호텔 홍콩	140
호텔 LFK 바이 롬버스	141
호텔 아이콘	139
홀리데이 인 익스프레스	147
힐튼 가든 인	151

"당신의 여행 컬러는?"

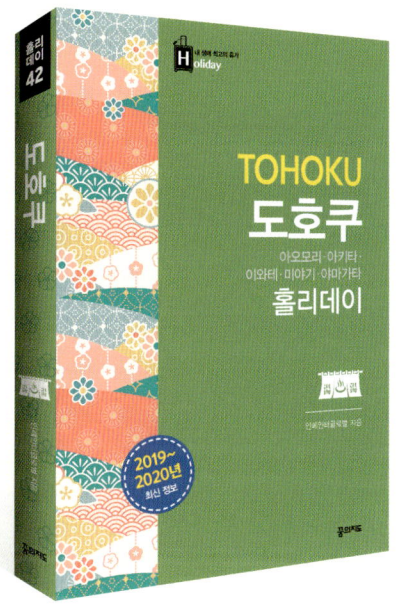